ビジネス情報部門範囲

(1)関連知識

● 問題解決の手法
　□ブレーンストーミング
　□KJ法
　□決定表(デシジョンテーブル)
　□DFD
　　□データフロー
　　□データの源泉と吸収
　　□プロセス
　　□データストア
　□パート図(PERT)
　　□アローダイアグラム
　　□クリティカルパス
　□ABC分析
　　□パレート図
　□Zグラフ
　□回帰分析
　　□散布図
　　　□正の相関
　　　□負の相関
　　□回帰直線(近似曲線)
　□線形計画法
　□ヒストグラム
　□特性要因図
　□ファンチャート
　□SWOT分析
　　□内的要因(強み　弱み)
　　□外的要因(機会　脅威)
　□PPM分析(金のなる木
　　花形　問題児　負け犬)
● 経営計画と管理
　□コンプライアンス
　□セキュリティポリシー
　□ERP(経営資源計画)
　□CRM(顧客関係管理)
　□BPR(業務プロセス再設計)
　□コアコンピタンス
　□アウトソーシング
　□アライアンス
　□ハウジングサービス
　□ホスティングサービス
　□ASP
　□SaaS
　□PaaS
　□IaaS

(2)表計算ソフトウェアの活用

● 関数の利用
　□数学/三角
　　□CEILING
　　□FLOOR
　　□ABS
　　□RANDBETWEEN
　□統計
　　□FORECAST
　　□MEDIAN
　　□MODE
　□検索/行列
　　□OFFSET
　　□ROW
　　□COLUMN
　□データベース
　　□DSUM
　　□DAVERAGE
　　□DMAX
　　□DMIN
　　□DCOUNT
　　□DCOUNTA
　□文字列操作
　　□SUBSTITUTE
　□論理
　　□IFERROR
● 応用機能
　□最適解(ソルバー)
　□手続きの自動化(マクロ機能)

JN060422

(3)データベースソフトウェアに関する知識

● DBMS
　□DBMSの機能
　　□排他制御
　　　□ロック
　　　　□共有ロック
　　　　□専有ロック
　　　□デッドロック
　　□障害回復
　　　□トランザクション
　　　□コミット
　　　□ジャーナルファイル
　　　□チェックポイント
　　　□ロールバック
　　　□ロールフォワード
● データベースの設計
　□データベース設計の手順
　　□概念設計
　　□論理設計
　　□物理設計
　□データ構造の設計
　　□非正規形
　　□正規化(第1〜第3)
　□E-R図
　　□エンティティ(実体)
　　□アトリビュート(属性)
　　□リレーションシップ(関係)
　□整合性制約(参照整合性)
● SQL
　□INSERT INTO 〜 VALUES 〜
　□UPDATE 〜 SET 〜 WHERE 〜
　□DELETE FROM 〜 WHERE 〜
　□表名の別名指定
　□DISTINCT
　□LIKE(ワイルドカード ％ ＿)
　□ORDER BY (ASC DESC)
　□GROUP BY(HAVING)
　□BETWEEN
　□IN(NOT IN)
　□副問合せ
　□EXISTS(NOT EXISTS)

本書の構成と使い方

　本書は「全商情報処理検定　ビジネス情報1級」の合格を目指すみなさんが，検定出題範囲すべてにわたって十分に理解できるように編集しています。本書を活用して合格を勝ち取ってください。

Part I 〜 II　Excel関数編〜Excel応用編

　ビジネス情報1級の出題範囲である「表計算ソフトウェアの活用」に対応するExcelの基本的な操作方法や考え方を学習できます。ビジネス情報1級の検定試験に実技試験はありませんが，本書はExcelを実際に利用して知識を定着できるように配慮しております。

　なお，本書はExcel2016をもとに構成しておりますが，Excel2019，Excel2013でもつまずくことなく進められるように配慮しました。

◆例題→実技練習→筆記練習で段階的に定着！◆

　ビジネス情報1級の出題範囲に対応した操作手順を具体的な例題で紹介しています。例題の確認のために，実践を交えて習得する『実技練習』と，検定試験の【6】の形式に対応した『筆記練習』を解くことで，関数や検定用語の段階的な定着がはかれます。また，関連知識で学習する「ABC分析」や「PPM分析」などをExcelを通して学ぶことができます。

◆実習例題→編末トレーニングで【7】対策は万全！◆

　検定試験の【7】形式の問題をExcelを使って学習できるように丁寧に解説しました。自力で作成することが出来たら，次は編末トレーニングで力試しをしてください。

Part III 〜 IV　データベース編〜知識編

　ビジネス情報1級の出題範囲の用語を，イラストを用いて詳しく解説しています。おもにPart IIIは検定試験の【5】の対策，Part IVは検定試験の【1】〜【4】の対策として，『筆記練習』を豊富に掲載しました。検定試験問題を解く上で必要な知識を，着実に身につけてください。また，Part IVは冒頭に「学習のポイント」を設け，検定用語を体系的に学べるように構成しました。

提供データについて

　Part I〜IIでは，提供データおよび完成例データを用意しています。例題および実技練習，編末トレーニングでご活用ください。なお，例題タイトルがファイル名になっています。下記のアドレスの実教出版Webサイトからダウンロードしてご利用ください。

　　https://www.jikkyo.co.jp/download/

学習と検定
全商情報処理検定
テキスト

1

級
ビジネス情報部門

Excel
2019/2016/2013
対応

実教出版

目次

Part Ⅰ　Excel関数編

Lesson1	**おもな関数**	
	1　数学／三角	4
	2　統計	12
	3　検索／行列	18
	4　データベース	27
	5　文字列操作	32
	6　論理	34
Lesson2	**関数のネスト**	
	1　IF関数のネスト(1)	36
	2　IF関数のネスト(2)	40
	3　VLOOKUP関数のネスト	44
	4　INDEX関数のネスト	50
	5　IFERROR関数のネスト	54

編末トレーニング ———— 58

Part Ⅱ　Excel応用編

Lesson 1	**応用操作**	
	1　マクロ	62
	2　ソルバー	66
Lesson 2	**グラフの作成**	
	1　ABC分析	70
	2　Zグラフ	78
	3　散布図と回帰分析	82
	4　ヒストグラム	89
	5　PPM分析	95
Lesson 3	**実習例題**	100

編末トレーニング ———— 108

Part Ⅲ データベース編

Lesson1　DBMS ──────────────── 114
Lesson2　データベースの設計 ──────── 117
Lesson3　SQL ──────────────── 121
Lesson4　Accessによるデータベースの構築および操作 ── 135

編末トレーニング

編末トレーニング ──────────────── 148

Part Ⅳ 知識編

Lesson1　ハードウェア・ソフトウェア ──────
　　　　　1　システムの開発と運用　　152
　　　　　2　性能評価　　158
　　　　　3　障害管理　　163
　　　　　4　コンピュータの記憶容量　　166
Lesson2　通信ネットワーク
　　　　　1　ネットワークの構成　　169
　　　　　2　ネットワークの活用　　180
Lesson3　情報モラルとセキュリティ ──────── 183
Lesson4　経営マネジメント ──────
　　　　　1　問題解決の手法　　189
　　　　　2　経営計画と管理　　200

編末トレーニング

編末トレーニング ──────────────── 205

計算問題の復習

計算問題の復習 ──────────────── 210

Part I Excel関数 編

Lesson 1 おもな関数

1 数学／三角

1 指定した基準値の倍数に切り上げる（CEILING）

書式 =CEILING（数値，基準値）

解説 CEILING関数は，基準値の倍数の中で，数値以上で最も小さい
値に切り上げる。

使用例 =CEILING（B5,500）

<u>14,781</u>を500ずつに区切った範囲の中で，0から遠い方の基準値
 数値 基準値
に切り上げる。今回の範囲は，14,501〜15,000なので「15,000」が
戻り値となる。

CEILING

（シーリング）
「天井」という意味。

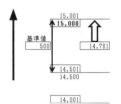

例題 1 Mバーガー出店計画表

次のMバーガー出店計画表を，作成条件にしたがって作成しなさい。

地域	店舗数	目標店舗数
	Mバーガー出店計画表	
北アメリカ	14,781	15,000
アジア	7,145	※
ヨーロッパ	5,683	※
中南米	1,254	※
アフリカ・中東	552	※

地域	店舗数	目標店舗数
	Mバーガー出店計画表	
北アメリカ	14,781	15,000
アジア	7,145	7,500
ヨーロッパ	5,683	6,000
中南米	1,254	1,500
アフリカ・中東	552	1,000

（完成例）

作成条件

① 表の形式および体裁は，上の表を参考にして設定する。

設定する書式：罫線，列幅，数値につける3桁ごとのコンマ

② ※印の部分は，関数などを利用して求める。

③ C列の「目標店舗数」は，B列の「店舗数」をもとに，500店を基準値とし，最も近い値に切り
上げた数値を設定する。

基準値の倍数に切り上げる（CEILING）

❶ セル（C5）をクリックし，
「=CEILING（」と入力する。

地域	店舗数	目標店舗数
	Mバーガー出店計画表	
北アメリカ	14,781	=CEILING(
アジア	7,145	CEILING(数値, 基準値)
ヨーロッパ	5,683	
中南米	1,254	
アフリカ・中東	552	

SUM ▼ × ✓ fx =CEILING(

❷ セル（B5）をクリックし，「,」を入力する。基準値の「500」と「）」を入力し[Enter]を押すと，基準値に繰り上がった値が表示される。

❸ セル（C6〜C9）も同様に設定する。

	A	B	C	D
1				
2		Mバーガー出店計画表		
3				
4	地域	店舗数	目標店舗数	
5	北アメリカ	14,781	=CEILING(B5,500)	
6	アジア	7,145		
7	ヨーロッパ	5,683		
8	中南米	1,254		
9	アフリカ・中東	552		

C5 ｜ × ✓ fx =CEILING(B5,500)

参考
関数は，半角英数入力で行うと，ヒントが表示される。

▶ Point
関数入力の際，大文字・小文字の区別は特にない。

▶ Point
余りがない場合は，数値をそのまま返す。

補足 数値…切り上げの対象となる数値やセル番地，計算式を指定する。
基準値…倍数の基準となる数値を指定する。
＜この関数の計算方法＞
数値を基準値で割った余りを数値から引き，基準値を加えた結果を返す。
①14781 ÷ 500 = 29…281　②14781 − 281 = 14500　③14500 + 500 = 15000

実技練習　1 ……　ファイル名：販売金額計算表

あるクラスでは，学校祭で駄菓子屋を行うことにした。仕入金額と仕入個数より販売単価を求めるために，作成条件にしたがって表を作成しなさい。

	A	B	C	D	E
1					
2		販売金額計算表			
3					
4	お菓子名	仕入金額	仕入個数	基準	販売単価
5	ふがし	900	100	10	10
6	あめ	1,500	200	10	※
7	チョコレート	700	20	50	※
8	わたあめ	4,000	300	10	※
9	ラムネ	900	15	50	※

作成条件
① 表の形式および体裁は，左の表を参考にして設定する。
　設定する書式：罫線，列幅，数値につける3桁ごとのコンマ
② ※印の部分は，関数などを利用して求める。
③ E列の「販売単価」は，次の計算式で求める。ただし，D列の「基準」で切り上げた金額にする。
　「仕入金額÷仕入個数」

筆記練習　1

(1) 右の表は，ある運動会の参加賞集計表である。記念品の発注は，1ダース単位となっており，各競技の参加人数は表のとおりとなる。C5に次の式が設定されているとき，C5に表示される数値として適切なものを選び，記号で答えなさい。
=CEILING(B5,12)/12

	A	B	C
1			
2		参加賞集計表	
3			
4	競技名	参加人数	必要ダース数
5	80m走	113	※
6	障害物競走	58	5
7	借り物競走	79	7
8	クラス対抗リレー	50	5
9	紅白玉入れ	310	26

ア．10　　　　イ．11　　　　ウ．12

(2) 右の表は，ある高校のバス手配台数計算表である。C4には，50人乗りバスの手配台数を計算するために次の式が設定されている。C4に表示される数値として適切なものを選び，記号で答えなさい。

	A	B	C	D
1				
2	バス手配台数計算表			
3	日付	人数	50人乗り	30人乗り
4	2022年7月19日	370	※	※
5	2022年7月22日	585	12	0

（注）※印は，値の表記を省略している。

=IF(AND(MOD(B4,50)>0,MOD(B4,50)<=30),CEILING(B4,50)/50-1,CEILING(B4,50)/50)

ア．6　　　　イ．7　　　　ウ．8

(1)		(2)	

2 指定した基準値の倍数に切り捨てる（FLOOR）

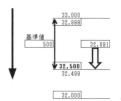

FLOOR

（フロア）
「床」という意味。

書 式	=FLOOR（数値，基準値）
解説	FLOOR関数は，基準値の倍数の中で，数値以下で最も大きい値に切り捨てる。
使用例	=FLOOR（D5,500） 32,891を500ずつに区切った範囲の中で，0に近い方の基準値に切り捨てる。今回の範囲は，32,500〜32,999なので「32,500」が戻り値となる。

例題 2 請求金額一覧表

次のような請求金額一覧表を，作成条件にしたがって作成しなさい。

	A	B	C	D	E
1					
2		請求金額一覧表			
3					
4	請求書番号	部品代	工賃	合計	請求金額
5	S3001	24,891	8,000	32,891	32,800
6	S3002	12,600	2,500	15,100	※
7	S3003	39,711	12,500	52,211	※
8	S3004	62,445	22,000	84,445	※
9	S3005	25,725	4,550	30,275	※

	A	B	C	D	E
1					
2		請求金額一覧表			
3					
4	請求書番号	部品代	工賃	合計	請求金額
5	S3001	24,891	8,000	32,891	32,500
6	S3002	12,600	2,500	15,100	15,000
7	S3003	39,711	12,500	52,211	52,000
8	S3004	62,445	22,000	84,445	84,000
9	S3005	25,725	4,550	30,275	30,000

（完成例）

作成条件

① 表の形式および体裁は，上の表を参考にして設定する。
　　設定する書式：罫線，列幅，数値につける3桁ごとのコンマ
② ※印の部分は，関数などを利用して求める。
③ E列の「請求金額」は，B列の「部品代」とC列の「工賃」を合計した金額から500円未満の端数を値引き額とし，500円を基準値として，最も近い値に切り捨てた数値を設定する。

基準値の倍数に切り捨てる（FLOOR）

❶ セル（E5）をクリックし，「=FLOOR（」と入力する。

| SUM | ▼ | ⋮ | ✕ ✓ *fx* | =FLOOR(|

	A	B	C	D	E	F
1						
2		請求金額一覧表				
3						
4	請求書番号	部品代	工賃	合計	請求金額	
5	S3001	24,891	8,000	32,891	=FLOOR(	
6	S3002	12,600	2,500	15,100	FLOOR(数値, 基準値)	
7	S3003	39,711	12,500	52,211		
8	S3004	62,445	22,000	84,445		
9	S3005	25,725	4,550	30,275		

❷ セル (D5) をクリックし，「,」を入力する。基準値の「500」と「)」を入力し Enter を押すと，基準値に切り捨てた値が表示される。

E5	▼	:	×	✓	fx	=FLOOR(D5,500)

	A	B	C	D	E	F
1						
2		請求金額一覧表				
3						
4	請求書番号	部品代	工賃	合計	請求金額	
5	S3001	24,891	8,000	32,891	=FLOOR(D5,500)	
6	S3002	12,600	2,500	15,100		
7	S3003	39,711	12,500	52,211		
8	S3004	62,445	22,000	84,445		
9	S3005	25,725	4,550	30,275		

❸ セル (E6〜E9) も同様に設定する。

補足 **数値**…切り捨ての対象となる数値やセル番地，計算式を指定する。
基準値…倍数の基準となる数値を指定する。
<この関数の計算方法>
数値を**基準値**で割った余りを**数値**から引いた結果を返す。
①32891 ÷ 500 = 65…391　②32891 − 391 = 32500

▶ **Point**
余りがない場合は，数値をそのまま返す。

実技練習　2 ⋯⋯　**ファイル名：販売セット数確認表**

次の表は，ある商店の販売セット数確認表である。作成条件にしたがって表を作成しなさい。

	A	B	C	D
1				
2		販売セット数確認表		
3				
4	商品名	在庫数	袋詰め個数	セット個数
5	チョコ	685	10	68
6	あめ	523	10	※
7	ガム	734	5	※
8	スナック菓子	896	5	※

作成条件

① 表の形式および体裁は，上の表を参考にして設定する。
　設定する書式：罫線，列幅
② ※印の部分は，関数などを利用して求める。
③ D列の「セット個数」は，次の式で求める。
　「在庫数÷袋詰め個数」

筆記練習　2

右の表は，ある農家のマンゴー出荷表である。この農家ではマンゴーを5個ずつ箱に詰めて出荷している。B4の「出荷数」は，A4の「収穫数」を超えない最も大きい5の倍数を求める。B4に設定されている式の空欄にあてはまる関数として適切なものを選び，記号で答えなさい。

=▢▢▢(A4,5)

	A	B	C	D
1				
2	マンゴー出荷表			
3	収穫数	出荷数	出荷箱数	余り
4	953	950	190	3

ア．FLOOR　　　イ．MOD　　　ウ．SUBSTITUTE

▢

3 絶対値を求める（ABS）

書　式	=ABS（数値）
解説	ABS関数は，数値の絶対値を求める。
使用例	=ABS（C5-D5）

「概算前渡額－決算額」の計算結果を正の数で表示する。
　　　　　　　　　　　　　　　　　絶対値

（アブソルート）
ABSolute
絶対値という意味。
絶対値とは，符号（＋，－）を除いた数のこと。

例題 3 旅費計算表

次のような旅費計算表を，作成条件にしたがって作成しなさい。

	A	B	C	D	E	F
1						
2		旅費計算表				
3						
4	社員名	出張先	概算前渡額	決算額	差額	過不足
5	山田○○	大阪	30,000	27,800	2,200	戻入
6	鈴木××	札幌	50,000	52,500	※	※
7	川島△△	福岡	50,000	50,000	※	※
8	上田□□	新潟	27,000	28,900	※	※
9	太田○○	岩手	43,000	42,500	※	※

	A	B	C	D	E	F
1						
2		旅費計算表				
3						
4	社員名	出張先	概算前渡額	決算額	差額	過不足
5	山田○○	大阪	30,000	27,800	2,200	戻入
6	鈴木××	札幌	50,000	52,500	2,500	不足
7	川島△△	福岡	50,000	50,000	0	過不足なし
8	上田□□	新潟	27,000	28,900	1,900	不足
9	太田○○	岩手	43,000	42,500	500	戻入

（完成例）

作成条件

① 表の形式および体裁は，上の表を参考にして設定する。

　　設定する書式：罫線，列幅，数値につける3桁ごとのコンマ

② ※印の部分は，関数などを利用して求める。

③ E列の「差額」は，次の計算式によって求める。ただし，正の数（絶対値）で表示する。

　　「概算前渡額－決算額」

④ F列の「過不足」は，「概算前渡額」が「決算額」より多いときは 戻入 を表示し，少ないときは 不足 を表示し，それ以外は 過不足なし をそれぞれ表示する。

絶対値を求める（ABS）

❶ セル（E5）をクリックし，「=ABS(」と入力する。

SUM		×	✓	fx	=ABS(	
	A	B	C	D	E	F
1						
2		旅費計算表				
3						
4	社員名	出張先	概算前渡額	決算額	差額	過不足
5	山田○○	大阪	30,000	27,800	=ABS(	
6	鈴木××	札幌	50,000	52,500	ABS(数値)	
7	川島△△	福岡	50,000	50,000		
8	上田□□	新潟	27,000	28,900		
9	太田○○	岩手	43,000	42,500		

❷ 計算式「C5-D5)」を入力し，Enterを押すと，計算結果が絶対値で表示される。

E5		×	✓	fx	=ABS(C5-D5)	
	A	B	C	D	E	F
1						
2		旅費計算表				
3						
4	社員名	出張先	概算前渡額	決算額	差額	過不足
5	山田○○	大阪	30,000	27,800	=ABS(C5-D5)	
6	鈴木××	札幌	50,000	52,500		
7	川島△△	福岡	50,000	50,000		
8	上田□□	新潟	27,000	28,900		
9	太田○○	岩手	43,000	42,500		

❸ セル（E6～E9）も同様に設定する。

❹　セル（F5）をクリックし，「=IF(C5-D5>0," 戻入 ",IF(C5-D5<0," 不足 "," 過不
足なし "))」を入力する。

| SUM | ▼ | : | × | ✓ | fx | =IF(C5-D5>0,"戻入",IF(C5-D5<0,"不足","過不足なし")) |

▲	A	B	C	D	E	F	G	H	I	J	K
1											
2		旅費計算表									
3											
4	社員名	出張先	概算前渡額	決算額	差額	過不足					
5	山田○○	大阪	30,000	27,800	2,200	=IF(C5-D5>0,"戻入",IF(C5-D5<0,"不足","過不足なし"))					
6	鈴木××	札幌	50,000	52,500	2,500						
7	川島△△	福岡	50,000	50,000	0						
8	上田□□	新潟	27,000	28,900	1,900						
9	太田○○	岩手	43,000	42,500	500						

❺　 Enter を押すと，「過不足」に「戻入，不足，過不足なし」のいずれかが表示
される。

❻　セル（F6〜F9）も同様に設定する。

補足　数値…絶対値を求める数値やセル番地を指定する。

実技練習　3 ……　ファイル名：当座預金出納帳

次のような当座預金出納帳を，作成条件にしたがって作成しなさい。

▲	A	B	C	D	E	F	G
1							
2			当座預金出納帳				
3							
4	日付		摘要	預入	引出	貸借	残高
5	10	1	前月繰越	100,000		借	100,000
6		5	鹿児島商店より仕入		200,000	貸	100,000
7		7	熊本商店の売掛金回収	400,000		※	※
8		8	宮崎商店へ買掛金支払い		200,000	※	※
9		9	長崎商店の売掛金回収	100,000		※	※

作成条件

① 表の形式および体裁は，上の表を参考にして設定する。
　　　設定する書式：罫線，列幅，数値につける3桁ごとのコンマ
② ※印の部分は，関数などを利用して求める。
③ F列の「貸借」は，「残高」において「預入」累計額が「引出」累計額以上のときは 借 を，それ以外
　は 貸 を表示する。
④ G列の「残高」は，次の計算式で求める。ただし，正の数（絶対値）で表示する。
　　　「預入累計額−引出累計額」

筆記練習　3

右の表は，体育祭参加種目調整表である。D列の「不足
人数」は，B列の「規定人数」よりC列の「希望人数」が多い
場合は オーバー ，少ない場合は「不足人数」を正の数で
表示し，それ以外は OK と表示する。D5に設定する式と
して適切なものを選び，記号で答えなさい。

▲	A	B	C	D
1				
2		体育祭参加種目調整表		
3				
4	種目	規定人数	希望人数	不足人数
5	男子400Mリレー	4	5	オーバー
6	女子400Mリレー	4	3	1
7	綱引き	20	18	2
8	玉入れ	15	18	オーバー
9	障害物競走	5	5	OK
10	借り物競走	5	4	1
11	騎馬戦	12	8	4

ア．=IF(C5-B5>0," オーバー ",IF(C5-B5<0,LEN(C5-B5)," OK "))

イ．=IF(C5-B5>0," オーバー ",IF(C5-B5<0,INT(C5-B5)," OK "))

ウ．=IF(C5-B5>0," オーバー ",IF(C5-B5<0,ABS(C5-B5)," OK "))

4 範囲内の乱数を発生させる（RANDBETWEEN）

書式	=RANDBETWEEN（最小値，最大値）
解説	RANDBETWEEN関数は，最小値以上，最大値以下の範囲内で整数の乱数を発生させる。ワークシートが再計算されるたびに，新しい整数の乱数が発生される。
使用例	=RANDBETWEEN（1,10） 1から10の間の範囲でランダムな値を表示する。 _{最小値}　_{最大値}

（ランダム・ビトウィーン）
RANDom BETWEEN
最小値と最大値の間でのランダムな値。

例題 4 RANDBETWEEN関数練習

次のようなRANDBETWEEN関数練習を，作成条件にしたがって作成しなさい。

（完成例）

作成条件

① 表の形式および体裁は，上の表を参考にして設定する。
　　設定する書式：罫線，列幅
② ※印の部分は，関数などを利用して求める。
③ F6，F8は，次の計算式で求める。
　　F6：「（1～10の乱数）×10」
　　F8：「（0～10の乱数）×5」
④ F10を求める際，B11とC11に値が入力されていることとする。

範囲内の乱数を発生させる（RANDBETWEEN）

❶ セル（F4）をクリックし，「=RANDBETWEEN（」と入力する。

❷ 最小値に「1」を入力し「,」を入力する。最大値には，「10」を入力し「）」を入力する。

❸ Enter を押すと，1から10までのいずれかの数値が表示される。

▶ **Point**
乱数を更新するときは，F9 を押すと再計算され，新たな値となる。また，どこかのセルに値などの入力による変化を加えても再計算される。

❹　セル（F6）をクリックし，「=RANDBETWEEN（1,10)*10」と入力し Enter を押す。

❺　セル（F8）をクリックし，「=RANDBETWEEN（0,10)*5」と入力し Enter を押す。

❻　セル（F10）に関数を設定するにあたり，はじめにセル（B11）とセル（C11）に最小値と最大値を入力する。（例　B11 = 3，C11 = 21）

❼　セル（F10）をクリックし，「=RANDBETWEEN（」と入力する。セル（B11）をクリックし，「,」を入力する。セル（C11）をクリックし「）」を入力後， Enter を押す。

実技練習　4 ⋯⋯　ファイル名：料理コンテスト審査集計システム

　次の表は，料理コンテストの審査集計システムである。作成条件にしたがって表を完成させた後，システムのテストを行いなさい。

▲	A	B	C	D	E	F	G
1							
2		料理コンテスト審査集計システム					
3							
4	団体	創造性	アレンジ性	栄養	盛り付け	合計	順位
5	A	※	※	※	※	※	※
6	B	※	※	※	※	※	※
7	C	※	※	※	※	※	※
8	D	※	※	※	※	※	※
9	E	※	※	※	※	※	※

作成条件

①　表の形式および体裁は，上の表を参考にして設定する。

　　　設定する書式：罫線，列幅

②　※印の部分は，関数などを利用して求める。

③　F列の「合計」は，B列からE列の合計を求める。

④　G列の「順位」は，F列の合計をもとに，得点の高いものから順位をつける。

⑤　セル（B5）からセル（E9）は，関数により乱数を発生させ，テストデータを作成する。その後，「合計」と「順位」が正しく表示されるか確認する。ただし，B列からE列のテストデータは，関数により1点〜25点の範囲で表示される。

筆記練習　4

　右の表のような電子サイコロを作成した。B4に設定する式の空欄にあてはまる関数として適切なものを選び，記号で答えなさい。ただし，サイコロの目は，1〜6とする。

▲	A	B	C
1			
2	電子サイコロ		
3			
4	サイコロの目は	2	です。

=〔　　　　　〕(1,6)

　ア．FLOOR

　イ．RANDBETWEEN

　ウ．CEILING

2 統計

5 回帰直線上の値を求める（FORECAST）

（フォーキャスト）
予測するという意味。

書 式	=FORECAST（x，既知のy，既知のx）
解説	FORECAST関数は，既知のxとそれに対する既知のyから，回帰直線を求め，任意のxの値に対する値を推測する。
使用例	=FORECAST（D22,C5:C20,B5:B20）

予想気温に対して，過去の売上数と過去の気温から予想される売上数を求める。
（x）（既知のy）（既知のx）

例題 5 かき氷売上表

次の表は，あるお祭りのかき氷売上表である。作成条件にしたがって作成しなさい。

年度	気温	売上数	売上高
2006年	31.3	400	80,000
2007年	30.0	400	80,000
2008年	29.6	392	78,400
2009年	31.6	416	83,200
2010年	31.6	432	86,400
2011年	28.9	389	77,800
2012年	31.6	416	83,200
2013年	30.9	382	76,400
2014年	32.9	458	91,600
2015年	29.9	401	80,200
2016年	32.2	400	80,000
2017年	30.2	396	79,200
2018年	30.6	394	78,800
2019年	33.0	430	86,000
2020年	28.6	372	74,400
2021年	28.1	362	72,400

今年度予想気温 30.0
予想売上数 ※ → 393
予想売上高 ※ → 78,626

（完成例）

作成条件

① 表の形式および体裁は，上の表を参考にして設定する。
設定する書式：罫線，列幅，数値につける3桁ごとのコンマ
② ※印の部分は，関数などを利用して求める。
③ D23の「予想売上数」は，D22の「今年度予想気温」のときに，過去の気温データと売上数データをもとに予想売上数を求める。ただし，整数部のみ表示する。
④ D24の「予想売上高」は，D22の「今年度予想気温」のときに，過去の気温データと売上高データをもとに予想売上高を求める。ただし，整数部のみ表示する。

回帰直線上の値を求める（FORECAST）

❶ セル（D23）をクリックし，「=FORECAST（」と入力する。

❷ セル（D22）をクリックし，「,」を入力する。

セル（C5〜C20）をドラッグし，「,」を入力する。

セル（B5〜B20）をドラッグし，「）」を入力して[Enter]を押すと，回帰分析による「予想売上数」が表示される。

❸ セル（D24）をクリックし，「=FORECAST（D22,D5:D20,B5:B20）」と入力する。

[Enter]を押すと，回帰分析による「予想売上高」が表示される。

[補足] **x**…予測する値「y」に対する値を数で指定する。
既知のy…すでにわかっている既知のxに対応する「y」の値が入力されているセル範囲，または配列を指定する。
既知のx…すでにわかっている「x」の値が入力されているセル範囲，または配列を指定する。
今回の例題では，予想気温をもとに売上数と売上高を予想する。そのため予想気温をxとし，既知のxは過去の「気温」となり，既知のyは過去の「売上数」や「売上高」となる。

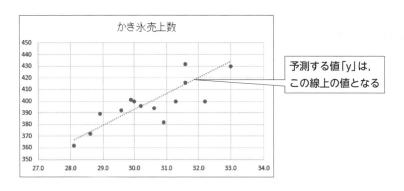

かき氷売上数

予測する値「y」は,
この線上の値となる

参考
グラフの作成手順は,
p.82〜84を参照する。

実技練習　5 ‥‥‥　ファイル名：収入と食費の割合

次の表は,収入と食費の割合に関する表である。作成条件にしたがって表を作成しなさい。

	A	B	C	D
1				
2	収入と食費の割合			
3				
4	実収入	食費支出		
5	40,942	15,453		
6	44,643	15,840		
7	49,288	16,003		
8	51,703	17,131		
9	60,998	18,037		
10	68,151	19,044		
11	71,735	19,221		
12				
13	実収入が	70,000	円の場合,	
14	食費は	※	円と予想されます。	

作成条件

① 表の形式および体裁は,上の表を参考にして設定する。

　　設定する書式：罫線,列幅,数値につける3桁ごとのコンマ

② ※印の部分は,関数などを利用して求める。

③ B14の「食費」は,B13の「実収入」が予想されるとき,「実収入」と「食費支出」の実績にもとづいた
予想金額を求める。ただし,整数未満を四捨五入する。

筆記練習　5

右の表は,あるたい焼き店における12月の日ごとの最低気温と売上
数量の一覧表である。12月31日の最低気温が4.8度のときの売上数量
を予測する式として適切なものを選び,記号で答えなさい。ただし,
整数未満を四捨五入する。

ア．=ROUND(FORECAST(C5:C34,B5:B34,B35),0)

イ．=ROUND(FORECAST(B35,B5:B34,C5:C34),0)

ウ．=ROUND(FORECAST(B35,C5:C34,B5:B34),0)

	A	B	C
1			
2	たい焼き売上一覧表		
3			
4	日付	最低気温	売上数量
5	12月1日	8.7	245
6	12月2日	9.2	251
7	12月3日	7.1	308
8	12月4日	9.6	228
9	12月5日	6.2	285
～	～	～	～
30	12月26日	4.0	350
31	12月27日	9.1	218
32	12月28日	3.4	381
33	12月29日	2.7	376
34	12月30日	5.5	300
35	12月31日	4.8	※

6　範囲内の中央値を求める（MEDIAN）

| 書　式 | =MEDIAN（数値1，[数値2]） |

解説　MEDIAN関数は，範囲内のデータを大きい数値と小さい数値の
　　　数が等しくなるような，中央に位置する数値を求める。
　　　中央値とは，データを昇順または降順に並べたとき，中央にある
　　　値のことである。

使用例　=MEDIAN（A4:E4）
　　　A4〜E4の数値（10，3，3，9，7）の中央に位置する値を表示する。
　　　（範囲）

MEDIAN
（メジアン）
中央値という意味。

▶ **Point**
データの個数が奇数個
の場合は中央の値が，
偶数個の場合は中央の
2つの値の平均が表示
される。

7　範囲内の最頻値を求める（MODE）

| 書　式 | =MODE（数値1，[数値2]） |

解説　MODE関数は，範囲内にあるデータの中で，最も頻繁に存在す
　　　るデータを求める。最頻値が複数の場合は，A1，A2…B1，B2…
　　　C1，C2…の順に検索したとき，最初に現れた値が表示される。

使用例　=MODE（A4:E4）
　　　A4〜E4の数値（10，3，3，9，7）の中で，最も多く存在する値を
　　　（範囲）
　　　表示する。

MODE
（モード）
最頻値という意味。

例題　6　中央値・最頻値・平均値

次の中央値・最頻値・平均値の表を，作成条件にしたがって作成しなさい。

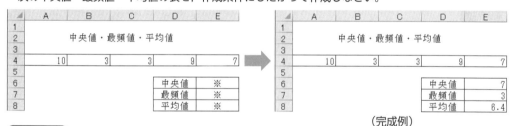

（完成例）

作成条件

① 表の形式および体裁は，上の表を参考にして設定する。　設定する書式：罫線，列幅
② ※印の部分は，関数などを利用して求める。
③ E6の「中央値」は，4行目の値の中央値を表示する。
④ E7の「最頻値」は，4行目の値の最頻値を表示する。
⑤ E8の「平均値」は，4行目の値の平均値を表示する。ただし，小数第1位まで表示する。

中央値（MEDIAN）と最頻値（MODE）

❶ セル（E6）をクリックし，
「=MEDIAN（」と入力する。

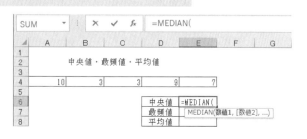

❷ セル (A4～E4) をドラッグし,「)」を入力する。Enter を押すと,「中央値」
が表示される。

▶ **Point**
5つの数字を昇順に並べると,「3, 3, 7, 9, 10」となり, 中央値は,「7」となる。

❸ セル (E7) をクリックし, 次のように入力し Enter を押すと「最頻値」が表示
される。
セル (E7) =MODE (A4:E4)

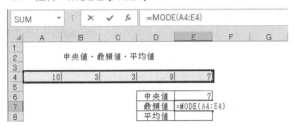

▶ **Point**
5つの数字のうち,「3」は2つあるので, 最頻値は「3」となる。

❹ セル (E8) をクリックし,「=AVERAGE(A4:E4)」と入力する。
Enter を押すと「平均値」が表示される。

▶ **Point**
AVERAGE関数は,3級の範囲なので図は省略。

実技練習 6 ‥‥‥ **ファイル名:迷路クリアタイム**

次の表は, ある迷路のクリアタイム表である。作成条件にしたがって表を作成しなさい。

作成条件

① 表の形式および体裁は, 右の表を参考にして設定する。
　設定する書式:罫線, 列幅
② ※印の部分は, 関数などを利用して求める。
③ E10の「中央値」は, A4～E8のクリアタイムの中央に位置する値を表示する。
④ E11の「最頻値」は, A4～E8のクリアタイムの最も多い値を表示する。

	A	B	C	D	E
1					
2		迷路クリアタイム			
3					単位:分
4	23	24	28	29	21
5	25	25	21	29	22
6	20	27	22	22	22
7	22	20	25	20	21
8	21	27	26	29	23
9					
10				中央値	※
11				最頻値	※

筆記練習 6

(1) 右の表は,ある1週間の東京の最低気温の表である。B13には,この週の「中央値」を表示したい。B13に設定する式の空欄にあてはまる関数として適切なものを選び, 記号で答えなさい。

= ［　　　　　］ (B5:B11)

ア. MEDIAN　　イ. MODE　　ウ. AVERAGE

	A	B
1		
2	東京の最低気温	
3		
4	曜日	最低気温
5	月	4
6	火	2
7	水	0
8	木	3
9	金	0
10	土	2
11	日	6
12		
13	中央値	2

(2) 右の表は，学校祭における満足度を集計したものである。満足度は，「1：満足していない～10：満足した」という内容で回答してもらっている。この結果からわかることとして適切なものを選び，記号で答えなさい。

ア．最頻値4という結果から，全体的に低い満足度だったといえる。

イ．中央値8，平均値7.1という結果から，全体的に高い満足度だったといえる。

ウ．中央値8，平均値7.1という結果から，昨年度より高い満足度だったといえる。

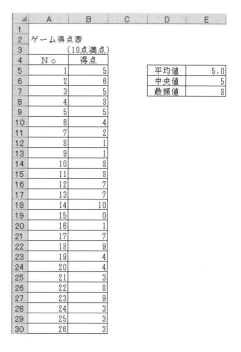

	A	B	C	D	E
1					
2	学校祭満足度アンケート				
3		（10点満点）			
4	Ｎｏ	回答		平均値	7.1
5	1	6		最頻値	4
6	2	4		中央値	8
7	3	9		最大	10
8	4	7		最小	4
9	5	4			
10	6	4			
11	7	4			
12	8	8			
13	9	4			
14	10	8			
15	11	10			
16	12	8			
17	13	4			
18	14	9			
19	15	6			
20	16	7			
21	17	8			
22	18	7			
23	19	9			
24	20	10			
25	21	8			
26	22	10			
27	23	10			
28	24	9			
29	25	5			

(3) 右の表は，模擬店におけるボウリングゲームの得点表である。この集計結果からわかることとして適切なものを選び，記号で答えなさい。

ア．平均値5.0，中央値5という結果から，難易度としては普通であることがわかる。

イ．平均値5.0，中央値5という結果から，他のゲームと比較して難易度が普通であることがわかる。

ウ．最頻値8という結果から，難易度としては簡単なゲームであることがわかる。

	A	B	C	D	E
1					
2	ゲーム得点表				
3		（10点満点）			
4	Ｎｏ	得点			
5	1	5		平均値	5.0
6	2	6		中央値	5
7	3	5		最頻値	8
8	4	8			
9	5	5			
10	6	4			
11	7	2			
12	8	1			
13	9	1			
14	10	8			
15	11	8			
16	12	7			
17	13	7			
18	14	10			
19	15	0			
20	16	1			
21	17	7			
22	18	9			
23	19	4			
24	20	4			
25	21	3			
26	22	8			
27	23	9			
28	24	3			
29	25	3			
30	26	3			

(1)		(2)		(3)	

3 検索／行列

8 範囲内の列番号を求める（COLUMN）

書 式 =COLUMN（参照）

解説 COLUMN関数は，参照で指定したセルの列番号を返す。複数の
セルが指定してある場合は，一番左側の列番号が戻り値となる。

使用例 =COLUMN（B16）
セル（B16）の列番号「2」を求める。
参照

COLUMN

（カラム）
列という意味。

▶**Point**
=COLUMN（）
セル（B16）に式を設定
した場合，「2」を求め
る。

---

9 範囲内の行番号を求める（ROW）

書 式 =ROW（参照）

解説 ROW関数は，参照で指定したセルの行番号を返す。複数のセル
が指定してある場合は，一番上の行番号が戻り値となる。

使用例 =ROW（B5）
セル（B5）の行番号「5」を求める。
参照

ROW

（ロウ）
行という意味。

▶**Point**
=ROW（）
セル（B5）に式を設定
した場合，「5」を求め
る。

例題 7 仮装大会得点集計表

次の表は，ある仮装大会の得点集計表である。作成条件にしたがって作成しなさい。

（完成例）

① 表の形式および体裁は，前ページの表を参考にして設定する。
　　設定する書式：罫線，列幅
② ※印の部分は，関数などを利用して求める。
③ A列の「競技No」は，上から連続するように関数を用いて設定する。
④ 15行目の「自治会番号」は，左から連続するように関数を用いて設定する。ただし，「自治会番号」は，101からはじまるものとする。
⑤ C列の「地区名」は，B列の「参加コード」の左端から1文字を「地区コード」として抽出したものをもとに，地区表を参照して表示する。ただし，引数の列番号は，関数によって求めること。
⑥ D列の「自治会名」は，B列の「参加コード」の右端から2文字を「自治会コード」として抽出したものをもとに，自治会表を参照して表示する。ただし，引数の行番号は，関数によって求めること。
⑦ J列の「合計」は，E列〜I列の各審判の合計得点を求める。

列番号（COLUMN）・行番号（ROW）を求める

❶ セル（A5）をクリックし，「=ROW(」と入力する。

競技No	参加コード	地区名	自治会名	審判1	審判2	審判3	審判4	審判5	合計
=ROW(	SYT			9	9	8	8	7	
ROW([参照])	NKB			10	9	6	10	7	
	EHN			7	9	9	7	9	
	SNP			6	8	6	6	5	
	NIZ			6	7	7	8	7	
	WYU			8	8	5	5	10	
	EKW			10	7	6	5	6	
	WYN			6	5	5	7	10	

自治会表
自治会番号								
自治会コード	KB	IZ	YU	YN	HN	KW	YT	NP
自治会名	久保北	泉北	陽西	山西	本町	川向	山手	南平

地区表
地区コード	地区名
N	北
E	東
W	西
S	南

❷ セル（B5）をクリックし，「)」を入力する。5行目が先頭となるので，「-4」を入力し，Enter を押すと「競技No」に 1 が表示される。

競技No	参加コード	地区名	自治会名	審判1	審判2	審判3	審判4	審判5	合計
=ROW(B5)-4	SYT			9	9	8	8	7	
	NKB			10	9	6	10	7	
	EHN			7	9	9	7	9	
	SNP			6	8	6	6	5	
	NIZ			6	7	7	8	7	
	WYU			8	8	5	5	10	
	EKW			10	7	6	5	6	
	WYN			6	5	5	7	10	

自治会表
自治会番号								
自治会コード	KB	IZ	YU	YN	HN	KW	YT	NP
自治会名	久保北	泉北	陽西	山西	本町	川向	山手	南平

地区表
地区コード	地区名
N	北
E	東
W	西
S	南

▶ Point
ROW関数は，参照に設定したセルの行番号が求められるので，必要に応じて加算・減算などを行う。

❸ セル（A6〜A12）も同様に設定する。

❹ セル（B15）をクリックし，「=COLUMN（」と入力する。

| SUM | ▼ | : | × | ✓ | fx | =COLUMN(|

	A	B	C	D	E	F	G	H	I	J
1										
2		仮装大会得点集計表								
3										
4	競技No	参加コード	地区名	自治会名	審判1	審判2	審判3	審判4	審判5	合計
5	1	SYT			9	9	6	8	7	
6	2	NKB			10	9	6	10	7	
7	3	EHN			7	9	9	7	9	
8	4	SNP			6	8	6	6	5	
9	5	NIZ			6	7	7	8	7	
10	6	WYU			8	8	5	5	10	
11	7	EKM			10	7	6	5	6	
12	8	WYN			6	5	5	7	10	
13										
14	自治会表									
15	自治会番号	=COLUMN(								
16	自治会コード	K COLUMN([参照])		YU	YN	HN	KM	YT	NP	
17	自治会名	久保北	泉北	陽西	山西	本町	川向	山手	南平	
18										
19	地区表									
20	地区コード	地区名								
21	N	北								
22	E	東								
23	W	西								
24	S	南								

❺ セル（B16）をクリックし，「）」を入力する。2列目が先頭となるので，「-1」を入力
し，最後に「+100」を入力して Enter を押すと「自治会番号」に 101 が表示される。

▶ Point
COLUMN関数は，参照に設定したセルの列番号が求められるので，必要に応じて加算・減算などを行う。

| B16 | ▼ | : | × | ✓ | fx | =COLUMN(B16)-1+100 |

	A	B	C	D	E	F	G	H	I	J
1										
2		仮装大会得点集計表								
3										
4	競技No	参加コード	地区名	自治会名	審判1	審判2	審判3	審判4	審判5	合計
5	1	SYT			9	9	6	8	7	
6	2	NKB			10	9	6	10	7	
7	3	EHN			7	9	9	7	9	
8	4	SNP			6	8	6	6	5	
9	5	NIZ			6	7	7	8	7	
10	6	WYU			8	8	5	5	10	
11	7	EKM			10	7	6	5	6	
12	8	WYN			6	5	5	7	10	
13										
14	自治会表									
15	自治会番号	=COLUMN(B16)-1+100								
16	自治会コード	KB	IZ	YU	YN	HN	KM	YT	NP	
17	自治会名	久保北	泉北	陽西	山西	本町	川向	山手	南平	
18										
19	地区表									
20	地区コード	地区名								
21	N	北								
22	E	東								
23	W	西								
24	S	南								

❻ セル（C15～I15）も同様に設定する。

❼ セル（C5）をクリックし，「=VLOOKUP（LEFT（B5,1），$A$21:$B$24,」と入力する。
列番号は関数を用いるので「COLUMN（」と入力し，セル（B21）をクリックする。「）」
と「,」を入力する。

❽ 検索方法に「FALSE」と「）」を入力し，Enter を押すと「地区名」が表示される。

| B21 | ▼ | : | × | ✓ | fx | =VLOOKUP(LEFT(B5,1),$A$21:$B$24,COLUMN(B21),FALSE) |

	A	B	C	D	E	F	G	H	I	J
1										
2		仮装大会得点集計表								
3										
4	競技No	参加コード	地区名	自治会名	審判1	審判2	審判3	審判4	審判5	合計
5	1	SYT	=VLOOKUP(LEFT(B5,1),$A$21:$B$24,COLUMN(B21),FALSE)						7	
6	2	NKB			10	9	6	10	7	
7	3	EHN			7	9	9	7	9	
8	4	SNP			6	8	6	6	5	
9	5	NIZ			6	7	7	8	7	
10	6	WYU			8	8	5	5	10	
11	7	EKM			10	7	6	5	6	
12	8	WYN			6	5	5	7	10	
13										
14	自治会表									
15	自治会番号	101	102	103	104	105	106	107	108	
16	自治会コード	KB	IZ	YU	YN	HN	KM	YT	NP	
17	自治会名	久保北	泉北	陽西	山西	本町	川向	山手	南平	
18										
19	地区表									
20	地区コード	地区名								
21	N	北								
22	E	東								
23	W	西								
24	S	南								

❾ セル（C6～C12）も同様に設定する。

❿ セル（D5）をクリックし、「=HLOOKUP(RIGHT(B5,2),$B$16:$I$17,」と入力する。
行番号は関数を用いるので「ROW(」と入力し、セル（B17）をクリック後に F4 を
押す。「)」と「-15,」を入力する。
検索方法に「FALSE」と「)」を入力し、Enter を押すと「自治会名」が表示される。

⓫ セル（D6～D12）も同様に設定する。

⓬ セル（J5）は、「=SUM(E5:I5)」と入力し Enter を押すと得点合計が表示される。

⓭ セル（J6～J12）も同様に設定する。

▶ Point
セル（B17）の行番号
は「17」になるので、
「-15」を設定して「2」
とする。

補足 COLUMN関数の参照…列番号を調べるセルを設定する。複数のセルを設定している場合は、一番左側の列番号を返す。
　　　ROW関数の参照…行番号を調べるセルを設定する。複数のセルを設定している場合は、一番上の行番号を返す。

実技練習 7 ・・・・・ ファイル名：懸賞応募者一覧表

　右の表は、ある懸賞の応募者一覧表で
ある。作成条件にしたがって表を作成し
なさい。

	A	B	C	D	E
1					
2		懸賞応募者一覧表			
3					
4	番号	氏名	商品コード	商品名	
5	1	太田　綾		3	文具セット
6	※	山崎　遥		4	※
7	※	田中　ひとみ		3	※
8	※	松本　千夏		1	※
9	※	菊地　正義		1	※
10	※	林　啓介		3	※
11	※	西川　由樹		2	※
12	※	飯田　慶二		2	※
13	※	浜村　陽子		4	※
14	※	小島　広之		3	※
15					
16					
17	商品コード表				
18	商品コード	1	※	※	※
19	商品名	ぬいぐるみ	時計	文具セット	シールセット

作成条件

① 表の形式および体裁は、右の表を
参考にして設定する。
　　設定する書式：罫線、列幅

② ※印の部分は、関数などを利用し
て求める。

③ A列の「番号」は、上から連続するように関数を用いて設定する。

④ 18行目の「商品コード」は、左から連続するように関数を用いて設定する。

⑤ D列の「商品名」は、C列の「商品コード」をもとに、商品コード表を参照して表示する。

筆記練習 7

(1) 右の表は、ある病院の受付一覧表である。A列の「番号」は
受付順に自動的に計算される。また、キャンセルがあって行
削除した場合、番号が繰り上がるようにしておきたい。A5に
設定する式として適切なものを選び、記号で答えなさい。なお、
A5の式をA6～A14にコピーするものとする。

ア．=ROW(B5)

イ．=COLUMN(B5)

ウ．=ROW(B5)-4

	A	B	C
1			
2		受付一覧表	
3			
4	番号	診察券番号	氏名
5	1	65455	村田　勇太
6	2	63619	福地　千夏
7	3	64448	豊島　正義
8	4	65427	梅村　啓介
9	5	64731	宮田　由樹
10	6	65467	徳田　慶二
11	7	64678	中原　陽子
12	8	63387	成瀬　広之
13	9	63309	吉永　えみ
14	10	65426	島本　まなみ

(2) 右の表は，ある商店の飲み物売上管理表である。B列の「商品名」とC列の「単価」は，A列の「商品コード」をもとに商品マスターを参照して表示する。B5に設定する式の空欄にあてはまる適切なものを選び，記号で答えなさい。ただし，この式をB6〜B10とC5〜C10にコピーするものとする。

	A	B	C	D	E
1					
2		飲み物売上管理表			
3					
4	商品コード	商品名	単価	売上数量	売上高
5	31	オレンジ	110	153	16,830
6	35	アップル	110	125	13,750
7	21	ウーロン茶	90	180	16,200
8	24	緑茶	90	104	9,360
9	19	ブラックコーヒー	100	91	9,100
10	17	マイルドコーヒー	110	165	18,150
11					
12	商品マスター				
13	商品コード	商品名	単価		
14	17	マイルドコーヒー	110		
15	19	ブラックコーヒー	100		
16	21	ウーロン茶	90		
17	24	緑茶	90		
18	31	オレンジ	110		
19	35	アップル	110		

=VLOOKUP($A5,$A$14:$C$19, [   ] , FALSE)

ア．COLUMN($B13)　　　　イ．COLUMN(B$13)　　　　ウ．ROW(B$13)

(3) 右の表は，文房具店の商品管理表である。A列の「番号」は自動的に計算され，商品の取り扱いがなくなったとき，番号が繰り上がるようにしておきたい。A5に設定する式として適切なものを選び，記号で答えなさい。ただし，この式をA6〜A11にコピーするものとする。

	A	B	C	D
1				
2		商品管理表		
3				
4	番号	商品コード	商品名	単価
5	1	ERAB01	消しゴム(大)	80
6	2	ERAM02	消しゴム(中)	60
7	3	ERAS03	消しゴム(小)	40
8	4	MPB101	シャープペン(ブルー)	80
9	5	MPR102	シャープペン(レッド)	80
10	6	MPY103	シャープペン(イエロー)	80
11	7	MPS104	シャープペン(シルバー)	90

ア．=ROW()-ROW($A$4)

イ．=ROW($A$4)-ROW()

ウ．=ROW($A$4)

(4) 次の表は，ある旅行会社の修学旅行の予約受付状況である。B列の地区は，A列の商品コードの左から2文字の地区コードをもとに，地区コード表を参照して表示する。B5に設定する式の空欄にあてはまるものとして適切なものを選び，記号で答えなさい。ただし，この式をB6〜B12にコピーするものとする。

=HLOOKUP(LEFT(A5,2),$F$4:$L$5, [   ] ,FALSE)

	A	B	C	D	E	F	G	H	I	J	K	L
1												
2		修学旅行　予約受付状況										
3						地区コード表						
4	商品コード	地区	月		コード	HK	TK	KY	00	HI	FU	OK
5	OK091	沖縄	9		地区	北海道	東京	京都	大阪	広島	福岡	沖縄
6	00042	大阪	4									
7	HK061	北海道	6									
8	OK112	沖縄	11									
9	TK102	東京	10									
10	KY052	京都	5									
11	FU092	福岡	9									
12	HI113	広島	11									

ア．ROW($E$5)　　　　イ．ROW(E5)-3　　　　ウ．ROW($E$5)-3

(1)		(2)		(3)		(4)	

10 指定したセルを基準に相対位置にあるデータを利用（OFFSET）

書 式	=OFFSET（参照，行数，列数，高さ，幅）
解説	OFFSET 関数は，指定したセルの位置を基準とし，行数や列数で設定した分だけシフトした位置（相対位置）から，高さや幅で指定した範囲のデータを利用する。
使用例	=OFFSET（C5,0,0,B21,1）
	点数の列の先頭から9番目までのセルを範囲に設定する。
	参照　　　　　高さ

OFFSET

（オフセット）
基準となる位置からの距離（相対位置）を表す値という意味。

例題 8 情報処理用語小テスト集計表

次の情報処理用語小テスト集計表を，作成条件にしたがって作成しなさい。

	A	B	C	D
1				
2		情報処理用語小テスト集計表		
3				
4	番号	氏名	点数	合格者
5	1	上野　英三	80	※
6	2	井口　和馬	51	※
7	3	金城　岩生	71	※
8	4	河内　花恋	67	※
9	5	菊田　勇雄	65	※
10	6	塩崎　哲也	82	※
11	7	染谷　久子	89	※
12	8	高梨　誠二	83	※
13	9	寺本　今日子	82	※
14	10	土井　孝通	80	※
15	11	富樫　実可	50	※
16	12	永田　恒男	69	※
17	13	芳賀　昌信	79	※
18	14	堀口　光代	81	※
19	15	矢野　柚希	66	※
20				
21	合格者	※	名の平均点	※

	A	B	C	D
1				
2		情報処理用語小テスト集計表		
3				
4	番号	氏名	点数	合格者
5	7	染谷　久子	89	○
6	8	高梨　誠二	83	○
7	6	塩崎　哲也	82	○
8	9	寺本　今日子	82	○
9	14	堀口　光代	81	○
10	1	上野　英三	80	○
11	10	土井　孝通	80	○
12	13	芳賀　昌信	79	○
13	3	金城　岩生	71	○
14	12	永田　恒男	69	
15	4	河内　花恋	67	
16	15	矢野　柚希	66	
17	5	菊田　勇雄	65	
18	2	井口　和馬	51	
19	11	富樫　実可	50	
20				
21	合格者	9	名の平均点	80.8

（完成例）

作成条件

① 表の形式および体裁は，上の表を参考にして設定する。

　　設定する書式：罫線，列幅

② ※印の部分は，関数などを利用して求める。

③ D列の「合格者」は，「点数」が70点以上は ○ を表示し，それ以外の場合は何も表示しない。

④ セル（B21）は，D列の合格者の人数を表示する。

⑤ セル（D21）は，セル（B21）の合格者数の平均点を求める。ただし，小数第1位まで表示する。

指定したセルを基準に相対位置にあるデータを利用（OFFSET）

❶ D列の「合格者」にIF関数を用いて「点数」が70点以上の者に○を表示させる。その後，表全体を選択し「点数」の降順（大きい順）に並べ替えを行う。

▶ **Point**

合格者数をOFFSET関数の［高さ］に設定するため，「点数」を降順に並べ替えておく。

❷ セル (B21) をクリックし，「=COUNTIFS (D5:D19," ○")」と入力する。

❸ セル (D21) をクリックし，「=AVERAGE (OFFSET (」と入力する。

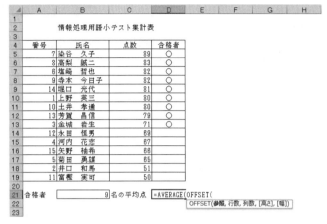

❹ セル (C5) をクリックし，「,0,0」と入力する。

▶ Point
OFFSET関数では，「参照」で設定した基準セルの相対位置は「行，列」ともに起点である「0（ゼロ）」となる。

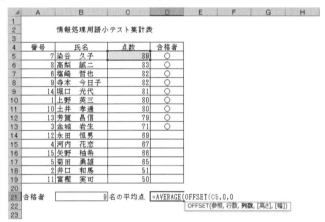

❺ 高さは，セル (B21) をクリックし，「,」を入力後，幅には「1」を入力する。最後にOFFSET関数の終わりカッコとAVERAGE関数の終わりカッコ「))」を入力し Enter を押すと，OFFSET関数で設定した範囲の平均が表示される。小数第1位までを表示するように設定する。

▶ Point
「高さ」と「幅」に範囲として設定する数値を入力する。最小値は，「1」となる。

	A	B	C	D	E F G	H
1						
2		情報処理用語小テスト集計表				
3						
4	番号	氏名	点数	合格者		
5	7	染谷　久子	89	○		
6	8	高梨　誠二	83	○		
7	6	塩崎　哲也	82	○		
8	9	寺本　今日子	82	○		
9	14	堀口　光代	81	○		
10	1	上野　英三	80	○		
11	10	土井　孝通	80	○		
12	13	芳賀　昌信	79	○		
13	3	金城　岩生	71	○		
14	12	永田　恒男	69			
15	4	河内　花恋	67			
16	15	矢野　柚希	66			
17	5	菊田　勇雄	65			
18	2	井口　和馬	51			
19	11	富樫　実可	50			
20						
21	合格者		9 名の平均点	=AVERAGE(OFFSET(C5,0,0,B21,1))		
22				OFFSET(参照, 行数, 列数, [高さ], [幅])		
23						

補足 **参照**…基準として設定するセル番地を設定する。ここで指定したセルの相対位置は，起点となるため「0，0」(行，列) となる。

行数…参照で設定したセルからの行方向(上下方向)への移動距離を設定する。この引数に，「3」のように正の数を設定すると下方向へ3行シフトしたセルへ，「−3」のように負の数を設定すると上方向へ3行シフトしたセルへの相対位置となる。この引数は省略できないため，「参照」で設定したセルと同じ行の場合は，「0」を指定する。

列数…参照で設定したセルからの列方向(左右方向)への移動距離を設定する。この引数に，「3」のように正の数を設定すると右方向へ3列シフトしたセルへ，「−3」のように負の数を設定すると左方向へ3列シフトしたセルへの相対位置となる。この引数は省略できないため，「参照」で設定したセルと同じ列の場合は，「0」を指定する。

高さ…「参照」で設定した基準となるセルから「行数」「列数」により移動した後のセルを起点に，行方向への範囲を設定する。この引数は省略できるが，範囲設定の必要がない場合に値を明示する際は「1」を設定する。

幅 …「参照」で設定した基準となるセルから「行数」「列数」により移動した後のセルを起点に，列方向への範囲を設定する。この引数は省略できるが，範囲設定の必要がない場合に値を明示する際は「1」を設定する。

参考 **INDEX関数との違い**

OFFSET関数は，INDEX関数のように基準となるセルから行方向や列方向にシフトしたセルにあるデータを参照することができる。INDEX関数との違いは，基準となるセルを「0，0」(行，列)として扱うため，行番号や列番号に「+1」する必要がある。また，この関数の「列数」や「行数」にMATCH関数などを設定する場合は，MATCH関数で求めた値から「−1」する必要がある。

INDEX関数は行番号と列番号が交差した1つのセルのデータを参照することになるが，この関数は，「高さ」や「幅」に2以上の数値を設定することで，セル範囲を参照することができる。このセル範囲による参照により，引数に範囲を指定する関数(例：SUM関数)などに入れ子にして使用することで，参照範囲の大きさが変化する場合に使用することができる。

実技練習 **8** ····· **ファイル名：(1)おにぎり売上表，(2)日替わりメニュー表**

(1) あるおにぎり専門店では，新商品の追加にも対応できる売上高計算表を作成した。新たな商品は，「新商品追加行」に「商品名」「単価」「売上数」を設定すると自動的に売上高合計に反映される仕組みとなっている。作成条件にしたがって表を完成させなさい。

	A	B	C	D	E	F	G
1							
2		おにぎり売上高計算表					
3							
4	商品名	単価	売上数	売上高		売上高合計	※
5	しゃけ	120	47	※			
6	梅	110	37	※			
7	おかか	110	42	※			
8	こんぶ	110	30	※			
9	ツナマヨ	130	39	※			
10	たらこ	130	31	※			
11	新商品追加行			※			

作成条件

① 表の形式および体裁は，上の表を参考にして設定する。
　　設定する書式：罫線，列幅，数値につける3桁ごとのコンマ

② ※印の部分は，関数などを利用して求める。

③ D列の「売上高」は，次の計算式で求める。
　　「単価×売上数」

④ G4の「売上高合計」は，「売上高」の列全体から件数をカウントし，可変的な範囲により合計を求める。
　※「新商品追加行」に新たな商品を設定し，売上高が変化することを確認する。

(2) 次の表は，あるレストランの日替わりメニュー表である。B4に曜日を入力すると，日替わりメニュー献立表を参照して，指定された曜日のメニューが表示される。作成条件にしたがって表を完成させなさい。

作成条件

① 表の形式および体裁は，上の表を参考にして設定する。

　　設定する書式：罫線，列幅

② ※印の部分は，関数などを利用して求める。

③ C5は，B4に入力された曜日をもとに日替わりメニュー献立表の10行目を参照し，月曜日を起点とした列数と，基準となるセルの相対的な列数により，メニューを表示する。ただし，この式をC6〜C7にコピーするものとする。なお，OFFSET関数を用いること。

筆記練習 8

　　次の表は，ある職場のパートタイムで働く従業員の月別の出勤状況確認表である。出勤入力表には，従業員ごとに，その月の出勤日に「○」印が入力されている。E2に従業員の番号を入力すると，G2に従業員の名前が表示され，M2には出勤日数が表示される。M2に設定する式として適切なものを選び，記号で答えなさい。

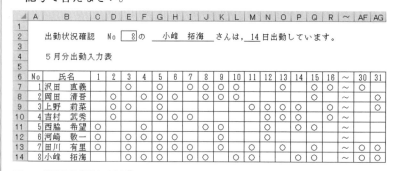

ア．=COUNTA(C14:AG14)

イ．=COUNT(OFFSET(C7,E2-1,0,1,31)

ウ．=COUNTA(OFFSET(C7,E2-1,0,1,31))

(1)	

4 データベース

11 条件を満たすレコードの合計・平均を求める（DSUM・DAVERAGE）

書 式
=DSUM（データベース，フィールド，条件）
=DAVERAGE（データベース，フィールド，条件）

解説 DSUM関数は，データベースから指定されたフィールド（列）を検索し，条件を満たすレコードの合計を求める。
DAVERAGE関数は，データベースから指定されたフィールド（列）を検索し，条件を満たすレコードの平均を求める。

使用例 =DSUM（A4:G13,6,O4:O5）
テレビ大特価市販売価格表の在庫について20インチよりも大きいデータの合計を求める。

> **DSUM**
> （ディーサム）
> Database SUM
> フィールドは列番号を入力する。在庫を検索するので，F列の「6」となる。
>
> **DAVERAGE**
> （ディーアベレージ）
> Database AVERAGE

12 条件を満たすレコードの件数を求める（DCOUNT・DCOUNTA）

書 式
=DCOUNT（データベース，フィールド，条件）
=DCOUNTA（データベース，フィールド，条件）

解説 DCOUNT関数は，データベースから指定されたフィールド（列）を検索し，条件を満たすレコードの数値の件数を求める。
DCOUNTA関数は，データベースから指定されたフィールド（列）を検索し，条件を満たす空白以外の件数を求める。

使用例 =DCOUNT（A4:G13,1,M14:N15）
テレビ大特価市販売価格表の商品について売価が5万円未満で，かつ在庫数が150以上の件数を求める。

> **DCOUNT**
> （ディーカウント）
> Database COUNT
> フィールドは，レコードの件数を数えるだけなので，A列の列番号「1」を設定する。
>
> **DCOUNTA**
> （ディーカウントエー）
> Database COUNTA

13 条件を満たすレコードの最大値・最小値を求める（DMAX・DMIN）

書 式
=DMAX（データベース，フィールド，条件）
=DMIN（データベース，フィールド，条件）

解説 DMAX関数は，データベースから指定されたフィールド（列）を検索し，条件を満たすレコードの最大値を求める。
DMIN関数は，データベースから指定されたフィールド（列）を検索し，条件を満たすレコードの最小値を求める。

使用例 =DMAX（A4:G13,5,L4:L5）
テレビ大特価市販売価格表の売価について定価が11万円以上の最高売価を求める。

> **DMAX**
> （ディーマキシマム）
> Database MAXimum
> フィールドは，売価を検索するので，E列の「5」となる。
>
> **DMIN**
> （ディーミニマム）
> Database MINimum

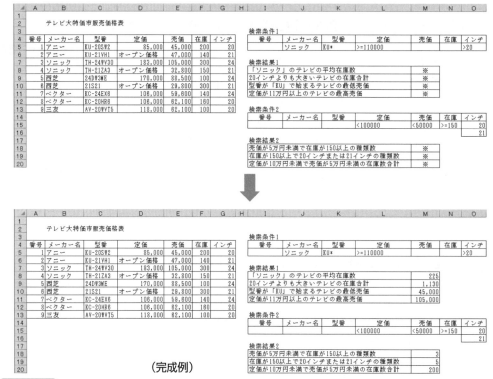

例題 9 テレビ大特価市販売価格表

次のテレビ大特価市販売価格表を，作成条件にしたがって作成しなさい。

完成例

（完成例）

作成条件

① 表の形式および体裁は，上の表を参考にして設定する。

　　設定する書式：罫線，列幅，数値につける3桁ごとのコンマ

② ※印の部分は，関数などを利用して求める。

③ M8は，「メーカー名」がソニックの「在庫」の平均を求める。

④ M9は，20インチを超えるテレビの「在庫」の合計を求める。

⑤ M10は，「型番」がKUではじまるテレビの最低売価を求める。

⑥ M11は，「定価」が11万円以上のテレビの最高売価を求める。

⑦ M18は，「売価」が5万円未満で，かつ「在庫」が150以上の種類数を求める。

⑧ M19は，「在庫」が150以上かつ「インチ」が20，または「インチ」が21の種類数を求める。

⑨ M20は，「定価」が10万円未満で，かつ「売価」が5万円未満の「在庫」の合計を求める。

データベース関数（DSUM・DAVERAGE・DCOUNT・DMAX・DMIN）

❶ セル（M8）をクリックし，「=DAVERAGE(A4:G13,6,J4:J5)」と入力し，Enter を押すと，「ソニック」の平均在庫数が表示される。

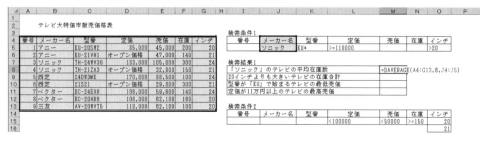

❷　セル（M9）をクリックし，「=DSUM(A4:G13,6,O4:O5)」と入力し，Enterを押すと，20インチより大きいテレビの「在庫」の合計が表示される。

❸　セル（M10）をクリックし，「=DMIN(A4:G13,5,K4:K5)」と入力し，Enterを押すと，「型番」が「KU」ではじまるテレビの最低売価が表示される。

❹　セル（M11）をクリックし，「=DMAX(A4:G13,5,L4:L5)」と入力し，Enterを押すと，「定価」が11万円以上の最高売価が表示される。

❺　セル（M18）をクリックし，「=DCOUNT(A4:G13,1,M14:N15)」と入力し，Enterを押すと，「売価」が5万円未満で，かつ「在庫」が150以上の種類数が表示される。

▶Point
複数の条件を設定する場合，項目名と条件を同じ行（14～15行目）の複数の列に設定すると「AND」条件となり，同じ列（O14～O16）の複数の行に設定すると，「OR」条件となる。

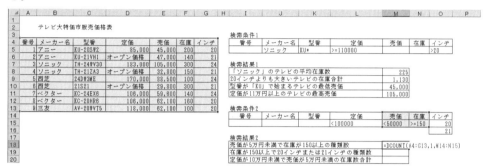

❻　セル（M19）をクリックし，「=DCOUNT(A4:G13,1,N14:O16)」と入力し，Enterを押すと，「在庫」が150以上かつ20インチ，または21インチの種類数が表示される。

❼　セル（M20）をクリックし，「=DSUM(A4:G13,6,L14:M15)」と入力し，Enterを押すと，「定価」が10万円未満で，かつ「売価」が5万円未満の「在庫」の合計が表示される。

補足　**データベース**…データベースを構成するセル範囲を指定する。
　　　　　　データベースは，行（レコード）と列（フィールド）にデータを関連付けたリストである。リストの先頭の行には，各列の見出しが入力されている必要がある。
　　フィールド…集計する列（フィールド）の位置を，数値またはそのフィールド名を二重引用符（"）で囲んだ文字列，フィールド名のセル番地で指定する。
　　条件…条件が設定されているセル範囲を指定する。必ず列見出しと検索条件を指定するセルが少なくとも一つずつ含まれていなければならない。
　　※フィールドの設定
　　　例）＝DSUM(A4:G13,"在庫",O4:O5)
　　　　　＝DSUM(A4:G13,F4,O4:O5)
　　※複数条件の設定
　　　　「AND」条件は，同じ行の複数の列に項目名と条件を並べる。
　　　　　例：売価が5万円未満で，かつ在庫が150以上…「M14:N15」
　　　　「OR」条件は，同じ列の複数の行に項目名と条件を並べる。
　　　　　例：在庫が150以上かつ20インチ，または21インチ…「N14:O16」

検索条件2

番号	メーカー名	型番	定価	売価	在庫	インチ
			<100000	<50000	>=150	20
						21

同じ列の場合は，「OR」条件となる。

検索結果2

売価が5万円未満で在庫が150以上の種類数	3
在庫が150以上で20インチまたは21インチの種類数	5
定価が10万円未満で売価が5万円未満の在庫数合計	200

同じ行の場合は，「AND」条件となる。

次の表は，実技と筆記の得点表である。作成条件にしたがって表を作成しなさい。

得点表

氏名	性別	実技	筆記
会田　真奈美	女	62	70
青木　仁	男	66	88
石川　夏希	女	78	78
岩下　華子	女	85	87
大木　竜也	男	74	90
尾崎　憲一	男	79	77
川島　真吾	男	75	83
木下　美智子	女	68	61
黒川　豊	男	81	71
佐藤　沙知絵	女	86	80
鈴木　菜摘	女	63	65
高田　慎之介	男	86	78
西川　昌代	女	78	82
森田　はるみ	女	85	77
山根　洋介	男	74	69

集計表

性別	実技	筆記	人数	70点以上者平均
男	>=70	>=70	※	※

性別	実技	筆記	人数	70点以上者平均
女	>=70	>=70	※	※

作成条件

① 表の形式および体裁は，上の表を参考にして設定する。　設定する書式：罫線，列幅

② ※印の部分は，関数などを利用して求める。

③ I列の「人数」は，「性別」ごとに，「実技」の点数が70点以上で，かつ「筆記」の点数が70点以上の人数を表示する。ただし，データベース関数を用いること。

④ J列の「70点以上者平均」は，「性別」ごとに，「実技」の点数が70点以上で，かつ「筆記」の点数が70点以上の筆記の点数の平均を表示する。ただし，データベース関数を用いること。

(1) 右の表は，あるクラスで行った水泳大会の上位8名の順位表である。部活動別集計表の「人数」は，水泳大会順位表から「部活動」ごとの人数を求める。B16に設定する式として適切なものを選び，記号で答えなさい。ただし，この式をC16～E16にコピーするものとする。

水泳大会順位表

順位	生徒名	部活動	記録
1	一宮○○	水泳	25秒61
2	田原○○	野球	26秒13
3	瀬戸○○	水泳	26秒34
4	岩倉○○	サッカー	27秒01
5	江南○○	水泳	27秒47
6	豊田○○	陸上競技	28秒28
7	吉良○○	野球	28秒55
8	江崎○○	陸上競技	29秒11

部活動別集計表

	部活動	部活動	部活動	部活動
	サッカー	水泳	野球	陸上競技
人数	1	3	2	2

ア．=DCOUNTA($A$3:$D$11,3,B14:B15)

イ．=DCOUNTA($A$3:$D$11,0,B14:B15)

ウ．=DCOUNTA($A$4:$D$11,3,B14:B15)

(2) 右の表は，あるクラスの文化祭費用一覧表である。各購入者が費用を立替払いしているため，購入者別集計表を用いて立替金額の計算を行う場合，G5に設定する式として適切なものを選び，記号で答えなさい。ただし，この式をH5～I5にコピーするものとする。

文化祭費用一覧表

月	日	区分	購入者	金額
11	1	文房具	秋葉	2,100
11	1	装飾品	鈴木	840
11	1	文房具	伊藤	1,260
11	2	文房具	伊藤	735
11	2	装飾品	鈴木	420
11	4	商品	鈴木	3,150
11	4	装飾品	秋葉	630
11	4	文房具	秋葉	945
11	4	商品	伊藤	2,625

購入者別集計表

購入者	購入者	購入者
秋葉	伊藤	鈴木
3,675	4,620	4,410

ア．=DSUM($A$3:$E$12,5,G3:G4)

イ．=DSUM($A$4:$E$12,5,G3:G4)

ウ．=DSUM($A$3:$E$12,4,G3:G4)

(3) 次の表は，ワープロ競技大会の成績集計表である。1チーム4名で上位3名の合計得点で競うことになる。

	チーム番号	登録番号	チーム名	打数
	1	1	A高校	704
	2	2	B高校	1148
	3	3	C高校	875
	4	4	D高校	859
	5	5	E高校	787
	1	6	A高校	790
	2	7	B高校	790
	3	8	C高校	1125
	4	9	D高校	702
	5	10	E高校	1133
	1	11	A高校	883
	2	12	B高校	787
	3	13	C高校	877
	4	14	D高校	773
	5	15	E高校	1017
	1	16	A高校	1035
	2	17	B高校	1028
	3	18	C高校	741
	4	19	D高校	855
	5	20	E高校	1184

ワープロ競技大会

成績集計表

	チーム番号	チーム番号	チーム番号	チーム番号	チーム番号
	1	2	3	4	5
合計	3,412	3,753	3,618	3,189	4,121
最低	704	787	741	702	787
得点	2,708	2,966	2,877	2,487	3,334

(a) 7行目は，チームごとの合計点を求める。G7に設定する式として適切なものを選び，記号で答えなさい。ただし，この式をH7〜K7にコピーするものとする。

ア．=DSUM($A$5:$D$24,4,G5:G6)

イ．=DSUM($A$4:$D$24,3,G5:G6)

ウ．=DSUM($A$4:$D$24,4,G5:G6)

(b) 8行目は，チームごとの最低点を求める。G8に設定する式として適切なものを選び，記号で答えなさい。

ア．=DMIN($A$4:$D$24,4,G5:K6)

イ．=DMIN($A$4:$D$24,4,G5:G6)

ウ．=DMIN($A$4:$D$24,3,G5:G6)

(4) 右の表は，あるピザ販売店の週別売上集計表である。2週目と3週目において70枚以上の売り上げのある商品数を求める。E22に設定する式として適切なものを選び，記号で答えなさい。

ア．=DCOUNT($A$4:$E$16,1,A18:E19)

イ．=DCOUNT($A$4:$E$16,1,A18:E20)

ウ．=DCOUNT($A$5:$E$16,1,A18:E20)

週別売上集計表

販売週	商品名	単価	数量	売上高
1	ミックスピザ	1,200	54	64,800
1	シーフードピザ	1,100	68	74,800
1	サラミピザ	1,000	60	60,000
2	ミックスピザ	1,200	58	69,600
2	シーフードピザ	1,100	63	69,300
2	サラミピザ	1,000	53	53,000
3	ミックスピザ	1,200	69	82,800
3	シーフードピザ	1,100	72	79,200
3	サラミピザ	1,000	80	80,000
4	ミックスピザ	1,200	71	85,200
4	シーフードピザ	1,100	79	86,900
4	サラミピザ	1,000	62	62,000

販売週	商品名	単価	数量	売上高
2			>=70	
3			>=70	

		条件一致商品数	2

(1)		(2)		(3) (a)		(b)		(4)	

5 文字列操作

14 文字列を置き換える（SUBSTITUTE）

書 式	=SUBSTITUTE（文字列，検索文字列，置換文字列，[置換対象]）
解説	SUBSTITUTE関数は，文字列の中から検索文字列に一致する部分を取り除き，置換文字列で指定した文字列に置き換える。
使用例	=SUBSTITUTE（C5,"情報処理","ＩＴ"）

セル（C5）の旧部署名を最初の文字から検索し，「情報処理」の文字列を見つけたら「ＩＴ」に置き換えて新部署名とする。
変更がない場合は，旧部署をそのまま新部署として表示する。

SUBSTITUTE
（サブスティテュート）
取り換えるという意味。

例題 10 所属一覧表

次の所属一覧表を，作成条件にしたがって作成しなさい。

社員コード	氏名	旧部署名	新部署名
S1001	大泉洋一	情報処理部	ＩＴ部
S1002	小松江里	資材部	※
S1003	鈴木貴行	情報処理部	※
S1004	安田健一	営業部	※
S1005	藤村寿子	総務部	※

所属一覧表

社員コード	氏名	旧部署名	新部署名
S1001	大泉洋一	情報処理部	ＩＴ部
S1002	小松江里	資材部	資材部
S1003	鈴木貴行	情報処理部	ＩＴ部
S1004	安田健一	営業部	営業部
S1005	藤村寿子	総務部	総務部

所属一覧表

（完成例）

作成条件

① 表の形式および体裁は，上の表を参考にして設定する。

設定する書式：罫線，列幅

② ※印の部分は，関数などを利用して求める。

③ D列の「新部署名」は，組織再編により 情報処理部 を ＩＴ部 へ変更する。ただし，文字列置換の関数を用いること。

特定の文字列を置き換える（SUBSTITUTE）

❶ セル（D5）をクリックし，「=SUBSTITUTE（」と入力する。

❷ セル（C5）をクリックし「,」を入力する。

検索文字列は「"情報処理"」とし，「,」を入力する。置換文字列は「"ＩＴ"」とし，

「）」を入力する。

Enterを押すと，新部署名が表示される。

D5		:	× ✓ fx	=SUBSTITUTE(C5,"情報処理","ＩＴ")				
▲	A	B	C	D	E	F	G	H
1								
2		所属一覧表						
3								
4	社員コード	氏名	旧部署名	新部署名				
5	S1001	大泉洋一	情報処理部	=SUBSTITUTE(C5,"情報処理","ＩＴ")				
6	S1002	小松江里	資材部					
7	S1003	鈴木貴行	情報処理部					
8	S1004	安田健一	営業部					
9	S1005	藤村寿子	総務部					

❸ セル（D6～D9）も同様に設定する。

補足 **文字列**…置き換える文字を含む文字列やセル参照を指定する。

検索文字列…検索する文字列を指定する。

置換文字列…検索文字列を検索して置き換える文字列を指定する。

置換対象…文字列中に検索文字列が複数ある場合，何番目の検索文字列を置き換えるか，数値で指定する。

実技練習 10 ‥‥‥ ファイル名：会社略称変更確認表

次の表は，会社略称変更確認表である。作成条件にしたがって表を作成しなさい。

▲	A	B
1		
2	会社略称変更確認表	
3		
4	略称	会社名
5	（株）新潟物産	株式会社新潟物産
6	長野商事（株）	※
7	（株）富山薬品	※
8	福井水産（株）	※
9	石川商事（株）	※

作成条件

① 表の形式および体裁は，上の表を参考にして設定する。

　　設定する書式：罫線，列幅

② ※印の部分は，関数などを利用して求める。

③ B列の「会社名」は，A列の「略称」の（株）を株式会社に置き換えた会社名を表示する。

筆記練習 10

右の表は，ある地区の合併にともなう住所表記変更確認表である。B4の「新住所」には，A4の「旧住所」の西春日井郡西春町大字を北名古屋市に置き換えるための式が設定されている。B4に設定する式として適切なものを選び，記号で答えなさい。

▲	A	B
1		
2	住所表記変更確認表	
3	旧住所	新住所
4	西春日井郡西春町大字石橋字角畑	北名古屋市石橋字角畑
5	西春日井郡西春町大字石橋字郷	北名古屋市石橋字郷
6	西春日井郡西春町大字石橋字五反田	北名古屋市石橋字五反田
7	西春日井郡西春町大字石橋字白目	北名古屋市石橋字白目
8	西春日井郡西春町大字石橋字惣作	北名古屋市石橋字惣作
9	西春日井郡西春町大字石橋字大日	北名古屋市石橋字大日

ア．=SUBSTITUTE(A4,"西春日井郡西春町大字","北名古屋市")

イ．=SUBSTITUTE(A4,"北名古屋市","西春日井郡西春町大字")

ウ．=IF(A4="西春日井郡西春町大字","北名古屋市","")

6 論理

15 エラーの時の処理をする（IFERROR）

IFERROR
（イフエラー）
「IF」と「ERROR」が語源。

書式 =IFERROR（値，エラーの場合の値）

解説 IFERROR関数は，値に指定した数式の結果がエラーかどうかチェックし，エラーがなければそのまま数式の結果を表示する。エラーがあった場合は，エラーの場合の値で指定したものが表示される。

使用例 =IFERROR（VLOOKUP（A6,D6:E10,2,FALSE），"不合格"）
VLOOKUP関数でエラーでなければ，そのまま検索結果を表示し，エラーの場合は「不合格」と表示する。

例題 11 合否検索システム

次のような合否検索システムを，作成条件にしたがって作成しなさい。

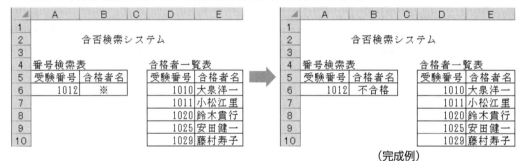

（完成例）

作成条件

① 表の形式および体裁は，上の表を参考にして設定する。
　　設定する書式：罫線，列幅

② ※印の部分は，式や関数などを利用して求める。

③ B6の「合格者名」は「受験番号」をもとに，合格者一覧表を参照して表示する。ただし，見つからない場合は 不合格 を表示する。

エラー処理（IFERROR）

❶ セル（B6）をクリックし，「=IFERROR（」と入力する。

❷ 「受験番号」を検索するために「VLOOKUP（A6,D6:E10,2,FALSE）」と入力する。

❸ 最後にエラーの場合の値「,"不合格")」を入力し，[Enter]を押す。

補足 **値**…エラーかどうかチェックする引数。エラーでない場合は，ここで指定した値が戻り値となる。おもに，数式を設定する。

エラーの場合の値…値で設定した数式や関数がエラーとして評価された場合に返す値を設定する。評価されるエラーの種類（→p.53）は，#VALUE!，#N/A，#REF!，#DIV/0!，#NUM!，#NAME?，#NULL!となる。

実技練習 11 ⋯⋯ ファイル名：成績一覧表

次の表は，ある科目の成績一覧表である。作成条件にしたがって表を作成しなさい。

	A	B	C	D
1				
2		成績一覧表		
3				
4	番号	氏名	点数	順位
5	1	石田　一代	61	6
6	2	今井　草太	76	※
7	3	梅村　啓介	51	※
8	4	亀山　直人	欠	※
9	5	豊島　正義	59	※
10	6	中原　陽子	55	※
11	7	村木　陽介	76	※
12	8	村田　勇太	68	※
13	9	毛利　希	74	※
14	10	吉永　えみ	79	※

作成条件

① 表の形式および体裁は，上の表を参考にして設定する。

  設定する書式：罫線，列幅

② ※印の部分は，式や関数などを利用して求める。

③ 「順位」は，「点数」をもとに点数の高い順に順位をつける。ただし，欠席の場合 欠 を表示する。

筆記練習 11

次の表は，ある文房具メーカーの注文一覧表である。「商品コード」をもとに「単価」を表示し，「数量」と「単価」を掛けて「金額」を求める。ただし，「商品コード」が商品一覧表にない場合には コードを確認 を表示する。D5に設定する式として適切なものを選び，記号で答えなさい。ただし，この式をD6～D8にコピーするものとする。

	A	B	C	D	E
1					
2		注文一覧表			
3					
4	商品コード	商品名	数量	単価	金額
5	Q40	4色ボールペン	30	400	12,000
6	B10	黒ボールペン	42	100	4,200
7	W22	コードを確認	38	コードを確認	
8	R10	赤ボールペン	22	100	2,200
9					
10	商品一覧表				
11	商品コード	商品名	単価		
12	B10	黒ボールペン	100		
13	R10	赤ボールペン	100		
14	W20	2色ボールペン	200		
15	Q40	4色ボールペン	400		

ア． =IFERROR(VLOOKUP(A5,$A$12:$C$15,3,FALSE),"コードを確認",
  VLOOKUP(A5,$A$12:$C$15,3,FALSE))

イ． =IFERROR(VLOOKUP(A5,$A$12:$C$15,3,FALSE),"コードを確認")

ウ． =IFERROR("コードを確認",VLOOKUP(A5,$A$12:$C$15,3,FALSE))

Lesson 2 関数のネスト

関数のネストでは，複雑な処理でも1つの関数式に記述できることを下位級で学んできた。ここでは，関数のネストを利用することで，より複雑な処理内容を1つの関数式で記述するとともに，考え方によって，正しい結果が得られる関数式が他にも記述できることを合わせて学ぶ。

1 IF関数のネスト（1）

IF関数を複数利用することで，より複雑な処理が可能となる。

例えば，A1の値が範囲に必ず存在する場合，=VLOOKUP(A1,B1:C5,2,FALSE) は，=IF(A1=B1,C1,IF(A1=B2,C2,IF(A1=B3,C3,IF(A1=B4,C4,C5)))) と書き換えることも可能である。また，1つの関数式の中に，最大で64回まで関数を組み合わせて使用することができる。

例題 12 検定試験結果一覧

次のような検定試験結果一覧を，作成条件にしたがって作成しなさい。

	A	B	C	D
1				
2	検定試験結果一覧			
3	受験番号	筆記	実技	判定
4	2001	100	83	※
5	2002	76	48	※
6	2003	83	41	※
7	2004	71	77	※
8	2005	51	99	※
9	2006	78	59	※
10	2007	87	69	※
11	2008	41	75	※
12	2009	88	64	※
13	2010	80	87	※

	A	B	C	D
1				
2	検定試験結果一覧			
3	受験番号	筆記	実技	判定
4	2001	100	83	合格
5	2002	76	48	
6	2003	83	41	筆記合格
7	2004	71	77	
8	2005	51	99	実技合格
9	2006	78	59	
10	2007	87	69	筆記合格
11	2008	41	75	
12	2009	88	64	筆記合格
13	2010	80	87	合格

（完成例）

作成条件

① 表の形式および体裁は，上の表を参考にして設定する。

設定する書式：罫線，列幅

② ※印の部分は，「筆記」が80以上，かつ「実技」が80以上の場合，合格 を表示する。「筆記」のみが80以上の場合，筆記合格 を表示し，「実技」のみが80以上の場合，実技合格 を表示し，それ以外は何も表示しない。

IF関数のネスト（1）

❶ セル（D4）をクリックし，「=IF(」と入力する。

	A	B	C	D	E	F
1						
2	検定試験結果一覧					
3	受験番号	筆記	実技	判定		
4	2001	100	83	=IF(		
5	2002	76	48	IF(論理式, [真の場合], [偽の場合])		
6	2003	83	41			

❷ 論理式は,「筆記」が80以上で, かつ「実技」が80以上かを判定するため,「AND
（B4>=80,C4>=80）,」と入力する。

▶ **Point**
AND関数は, 複数の
論理式をすべて満たし
たときTRUEを返す関
数である。

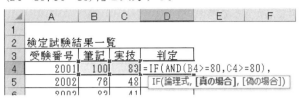

❸ 真の場合は「"合格",」, 偽の場合は,「筆記」のみが80以上かを判定するため,
「IF(B4>=80,」と入力する。

参考
Excelのバージョンに
よっては,［真の場合]
が［値が真の場合],［偽
の場合] が［値が偽の
場合] と表示される。

◢	A	B	C	D	E	F	G
1							
2	検定試験結果一覧						
3	受験番号	筆記	実技	判定			
4	2001	100	83	=IF(AND(B4>=80,C4>=80),"合格",			
5	2002	76	48	IF(B4>=80,			
6	2003	83	41	IF(論理式, [真の場合], [偽の場合])			
7							

❹ 真の場合は「"筆記合格",」, 偽の場合は,「実技」のみが80以上かを判定する
ため,「IF(C4>=80,」を入力する。

◢	A	B	C	D	E	F	G
1							
2	検定試験結果一覧						
3	受験番号	筆記	実技	判定			
4	2001	100	83	=IF(AND(B4>=80,C4>=80),"合格",			
5	2002	76	48	IF(B4>=80,"筆記合格",IF(C4>=80,			
6	2003	83	41	IF(論理式, [真の場合], [偽の場合])			
7	2004	71	77				

❺ 真の場合は「"実技合格",」, 偽の場合は, それ以外の場合は何も表示しない
ため「""）））」と入力し,［Enter]を押す。

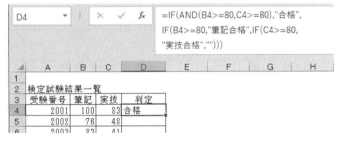

❻ セル（D5〜D13）に式をコピーする。

◢	A	B	C	D
1				
2	検定試験結果一覧			
3	受験番号	筆記	実技	判定
4	2001	100	83	合格
5	2002	76	48	
6	2003	83	41	筆記合格
7	2004	71	77	
8	2005	51	99	実技合格
9	2006	78	59	
10	2007	87	69	筆記合格
11	2008	41	75	
12	2009	88	64	筆記合格
13	2010	80	87	合格

❼ セル（D4〜D13）までセンタリングの設定をする。

実技練習 12 ……ファイル名：映画館料金計算表

次の表は，ある映画館の料金表である。作成条件にしたがって表を作成しなさい。

作成条件

① 「日付」と「時刻」は，本日の日付と現在の時刻を表示する。

② 「区分」は,「区分コード」をもとに「区分別料金表」を参照して表示する。

③ 「性別」は，「性別コード」が1の場合は 女，2の場合は 男，それ以外の場合は エラー を表示する。

④ 「料金」は，以下の条件で表示する。なお，複数の条件を満たす場合，最も安い料金を表示する。

・「性別」が女で，本日が水曜日の場合は800を表示する。

・「時刻」が，午後9時（21時）以降の場合は1,000を表示する。

・「区分」が65歳以上で，本日の日付が25日の場合は1,200を表示する。

・上記以外は，「区分コード」をもとに，区分別料金表を参照して表示する。

	A	B	C	D
1				
2		映画館料金計算表		
3			日付	11月24日
4			時刻	21:21
5				
6	区分コード	S	区分	※
7				
8	性別コード	1	性別	※
9		1：女，2：男		
10			料金	※
11	区分別料金表			
12	区分コード	区分	料金	
13	C	中学生以下	1,200	
14	K	高校生	1,400	
15	D	大学生	1,500	
16	A	一般	1,800	
17	S	65歳以上	1,400	

筆記練習 12

(1) あるスーパーマーケットでは，右の表にしたがって，月がかわるごとに会員の当月のランクを決定している。E4には，「当月ランク」を表示するために次の式が設定されている。この式を行末までコピーしたとき，E300に表示されるものを答えなさい。

	A	B	C	D	E
1					
2	会員ランク一覧表				
3	会員番号	会員名	会員月数	前月買上	当月ランク
4	10942	三戸　○○	38	99,774	ゴールド
5	10358	東郷　○○	77	90,300	プラチナ
≀	≀	≀	≀	≀	≀
300	10472	本村　○○	58	47,996	※
≀	≀	≀	≀	≀	≀

```
=IF(C4>=60,IF(D4>=70000,"プラチナ","ゴールド"),
  IF(C4>=24,IF(D4>=70000,"ゴールド","シルバー"),IF(D4>=70000,"シルバー","ブロンズ")))
```

(2) ある県の水泳大会では，次の作成条件にしたがって，結果一覧を作成している。E5に設定する式の空欄にあてはまる不等号を答えなさい。なお，二つの空欄には同じ不等号が入るものとする。

	A	B	C	D	E
1					
2	県大会（50m自由形決勝）結果一覧				
3					
4	コース	選手名	記録	順位	備考
5	1	佐藤　○○	25.01	8	
6	2	田中　○○	24.50	4	合同練習参加
7	3	鈴木　○○	24.98	7	
8	4	吉田　○○	23.31	1	全国大会出場
9	5	斉藤　○○	23.71	2	ブロック大会出場
10	6	林　○○	24.34	3	ブロック大会出場
11	7	高梨　○○	24.72	5	
12	8	高橋　○○	24.74	6	

作成条件

① 「順位」は，「記録」をもとに昇順に順位をつける。

② 「備考」は，「順位」が1位の場合は，全国大会出場 を表示し，「順位」が3位以上の場合，ブロック大会出場 を表示する。また，「順位」が3位未満でも，「記録」が 24.50 以下の場合，合同練習参加 を表示する。

=IF(D5=1,"全国大会出場",IF(D5☐3,"ブロック大会出場",IF(C5☐24.50,"合同練習参加","")))

(3) ある古本屋では，作成条件にしたがって在庫商品について，毎日販売価格を更新している。D5に設定する式の空欄(a) 〜 (c)にあてはまる式の組み合わせとして適切なものを選び，記号で答えなさい。本日は2022年7月29日とする。

	A	B	C	D	E
1					
2	在庫一覧				
3					
4	管理番号	定価	販売開始日	販売価格	備考
5	11031	1,900	2022/6/8	100	
6	11032	600	2022/6/26	100	
7	11033	1,000	2022/6/29	100	価格改定
8	11034	1,300	2022/6/29	100	価格改定
9	11035	1,700	2022/7/2	680	
10	11036	1,900	2022/7/5	760	
11	11037	2,000	2022/7/9	800	価格改定
12	11038	2,000	2022/7/11	1200	
13	11039	600	2022/7/19	420	価格改定
14	11040	1,000	2022/7/26	700	
	〜	〜	〜	〜	〜

作成条件

① 「販売価格」は以下のように計算する。

・「販売開始日」から30日以上経過した場合，100 とする。

・「販売開始日」から20日以上経過した場合，「定価」の6割引きとする。

・「販売開始日」から10日以上経過し，かつ「定価」が1000 以上の場合，「定価」の4割引きとし，上記以外の場合は，「定価」の3割引きとする。

② 「備考」は，「販売価格」が更新された場合，価格改定 と表示する。

=IF(TODAY()-C5>=30,100,IF(TODAY()-C5>=20,☐(a)☐,
　IF(AND(TODAY()-C5>=10,B5>=1000),☐(b)☐,☐(c)☐)))

ア．(a) B5*0.4　　(b) B5*0.6　　(c) B5*0.7

イ．(a) B5*0.6　　(b) B5*0.4　　(c) B5*0.3

ウ．(a) B5*(1-0.4)　(b) B5*(1-0.6)　(c) B5*(1-0.7)

(1)		(2)		(3)	

2 IF関数のネスト(2)

IF関数で扱う引数の論理式に，AND関数やOR関数，NOT関数を利用することができることは下位級までで学んだ。ここでは，AND関数やOR関数，NOT関数の論理式の中に，さらに重ねてAND関数やOR関数，NOT関数を設定できることを学ぶ。

例題 13 売上計算書

次のような売上計算書を，作成条件にしたがって作成しなさい。

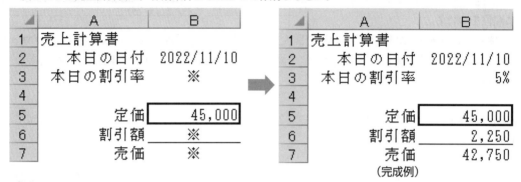

（完成例）

作成条件

① 表の形式および体裁は，上の表を参考にして設定する。

　　設定する書式：罫線，列幅，数値につける3桁ごとのコンマ

② ※印の部分は，関数などを利用して求める。

③ B2の「本日の日付」は，自動的に表示するために，TODAY関数を入力する。

④ B3の「本日の割引率」は，本日の日付が5の倍数の日で，かつ火曜日か木曜日の場合，5%とし，それ以外は0%とする。

⑤ B6の「割引額」は，「定価」に「本日の割引率」を掛けて求める。

⑥ B7の「売価」は，「定価」から「割引額」を引いて求める。

IF関数のネスト(2)

❶ セル(B3)をクリックし，「=IF(」と入力する。

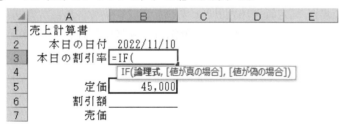

❷ 論理式は，本日の日付が5の倍数の日で，かつ別の条件が満たしているかを
判定するため，「AND(MOD(DAY(B2),5)=0,」と入力する。

▶ Point
MOD関数は，数値を
除数で割った剰余（あ
まり）を返す関数であ
る。

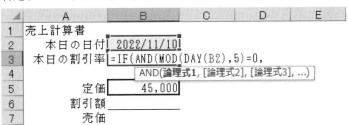

❸ さらに，本日が火曜日か木曜日かを判定するため，「OR(WEEKDAY(B2,1)=3,
WEEKDAY(B2,1)=5)),」と入力する。

▶ Point
WEEKDAY関数は，シ
リアル値から日付に対
応する数値を返す関数
である。

▶ Point
WEEKDAY関数の第2
引数が1の場合，戻り
値として，1（日曜日）
〜7（土曜日）を返す。

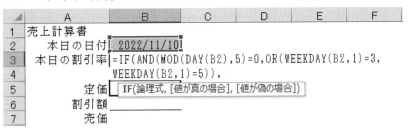

❹ 真の場合は「5%,」，偽の場合は「0%)」を入力し，Enterを押す。

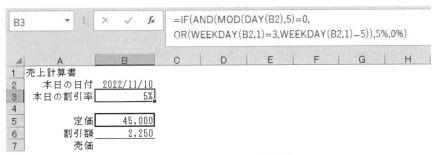

▶ Point
パーセント表示されな
い場合は，[セルの書
式設定] からパーセン
ト表示に変更する。

❺ セル (B6) をクリックし，「=B5*B3」と入力し，Enterを押す。

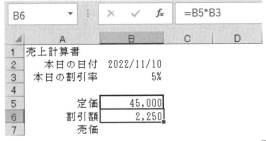

❻ セル (B7) をクリックし，「=B5-B6」と入力し，Enterを押す。

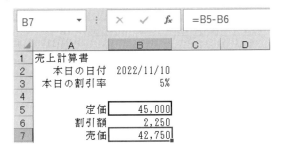

次の表は，ある学習塾の公開模擬試験得点一覧表である。作成条件にしたがって表を作成しなさい。

作成条件

① 「合計」は，「国語」～「英語」の合計を求める。
② 「判定」は，「国語」～「英語」の平均点が90以上で，かつ「合計」が上位3位以内の場合，奨学生候補 を表示し，それ以外は何も表示しない。ただし，平均点は整数未満を四捨五入とする。

	A	B	C	D	E	F
1						
2			公開模擬試験得点一覧表			
3						
4	受験番号	国語	数学	英語	合計	判定
5	1001	98	96	99	※	※
6	1002	95	77	92	※	※
7	1003	89	80	97	※	※
8	1004	94	95	86	※	※
9	1005	98	70	80	※	※
10	1006	89	87	90	※	※
11	1007	93	91	81	※	※
12	1008	93	75	94	※	※
13	1009	91	89	95	※	※
14	1010	90	87	91	※	※

(1) ある専門店では，次の決定表にしたがってポイント率を求め，「金額」に掛けて「今回ポイント」を算出している。D4に設定する式の空欄にあてはまる適切なものを選び，記号で答えなさい。

(決定表)

条件	会員クラスがGである	Y	N	N	N	N
	会員クラスがSである	N	N	Y	N	N
	金額が100,000を超えている	N	Y	N	N	N
	前回購入日から1か月以内	N	Y	N	N	N
	前回購入日から3か月以内	N	N	N	Y	N
行動	ポイント率は15%	X	X	—	—	—
	ポイント率は10%	—	—	X	X	—
	ポイント率は5%	—	—	—	—	X

	A	B	C	D
1			本日	2022/7/30
2	売上ポイント計算表			
3	会員番号	前回購入日	金額	今回ポイント
4	10001S	2022/6/6	162,000	16,200
5	10002N	2022/3/10	84,000	4,200
6	10003S	2022/5/4	93,000	9,300
7	10004G	2022/7/15	78,000	11,700
8	10005G	2022/5/10	11,000	1,650
9	10006N	2022/6/11	18,000	1,800
10	10007G	2022/7/22	106,000	15,900
11	10008G	2022/6/26	138,000	20,700
12	10009N	2022/5/25	193,000	19,300
13	10010N	2022/5/19	33,000	3,300
14	10011G	2022/5/26	133,000	19,950
15	10012N	2022/5/4	158,000	15,800
	〜	〜	〜	〜

=IF(OR(RIGHT(A4,1)="G",AND(C4>100000,[＿＿＿＿＿＿＿＿＿＿＿＿＿]>=NOW())),15%,
　　IF(OR(RIGHT(A4,1)="S",[　解 答 不 要　]>=NOW()),10%,5%))*C4

ア．DATE(YEAR(B4)+1,MONTH(B4),DAY(B4))

イ．DATE(YEAR(B4),MONTH(B4)+1,DAY(B4))

ウ．DATE(YEAR(B4),MONTH(B4),DAY(B4)+1)

(2) ある百貨店では駐車場（営業時間は9時〜23時）の料金を右の表を用いて計算している。C4には，「料金」を計算するために次の式が設定されている。この式をC8までコピーしたとき，C8に表示される数値を答えなさい。ただし，利用はその日の営業時間内に限るものとする。

	A	B	C
1			
2	駐車料金計算表		
3	入庫時刻	出庫時刻	料金
4	9時45分	18時19分	2,000
5	10時58分	14時04分	400
6	11時23分	13時35分	100
7	12時12分	16時52分	900
8	13時05分	16時42分	※

=IF(B4-A4<=TIME(2,0,0),0,ROUNDUP((B4-A4-TIME(2,0,0))/TIME(0,20,0),0)*100)

(3) あるギフト販売店では，次の作成条件にしたがってギフト販売明細書を作成している。C6に次の式が設定されている。この式と同様の結果が得られるように，式の空欄にあてはまる関数を答えなさい。

作成条件

① D3には，本日の日付を自動的に表示するために，TODAY関数が入力されている。

② C列の「割引額」は以下のように計算する。
・B列の「定価」が3,000未満の場合は割引額は0とする。
・B列の「定価」が3,000以上で，「日付」の月日に7が含まれている場合，「定価」に15%を掛けて求める。そうでない場合は，「定価」に10%を掛けて求める。

	A	B	C	D
1				
2	ギフト販売明細書			
3			日付	2022/11/27
4				
5	商品コード	定価	割引額	売価
6	1001	3,000	450	2,550
7	1002	2,500	0	2,500
8	1005	4,500	675	3,825
9	1008	2,000	0	2,000
10	1015	4,000	600	3,400
11			請求金額合計	14,275

(例1)「定価」が5,000で，「日付」が2022/10/6の場合，日に7が含まれていないため，「定価」に10%を掛ける。

(例2)「定価」が4,000で，「日付」が2022/10/7の場合，日に7が含まれているため，「定価」に15%を掛ける。

(例3)7月については，「定価」が3,000以上であれば，毎日「定価」に15%を掛ける。

③ 「売価」は，B列の「定価」からC列の「割引額」を引いて求める。

④ D11の「請求金額合計」は，「売価」を合計して求める。

=IF(B6<3000,0%,IF(OR(MONTH($D$3)=7,DAY($D$3)=7,DAY($D$3)=17,DAY($D$3)=27),15%,10%))*B6

=IF(B6<3000,0%,IF(IFERROR([   ](7,MONTH($D$3)&DAY($D$3)),0)>0,15%,10%))*B6

(1)		(2)		(3)	

3 VLOOKUP関数のネスト

VLOOKUP関数で扱う引数の検索値に，関数や数式が設定できることは下位級までで学んだ。ここでは，検索値以外の引数にも，関数や数式が設定できることを学ぶ。また，1つの関数式内に，検索値と列番号のように，複数の引数について，関数や数式を設定できることも確認する。

例題 14 資格取得コース料金表

次のような資格取得コース料金表を，作成条件にしたがって作成しなさい。

	A	B	C	D	E	F	G	H	I
1	資格取得コース料金表				料金一覧表	受講内容			
2						3A	2A	1B	1A
3	申込コード	2AT			受講方法	3級基本	2級基本	1級基本	1級応用
4				T	通学	40,000	80,000	150,000	200,000
5	受講料金	※		M	メディア利用	70,000	90,000	170,000	230,000
6				D	資料のみ	25,000	50,000	90,000	105,000

	A	B	C	D	E	F	G	H	I
1	資格取得コース料金表				料金一覧表	受講内容			
2						3A	2A	1B	1A
3	申込コード	2AT			受講方法	3級基本	2級基本	1級基本	1級応用
4				T	通学	40,000	80,000	150,000	200,000
5	受講料金	80,000		M	メディア利用	70,000	90,000	170,000	230,000
6				D	資料のみ	25,000	50,000	90,000	105,000

（完成例）

作成条件

① 表の形式および体裁は，上の表を参考にして設定する。

　　設定する書式：罫線，列幅，数値につける3桁ごとのコンマ

② ※印の部分は，「申込コード」の右端から1文字をもとに，料金一覧表から「受講方法」に応じた料金を表示する。なお，「申込コード」の左端から2文字は，「受講内容」を示すコードとする。

VLOOKUP関数のネスト

❶ セル (B5) をクリックし，「=VLOOKUP(」と入力する。

	A	B	C	D	E	F
1	資格取得コース料金表				料金一覧表	
2						3A
3	申込コード	2AT			受講方法	3級基本
4				T	通学	40,000
5	受講料金	=VLOOKUP(		M	メディア利用	70,000
6						00
7						

VLOOKUP(**検索値**, 範囲, 列番号, [検索方法])

❷ 検索値は，受講方法を示すコードである申込コードの右端から１文字のため，「RIGHT(B3,1),」と入力する。

▶Point
RIGHT関数は，右端から任意の文字数を抽出する関数である。

	A	B	C	D	E	F
1	資格取得コース料金表				料金一覧表	
2						3A
3	申込コード	2AT			受講方法	3級基本
4				T	通学	40,000
5	受講料金	=VLOOKUP(RIGHT(B3,1),				70,000
6		VLOOKUP(検索値, **範囲**, 列番号, [検索方法])				]0
7						

❸ 範囲は，料金一覧表から「D4:I6,」と入力する。

	A	B	C	D	E	F
1	資格取得コース料金表				料金一覧表	
2						3A
3	申込コード	2AT			受講方法	3級基本
4				T	通学	40,000
5	受講料金	=VLOOKUP(RIGHT(B3,1),D4:I6,				
6		VLOOKUP(検索値, 範囲, **列番号**, [検索方法])				]0
7						

❹ 列番号は，「受講内容」の位置であり，「受講内容」を示すコードの相対的な位置のため，「MATCH(LEFT(B3,2),F2:I2,0),」となるが，「受講方法」の2列分を足した「MATCH(LEFT(B3,2),F2:I2,0)+2,」と入力する。

▶Point
MATCH関数は，検査値の範囲内における相対的な位置を表示する関数である。

▶Point
LEFT関数は，左端から任意の文字数を抽出する関数である。

	A	B	C	D	E	F	G	H	I
1	資格取得コース料金表				料金一覧表		受講内容		
2						3A	2A	1B	1A
3	申込コード	2AT			受講方法	3級基本	2級基本	1級基本	1級応用
4				T	通学	40,000	80,000	150,000	200,000
5	受講料金	=VLOOKUP(RIGHT(B3,1),D4:I6,MATCH(LEFT(B3,2),F2:I2,0)+2,							
6		VLOOKUP(検索値, 範囲, 列番号, **[検索方法]**)			]0	50,000	90,000	105,000	
7									

❺ 検索方法は，「FALSE)」と入力し，Enterを押す。

| B5 | ▼ | : | × | ✓ | fx | =VLOOKUP(RIGHT(B3,1),D4:I6,MATCH(LEFT(B3,2),F2:I2,0)+2,FALSE) |

	A	B	C	D	E	F	G	H	I	J	K	L
1	資格取得コース料金表				料金一覧表		受講内容					
2						3A	2A	1B	1A			
3	申込コード	2AT			受講方法	3級基本	2級基本	1級基本	1級応用			
4				T	通学	40,000	80,000	150,000	200,000			
5	受講料金	80,000		M	メディア利用	70,000	90,000	170,000	230,000			
6				D	資料のみ	25,000	50,000	90,000	105,000			

補足 HLOOKUP関数を利用した場合

検索値は「受講内容」を示すコードである「申込コード」の左端から2文字のため，「LEFT(B3,2),」となる。範囲は「F2:I6,」，行番号は，「受講方法」の位置であり，「受講方法」を示すコードの相対的な位置のため，「MATCH(RIGHT(B3,1),D4:D6,0)+2,」となる。検索方法は「FALSE)」となる。

| B5 | ▼ | : | × | ✓ | fx | =HLOOKUP(LEFT(B3,2),F2:I6,MATCH(RIGHT(B3,1),D4:D6,0)+2,FALSE) |

	A	B	C	D	E	F	G	H	I	J	K	L
1	資格取得コース料金表				料金一覧表		受講内容					
2						3A	2A	1B	1A			
3	申込コード	2AT			受講方法	3級基本	2級基本	1級基本	1級応用			
4				T	通学	40,000	80,000	150,000	200,000			
5	受講料金	80,000		M	メディア利用	70,000	90,000	170,000	230,000			
6				D	資料のみ	25,000	50,000	90,000	105,000			

次のようなクラス別色一覧を，作成条件にしたがって作成しなさい。

（完成例）

作成条件

① 表の形式および体裁は，上の表を参考にして設定する。

　　　設定する書式：罫線，列幅

② ※印の部分は，クラス別色一覧の「クラス」の右端から1文字をもとに，「クラス色分け表」
　　から学年に応じた色を表示する。なお，クラス別色一覧の「クラス」の左端から1文字は，学
　　年を示すものとする。

ワイルドカードを用いたVLOOKUP関数のネスト

❶ セル（B5）をクリックし，「=VLOOKUP(」と入力する。

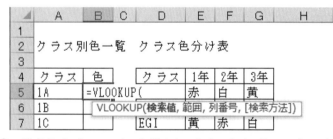

❷ 検索値は，「クラス」の右端から1文字のため，「RIGHT(A5,1)」となる。しかし，
抽出した値が，クラス色分け表の「D5:D7」のどれかと一致するのではなく，含
まれていればよい。そのため，抽出した値の前後にワイルドカードの＊を利用
し，「"*"&RIGHT(A5,1)&"*",」と入力する。

▶ **Point**

ワイルドカードとは，
検索や抽出に任意の文
字として使用できる特
殊文字のこと。

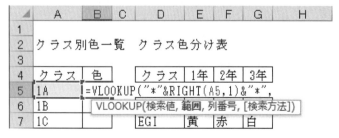

❸ 範囲は，クラス色分け表からセル（D5～G7）を範囲選択した後に F4 を押して絶対参照にする。

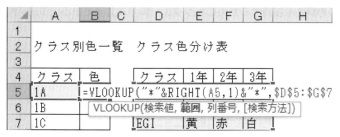

❹ 列番号は，学年であり，クラス別色一覧の「クラス」の左端から1文字のため，「LEFT(A5,1),」となるが，「クラス」の1列分を加えるため，「LEFT(A5,1)+1,」と入力する。

❺ 検索方法は，「FALSE)」と入力し，Enter を押す。

❻ セル（B6～B31）にコピーする。

補足 Excelでは「?」と「*」の二つのワイルドカードが利用可能である。「?」は1文字，「*」は0文字以上の複数の文字として利用できる。以下に利用例をあげる。

利用例	内容
A?	左端がAの2文字の文字列を抽出できる。例えば，ABやACなどが抽出可能である。しかし，AやBA，ABCなどは抽出できない。
?A	右端がAの2文字の文字列を抽出できる。例えば，BAやCAなどが抽出可能である。しかし，AやAB，BCAなどは抽出できない。
?A?	2文字目にAの3文字の文字列を抽出できる。例えば，BACやDAEなどが抽出可能である。しかし，AやAB，BA，ABC，BCAなどは抽出できない。
A*	左端にAがあれば，残りの文字列はどのような文字列でも抽出できる。例えば，ABやACD，AEFGなどが抽出可能である。しかし，BAやCADは抽出できない。
*A	右端にAがあれば，残りの文字列はどのような文字列でも抽出できる。例えば，BAやCDA，EFGAなどが抽出可能である。しかし，ABやCADは抽出できない。
A	文字列にAがあれば抽出できる。例えば，ABやAEFG，BA，EFGA，CAD，Aなども抽出できる。

　次の表は，レンタカー利用者があらかじめ料金を試算するためのレンタカー料金試算表である。作成条件にしたがって表を作成しなさい。

作成条件

① 「レンタル料金」は，「車種コード」と「レンタル時間」をもとに，「車種別料金表」を参照して表示する。「レンタル時間」が1〜6の場合は「6時間以内」，7〜12の場合は「12時間以内」の料金を表示する。なお，「レンタル料金」はVLOOKUP関数を利用する。

	A	B	C	D
1	レンタカー料金試算表			
2				
3	車種コード	M		
4	レンタル時間	8	時間	
5				
6	レンタル料金	※		
7				
8	車種別料金表			
9	車種コード	車種	6時間以内	12時間以内
10	C	コンパクト	4,500	5,500
11	S	セダン	6,000	7,000
12	M	ミニバン	7,500	8,500
13	E	エコ	8,000	9,000
14	R	RV	9,500	10,500
15	W	ワゴン	13,000	14,000

筆記練習 14

(1)　あるホテルでは，「宿泊予定日」と「部屋コード」をもとに，予約状況（11月）を参照して「予約状況」を表示している。B6に設定する式として適切なものを選び，記号で答えなさい。

	A	B	C	D	E	F	G	H	～	AH	AI
1	ホテル予約表（11月）			予約状況（11月）							
2				部屋コード	部屋種類	1	2	3	～	29	30
3				SG	シングル	○	△	△	～	△	○
4	宿泊予定日	2022/11/29		DB	ダブル	△	×	○	～	×	△
5	部屋コード	SG		TW	ツイン	△	×	×	～	○	△
6	予約状況	△		ST	スイート	×	○	○	～	×	×
7			○：予約可（余裕あり）								
8			△：予約可（残りわずか）								
9			×：予約不可								

ア．=VLOOKUP(B5,D3:AI6,DAY(B4),FALSE)

イ．=VLOOKUP(B5,D3:AI6,DAY(B4)+2,FALSE)

ウ．=VLOOKUP(DAY(B4),D3:AI6,B5+2,FALSE)

(2) 次の表は，旅行ツアーのホテル料金を確認するための表である。「料金」は，宿泊予定日をもとに，日付別料金ランク表から参照した「ランク」と「ホテルコード」をもとに，ホテル料金一覧を参照して表示する。C6に設定する式の空欄(a)，(b)にあてはまる式の組み合わせとして適切なものを選び，記号で答えなさい。

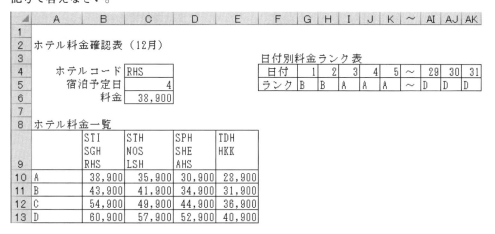

=HLOOKUP("*"&C4&"*",B9:E13,

　　　(a)　　　(　　　(b)　　　)(C5,G4:AK5,2,FALSE),A10:A13,0)+1,FALSE)

ア． (a)VLOOKUP 　　　　(b)HLOOKUP

イ． (a)MATCH 　　　　　(b)VLOOKUP

ウ． (a)MATCH 　　　　　(b)HLOOKUP

(3) 次の表は，ある公民館の施設利用料金を表示する表である。「施設コード」と利用時間をもとに，料金一覧表から「利用料金」を表示している。B9に次の式が設定されているとき，この式と同様の結果が得られる式を選び，記号で答えなさい。

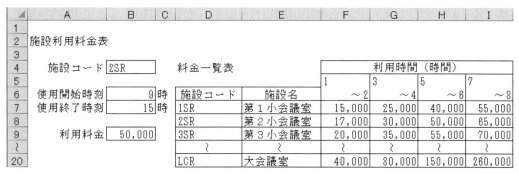

=VLOOKUP(B4,D7:I20,ROUNDUP((B7-B6)/2,0)+2,FALSE)

ア． =VLOOKUP(B4,D7:I20,MATCH(B7-B6,F5:I5,1)+2,FALSE)

イ． =VLOOKUP(B4,D7:I20,SEARCH(B7-B6,F5:I5,1)+2,FALSE)

ウ． =VLOOKUP(B4,D7:I20,FIND(B7-B6,F5:I5,1)+2,FALSE))

(1)		(2)		(3)	

4 INDEX関数のネスト

INDEX関数で扱う引数の行番号や列番号に，関数や数式が設定できることは下位級までで学んだ。ここでは，行番号や列番号以外にも，関数や数式が設定できることを学ぶ。また，配列や参照にも関数が設定できるため，結果は同様でも，さまざまな記述方法があることを確認する。

例題 16 請求金額計算表

次のような請求金額計算表を，作成条件にしたがって作成しなさい。

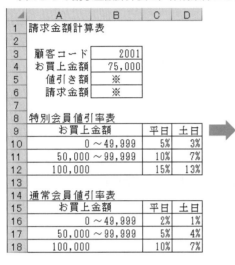

（完成例）

作成条件

① 表の形式および体裁は，上の表を参考にして設定する。

　　設定する書式：罫線，列幅，数値につける3桁ごとのコンマ

② ※印の部分は，関数などを利用して求める。

③ 「値引き額」は，「お買上金額」と本日の曜日（月～金を「平日」とする）をもとに，「顧客コード」が1000番台の場合は「特別会員値引率表」を，「顧客コード」が2000番台の場合は「通常会員値引率表」を参照し，お買上金額を掛けて求める。なお，「お買上金額」が0以上49,999以下，50,000以上99,999以下，100,000以上の場合によって，値引率は決定するものとする。

④ 「請求金額」は，「お買上金額」から「値引き額」を引いて求める。

INDEX関数のネスト

❶ セル（B5）をクリックし，「=INDEX(」と入力する。

❷　参照は，「特別会員値引率表」か「通常会員値引率表」のため，「(C10:D12，C16:D18)，」と入力する。

❸　行番号は，「お買上金額」が0以上49,999以下，50,000以上99,999以下，100,000以上の場合によって値引率が決まるため，「MATCH(B4，{0,50000,100000}，1)，」と入力する。列番号は，本日の曜日が月〜金の場合は「平日」となるため，列番号は1となり，土か日の場合は「土日」となるため，列番号は2となる。「IF(WEEKDAY(NOW()，2)<=5,1,2)，」を入力する。

❹　領域番号は，「顧客コード」が1000番台の場合は「特別会員値引率表」を，「顧客コード」が2000番台の場合は「通常会員値引率表」を参照するため，「INT(B3/1000))」と入力する。

❺　「値引き額」は，参照された値引率に「お買上金額」を掛けて求めるため，「*B4」と入力し，Enterを押す。

❻　「請求金額」は，「お買上金額」から「値引き額」を引いて求めるため，セル(B6)をクリックし，「=B4-B5」と入力後，Enterを押す。

補足　本問題では，上記のようにINDEX関数で複数の範囲を指定し，領域番号を指定する以外にも，下記のような式でも同様の結果を得ることができる。

=INDEX(IF(INT(B3/1000)=1,C10:D12,C16:D18)，MATCH(B4,A10:A12,1)，
　　　IF(WEEKDAY(NOW()，2)<=5,1,2))*B4

▶ **Point**
WEEKDAY関数の第2引数が2の場合，戻り値として，1(月曜日)〜7(日曜日)を返す。

▶ **Point**
VLOOKUP関数やMATCH関数などで下記のような表を範囲として設定する場合，A1:C2とするほか，{"a"，"b"，1；"d"，"e"，2}という設定も可能である。このような{}を使用した設定方法を配列定数という。つまり，=VLOOKUP("d"，A1:C2,3,FALSE)と=VLOOKUP("d"，{"a"，"b"，1；"d"，"e"，2}，3，FALSE)は同じ結果を表示する。なお，配列定数の設定において，データの区切りは「，」，行の区切りは「；」で表現する。

	A	B	C
1	a	b	1
2	d	e	2

次の表は，あるバス会社の高速バス利用料金表である。作成条件にしたがって表を作成しなさい。

作成条件

① 「行き先コード」は，以下のような3桁で構成されている。

「地域コード」(2桁)＆「到着コード」(1桁)

② 「座席コード」は，S，A，Bから選択される。

③ 「料金」は，引数の参照に3つの範囲を設定し，「行き先コード」の右端の1文字と「座席コード」をもとに，「行き先コード」の左端の2文字で参照表を判断し，表示する。

なお，「料金」はINDEX関数を利用する。

	A	B	C	D	E
1					
2	高速バス利用料金表				
3					
4			行き先コード	座席コード	料金
5			KS1	A	※
6					
7	TH：東北		座席コード		
8	到着コード		S	A	B
9	1	福島	6,000	5,400	4,800
10	2	盛岡	9,100	8,500	7,800
11					
12	TK：東海		座席コード		
13	到着コード		S	A	B
14	1	静岡	5,900	5,300	4,600
15	2	愛知	7,800	7,200	6,400
16					
17	KS：関西		座席コード		
18	到着コード		S	A	B
19	1	大阪	10,500	9,600	8,800
20	2	京都	10,600	9,700	9,000

(1) ある有料道路では，「出発コード」と「到着コード」をもとに，「自動車コード」がAの場合は，A：軽自動車を，「自動車コード」がBの場合は，B：軽自動車以外の表を参照し，「料金」を求めている。C6に次の式が設定されている。この式と同様の結果が得られる式を選び，記号で答えなさい。

=INDEX((C12:F15,C19:F22),
　VALUE(RIGHT(C4,1)),VALUE(RIGHT(C5,1)),
　MATCH(C3,{"A","B"},0))

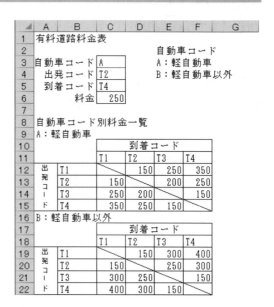

ア．=INDEX(IF(C3="A",C12:F15,C19:F22),
　　VALUE(RIGHT(C4,1)),VALUE(RIGHT(C5,1)))

イ．=VLOOKUP(C4,IF(C3="A",B12:F15,B19:F22),
　　VALUE(RIGHT(C5,1)),FALSE)

ウ．=HLOOKUP(C5,IF(C3="A",C11:F15,C18:F22),
　　VALUE(LEFT(C4,1))+1,FALSE)

(2) あるバレーボール大会では，B4〜B6に入力されたデータをもとに，各コートを参照し，実施される試合を表示している。B8に設定する式の空欄(a)，(b)にあてはまる式の組み合わせとして適切なものを選び，記号で答えなさい。

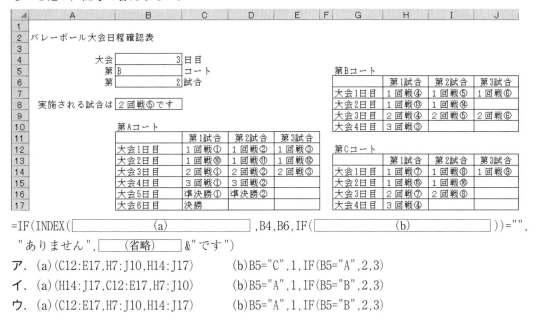

		第1試合	第2試合	第3試合
第Bコート				
大会1日目		1回戦④	1回戦⑤	1回戦⑥
大会2日目		1回戦⑬	1回戦⑭	
大会3日目		2回戦④	2回戦⑤	2回戦⑥
大会4日目		3回戦③		

```
=IF(INDEX(            (a)            ,B4,B6,IF(            (b)            ))="",
  "ありません", (省略) &"です")
```

ア． (a)(C12:E17,H7:J10,H14:J17)　　　(b)B5="C",1,IF(B5="A",2,3)

イ． (a)(H14:J17,C12:E17,H7:J10)　　　(b)B5="A",1,IF(B5="B",2,3)

ウ． (a)(C12:E17,H7:J10,H14:J17)　　　(b)B5="A",1,IF(B5="B",2,3)

(3) ある学校では，「本日の日付」の日にちと部活動名をもとに，「本日の日付」の月が偶数の場合には偶数月表を，奇数の場合には奇数月表を参照して部活動の活動場所を割り当てている。C6に設定する式の空欄にあてはまる関数を答えなさい。

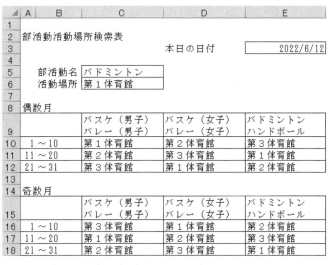

```
=IF(C5="","",IFERROR(INDEX((C10:E12,C16:E18),MATCH(DAY(E3),A10:A12,1),
    MATCH("*"&C5&"*",C9:E9,0),            (MONTH(E3),2)+1),"部活動名エラー"))
```

(1)		(2)		(3)	

IFERROR関数を利用することで，#N/Aや#VALUE!などエラーではなく，任意の値を表示できるように設定できることはすでに学んだ。ここでは，未入力の場合と，データが不適切の場合で表示する内容を分けて表示する方法を学ぶ。

例えば，VLOOKUP関数を設定し，検索値のデータが未入力であれば，データが範囲になかったときと同様に#N/Aが表示される。エラー（#N/A）を見ただけでは，データの入力ミスなのか，未入力なのか判別がつかないため，未入力であれば空白，データの入力ミスであれば「エラー」と表示されれば，何がよくなかったかが一目でわかるようになる。

例題 17 売上明細書

次のような売上明細書を，作成条件にしたがって作成しなさい。

	A	B	C
1			
2	売上明細書		
3	野菜名	数量	金額
4	トマト	5	※
5	イクラ	3	※
6	カボチャ	1	※
7			※
8		合計	※
9			
10	価格表		
11	野菜名	単価	
12	キュウリ	100	
13	ナス	150	
14	トマト	120	
15	ピーマン	80	
16	オクラ	140	
17	カボチャ	160	

	A	B	C
1			
2	売上明細書		
3	野菜名	数量	金額
4	トマト	5	600
5	イクラ	3	野菜名エラー
6	カボチャ	1	160
7			
8		合計	760
9			
10	価格表		
11	野菜名	単価	
12	キュウリ	100	
13	ナス	150	
14	トマト	120	
15	ピーマン	80	
16	オクラ	140	
17	カボチャ	160	

（完成例）

作成条件

① 表の形式および体裁は，上の表を参考にして設定する。

設定する書式：罫線，列幅，数値につける3桁ごとのコンマ

② ※印の部分は，式や関数などを利用して求める。

③ 「金額」は，「野菜名」をもとに，価格表を参照し「単価」を求め，「数量」を掛けて求める。なお，「野菜名」が価格表にない場合は，野菜名エラー を表示し，未入力の場合は何も表示しない。

④ 「合計」は，「金額」の合計を求める。

IFERROR関数のネスト

❶ セル (C4) をクリックし,「野菜名」にデータが未入力の場合は何も表示しないようにするため,「=IF(A4="","",」と入力する。

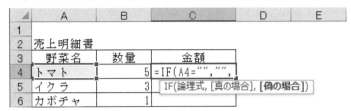

❷ 「野菜名」にデータが入力されていて,「野菜名」が価格表にある場合は,「金額」の計算をし,「野菜名」が価格表にない場合は,野菜名エラー を表示するため,「IFERROR(」と入力する。

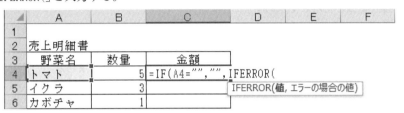

▶ **Point**
IFERROR関数は, エラーの場合には指定した値を表示し, そうでないときは関数や式の結果を表示する関数である。

❸ 値は,「野菜名」をもとに, 価格表を参照して「単価」を求め,「数量」を掛けて求めるため,「VLOOKUP(A4,$A$12:$B$17,2,FALSE)*B4,」と入力する。

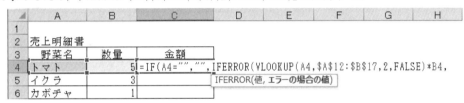

❹ エラーの場合の値は,「"野菜名エラー"))」を入力し,[Enter]を押す。

❺ セル (C5〜C7) に式をコピーする。

❻ セル (C8) をクリックし,「=SUM(C4:C7)」を入力し,[Enter]を押す。

	A	B	C
1			
2	売上明細書		
3	野菜名	数量	金額
4	トマト	5	600
5	イクラ	3	野菜名エラー
6	カボチャ	1	160
7			
8		合計	760

▶ **Point**
VLOOKUP関数は, 検索値を範囲の左端を列方向に検索し, 指定した位置にあるデータを表示する関数である。

次の表は，ある電化製品店の注文表である。作成条件にしたがって表を作成しなさい。

	A	B	C	D	E	F	G	H
1								
2	注文表					製品一覧		
3	製品コード	製品名	数量	金額		製品コード	製品名	単価
4	SPC	製品コードエラー	1			DPC	デスクトップＰＣ	150,000
5	HD1	※	2	※		NPC	ノートＰＣ	200,000
6	LPR	※	1	※		HD1	内蔵ＨＤＤ	10,000
7			合計	※		HD2	外付けＨＤＤ	20,000
8						IPR	インクジェットプリンタ	15,000
9						LPR	レーザプリンタ	25,000

作成条件

① 表の形式および体裁は，上の表を参考にして設定する。

　　設定する書式：罫線，列幅，数値につける3桁ごとのコンマ

② ※印の部分は，式や関数などを利用して求める。

③ B列の「製品名」は，「製品コード」をもとに，製品一覧を参照して表示する。ただし，「製品コード」が製品一覧にない場合は，製品コードエラー を表示し，未入力の場合は何も表示しない。

④ 「金額」は，「製品コード」をもとに，製品一覧から「単価」を求め，数量を掛けて求める。ただし，「製品コード」が製品一覧にない場合は，何も表示しない。

⑤ 「合計」は，「金額」の合計を求める。

筆記練習　16

(1) 次の表は，文化祭発表場所検索表である。「発表場所」は，「検索団体名」を入力すると，発表団体一覧から参照して表示する。C8に設定する式として適切なものを選び，記号で答えなさい。なお，「検索団体名」に何も入力されていない場合は空白を表示し，発表団体一覧にない場合は団体名エラー を表示するものとする。

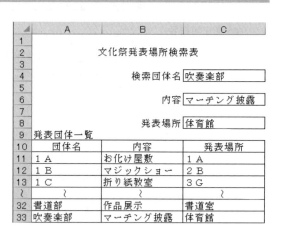

	A	B	C
1			
2		文化祭発表場所検索表	
3			
4		検索団体名	吹奏楽部
5			
6		内容	マーチング披露
7			
8		発表場所	体育館
9	発表団体一覧		
10	団体名	内容	発表場所
11	1 Ａ	お化け屋敷	1 Ａ
12	1 Ｂ	マジックショー	2 Ｂ
13	1 Ｃ	折り紙教室	3 Ｇ
～	～	～	～
32	書道部	作品展示	書道室
33	吹奏楽部	マーチング披露	体育館

ア． =IF(C4="","団体名エラー",IFERROR(VLOOKUP(C4,A11:C33,3,FALSE),""))

イ． =IF(C4="","",IFERROR("団体名エラー",VLOOKUP(C4,A11:C33,3,FALSE)))

ウ． =IF(C4="","",IFERROR(VLOOKUP(C4,A11:C33,3,FALSE),"団体名エラー"))

(2) 次の表は，夏季入試対策特別講座申込一覧である。「生徒氏名」は，「生徒コード」をもとに，3学年在籍生徒一覧から参照して表示する。F4に設定する式として適切なものを選び，記号で答えなさい。ただし，「生徒コード」は，「学年」と「クラス」，「番号」を結合して求めている。なお，F4の式をF5〜F33までコピーするものとする。また，「生徒コード」が空白の場合には空白を表示し，3学年在籍生徒一覧にない場合には 生徒コードエラー を表示する。

	A	B	C	D	E	F
1						
2				夏季入試対策特別講座申込一覧		
3	通番	学年	クラス	番号	生徒コード	生徒氏名
4	1	3	A	2	3A2	市原　○○
5	2	3	F	45	3F45	生徒コードエラー
6	3	3	E	28	3E28	中村　○○
〜	〜	〜	〜	〜	〜	〜
32	29	3	A	11	3A11	小島　○○
33	30					
34						
35				3学年在籍生徒一覧		
36				生徒コード	生徒氏名	
37				3A1	相川　○○	
38				3A2	市原　○○	
〜				〜	〜	
331				3H39	吉井　○○	
332				3H40	渡部　○○	

ア．=IF(E4="","",IFERROR(VLOOKUP(E4,$E$37:$F$332,2,FALSE),"生徒コードエラー"))

イ．=IF(E4="","",IFERROR(VLOOKUP(E4,$E$37:$F$332,2,TRUE),"生徒コードエラー"))

ウ．=IF(E4="","",IFERROR(HLOOKUP(E4,$E$37:$F$332,2,FALSE),"生徒コードエラー"))

(1)		(2)	

参考 エラー値一覧

式や関数を利用した結果として表示されるエラーの種類と解決法は，以下のとおりである。

エラー値	内容	解決法
####	セル幅より，表示するけた数が大きくなっている。	セル幅を広げる。
#VALUE!	引数の種類が適切ではない。（数値を使用すべき箇所が文字列になっているなど）	セルの値を訂正する。
#N/A	範囲にない値を参照している。	セルに値を入力する。
#REF!	参照しているセルが削除などにより無効になっている。	参照先を再度設定する。
#DIV/0!	割る数が0の割り算をしている。	セルの値が0や空白にならないようにする。
#NUM!	引数の値が適切ではない。（値として大きすぎたり，小さすぎたりするなど）	セルに適切な値を入力する。
#NAME?	関数名が間違っている。	関数名を訂正する。
#NULL!	セル範囲が適切ではない。	セル範囲を訂正する。

1 次の問いに答えなさい。

問1 次の表は，ある学校のマラソン大会の結果である。I17の「入賞者最多部活動名」には，ベスト30までに，最も多く入賞した部活動名を表示する式が設定されている。I17に設定されている式の空欄にあてはまる関数として，最も適切なものを選び，記号で答えなさい。

	A	B	C	D	E	F	G	H	I
1									
2	マラソン大会ベスト30						部活動一覧		
3	順位	学年	クラス	番号	タイム	部活動コード		部活動コード	部活動名
4	1	2	B	6	16分01秒	4		1	ソフトボール
5	2	2	C	16	16分11秒	1		2	バレーボール
6	3	2	G	15	16分19秒	4		3	卓球
7	4	1	C	28	16分10秒	8		4	バスケットボール
8	5	1	A	40	16分38秒	11		5	柔道
9	6	1	G	1	16分45秒	10		6	陸上
10	7	1	E	10	16分57秒	3		7	剣道
11	8	2	A	28	16分59秒	4		8	軟式テニス
12	9	2	D	22	17分10秒	6		9	硬式テニス
13	10	1	B	40	17分11秒	1		10	ハンドボール
14	11	1	C	26	17分43秒	5		11	その他
15	12	1	H	26	17分52秒	3			
16	13	1	B	32	17分55秒	9			
17	14	2	H	31	18分08秒	2		入賞者最多部活動名	
	〜	〜	〜	〜	〜	〜		バスケットボール	
29	26	1	D	10	20分47秒	2			
30	27	2	C	5	20分51秒	7			
31	28	2	C	2	20分58秒	9			
32	29	1	H	9	21分04秒	6			
33	30	2	H	10	21分15秒	11			

=VLOOKUP(_____ (F4:F33),H4:I14,2,FALSE)

ア．MODE   **イ**．MEDIAN   **ウ**．FORECAST

問2 ある調査会社では，右の表を用いて，独自に飲食店の「味」，「価格」，「サービス」の評価から総合評価を判定している。E4には，「総合評価」を判定する次の式が設定されている。この式をE13までコピーしたとき，「総合評価」がBと表示されるセルの数を答えなさい。

	A	B	C	D	E
1					
2	飲食店総合評価判定表				
3	飲食店名	味	価格	サービス	総合評価
4	○○○○	4	2	3	※
5	□□□□	3	5	4	※
6	●●●●	5	5	3	※
7	◇◇◇◇	4	4	4	※
8	▲▲▲▲	4	5	5	※
9	◎◎◎◎	3	5	2	※
10	■■■■	2	5	5	※
11	△△△△	4	3	2	※
12	◆◆◆◆	3	4	5	※
13	▽▽▽▽	5	4	5	※

=IF(AND(COUNTIFS(B4:D4,5)>=2,MIN(B4:D4)>=4),"S",
 IF(AND(COUNTIFS(B4:D4,5)>=1,SUM(B4:D4)>=12),"A",
 IF(AND(COUNTIFS(B4:D4,4)>=2,MIN(B4:D4)>=3),"B","C")))

問3 右の表は，ある地区の合併に伴う住所変更確認表である。B4の「新住所」には，A4の「旧住所」の 山武郡大網白里町 を 大網白里市 に置き換えるための式が設定されている。B4に設定する式として適切なものを選び，記号で答えなさい。

▲	A	B
1		
2	住所変更確認表	
3	旧住所	新住所
4	山武郡大網白里町みどりが丘	大網白里市みどりが丘
5	山武郡大網白里町永田	大網白里市永田
6	山武郡大網白里町季美の森南	大網白里市季美の森南
7	山武郡大網白里町金谷郷	大網白里市金谷郷
8	山武郡大網白里町細草	大網白里市細草

ア． =SUBSTITUTE("山武郡大網白里町","大網白里市",A4)

イ． =SUBSTITUTE(A4,"大網白里市","山武郡大網白里町")

ウ． =SUBSTITUTE(A4,"山武郡大網白里町","大網白里市")

問4 右の表は，ある丼店における売上表である。F7は，「日付」が20220115以降の「商品名」が牛丼と，「日付」が20220115以降の「商品名」が豚丼の売上金額の合計を求める。F7に設定する式として適切なものを選び，記号で答えなさい。

▲	A	B	C	D	E	F
1						
2	売上表				条件表	
3	日付	商品名	売上金額		日付	商品名
4	20220101	牛丼	28,200		>=20220115	牛丼
5	20220101	豚丼	32,900		>=20220115	豚丼
6	20220101	親子丼	20,000			
7	20220101	海鮮丼	18,000		売上金額合計	999,000
〜	〜	〜	〜			
125	20220131	豚丼	38,500			
126	20220131	親子丼	39,200			
127	20220131	海鮮丼	32,400			

ア． =DSUM(A3:C127,3,E3:E5)+DSUM(A3:C127,3,F3:F5)

イ． =DSUM(A3:C127,3,E3:F5)

ウ． =DSUM(A3:C127,3,E4:F4)+DSUM(A3:C127,3,E5:F5)

問5 次の表は，ある地域の家賃相場検索表である。「駅名」と「間取り」をもとに，家賃相場一覧を参照して「家賃」を表示している。C4に設定されている式の空欄にあてはまる適切なものを選び，記号で答えなさい。

▲	A	B	C	D	E	F
1	家賃相場検索表					
2		駅名	幕張			
3		間取り	2LDK			
4		家賃	7.60			
5						
6	家賃相場一覧					単位：万円
7	駅名	ワンルーム	1K・1DK	1LDK・2K・2DK	2LDK・3K・3DK	3LDK・4K・4DK
8	千葉	5.98	6.07	7.69	8.96	13.62
9	西千葉	4.58	4.93	6.18	7.84	14.11
〜		〜	〜	〜	〜	〜
45	吉祥寺	6.77	7.35	11.30	17.84	20.82
46	三鷹	6.12	6.87	10.34	14.12	18.43

=HLOOKUP(☐,B7:F46,MATCH(C2,A8:A46,0)+1,FALSE)

ア． C3　　　　　**イ．** "?"&C3&"?"　　　　**ウ．** "*"&C3&"*"

問1		問2		問3		問4		問5	

2 次の問いに答えなさい。

問1 右の表は，漢字小テスト結果一覧である。G4には中央値を表示するため，次の式が設定されている。この式と同様の結果が得られる式の空欄 (a) ～ (c) にあてはまる適切な組み合わせを選び，記号で答えなさい。

	A	B	C	D	E	F	G
1							
2	漢字小テスト結果一覧						
3							
4	学年	組	番号	点数		中央値	5
5	1	H	1	9			
6	1	H	2	4			
7	1	H	3	8			
8	1	H	4	2			
9	1	H	5	9			
～	～	～	～	～			
42	1	H	38	6			
43	1	H	39	5			
44	1	H	40	6			

=MEDIAN(D5:D44)

=IF(MOD(COUNT(D5:D44),2)=1,

  [(a)](D5:D44,INT(COUNT(D5:D44)/2)+1),

  ([(b)](D5:D44,COUNT(D5:D44)/2)+[(c)](D5:D44,COUNT(D5:D44)/2+1))/2)

ア． (a)SMALL   (b)SMALL   (c)SMALL

イ． (a)SMALL   (b)LARGE   (c)SMALL

ウ． (a)LARGE   (b)SMALL   (c)LARGE

問2 次の表は，ある高校における生徒の通学方法を調査，集計したものである。H6に設定する式として適切なものを選び，記号で答えなさい。なお，この式をM9までコピーするものとする。

	A	B	C	D	E
1					
2	通学手段調査一覧表				
3					
4	学年	組	番号	性別	通学手段
5	1	A	1	男	電車
6	1	A	2	女	徒歩
7	1	A	3	男	自転車
8	1	A	4	女	バス
9	1	A	5	女	自転車
10	1	A	6	女	自転車
～	～	～	～	～	～
602	3	E	38	男	バス
603	3	E	39	女	バス
604	3	E	40	男	電車

通学手段集計表

学年	1	2	3	1	2	3	合計
性別	男	男	男	女	女	女	
徒歩	16	18	17	16	18	17	102
自転車	32	32	27	30	18	36	175
電車	48	38	31	21	43	35	216
バス	23	14	16	14	19	21	107
合計	119	102	91	81	98	109	600

ア． =COUNTIFS($A$5:$A$604,$D$5:$D$604,$E$5:$E$604,H$4,H$5,$G6)

イ． =COUNTIFS($A$5:$A$604,H$4,$D$5:$D$604,H$5,$E$5:$E$604,$G6)

ウ． =COUNTIFS(H$4,$A$5:$A$604,H$5,$D$5:$D$604,$G6,$E$5:$E$604)

問3 次の表は，ある学校の生徒情報検索表である。「学年」～「住所2」は，「生徒コード」をもとに，在籍生徒一覧を参照して表示する。B4に設定されている式の空欄にあてはまる関数として適切なものを選び，記号で答えなさい。なお，C4～G4までコピーするものとする。

	A	B	C	D	E	F	G
1							
2	生徒情報検索表						
3	生徒コード	学年	クラス	番号	氏名	住所1	住所2
4	130125	1	A	25	千葉 ○○	千葉県千葉市中央区松波	2-22-48
5							
6	在籍生徒一覧						
7	生徒コード	学年	クラス	番号	氏名	住所1	住所2
8	130101	1	A	1	一宮 ○○	千葉県一宮町一宮	3287
9	130102	1	A	2	君津 ○○	千葉県富津市岩瀬	1172
～	～	～	～	～	～	～	～
1207	130125	1	A	25	千葉 ○○	千葉県千葉市中央区松波	2-22-48

=VLOOKUP($A$4,$A$8:$G$1207,[   ](B3),FALSE)

ア． ABS   **イ．** ROW   **ウ．** COLUMN

問4 右の表は，あるクイズ大会の二次予選の通過を判定する二次予選結果一覧表である。E4には，本戦出場の判定をするために次の式が設定されている。この式をE23までコピーしたとき，E列に表示される 次回一次免除 の数を答えなさい。

	A	B	C	D	E
1					
2	二次予選結果一覧表				
3	選手番号	選択問題	記述問題	合計	判定
4	24	87	99	186	※
5	80	93	80	173	※
6	85	100	70	170	※
7	131	91	82	173	※
8	178	76	84	160	※
9	197	95	80	175	※
10	200	97	95	192	※
11	210	98	94	192	※
12	229	76	78	154	※
13	235	96	79	175	※
14	253	83	70	153	※
15	264	90	72	162	※
16	296	90	85	175	※
17	319	71	90	161	※
18	320	76	73	149	※
19	356	91	74	165	※
20	392	89	76	165	※
21	424	75	88	163	※
22	488	89	91	180	※
23	493	72	85	157	※

=IF(OR(D4>=LARGE($D$4:$D$23,3),B4=MAX($B$4:$B$23),C4=MAX($C$4:$C$23)),"本戦出場",
　 IF(D4>=LARGE($D$4:$D$23,10),"次回一次免除",""))

問5 次の表は，「気温の種類」と「月」をもとに，「都市名」に対応した表を参照し，気温を表示している。B7に設定されている式として適切なものを選び，記号で答えなさい。

	A	B	C	D	E	F	～	O	P
1									
2	都市別気温検索表								
3				群馬県館林					
4	都市名	沖縄県石垣			1月	2月	～	11月	12月
5	月	2		最高気温	9.3	10.1	～	16.5	11.7
6	気温の種類	平均気温		平均気温	3.7	4.5	～	11.0	6.0
7	気温	19.1		最低気温	-1.1	-0.4	～	6.3	1.1
8									
9				新潟県糸魚川					
10					1月	2月	～	11月	12月
11				最高気温	6.8	7.1	～	15.5	10.4
12				平均気温	3.5	3.6	～	11.5	6.6
13				最低気温	0.8	0.6	～	8.1	3.5
14									
15				沖縄県石垣					
16					1月	2月	～	11月	12月
17				最高気温	21.2	21.6	～	25.8	22.7
18				平均気温	18.8	19.1	～	23.2	20.1
19				最低気温	16.5	16.9	～	21.1	18.0

ア． =VLOOKUP(B6,IF(B4="群馬県館林",D5:P7,
　　 IF(B4="新潟県糸魚川",D11:P13,D17:P19)),B5,FALSE)

イ． =INDEX((E5:P7,E11:P13,E17:P19),MATCH(B6,D5:D7,0),B5,
　　 MATCH(B4,{"群馬県館林","新潟県糸魚川","沖縄県石垣"},0))

ウ． =HLOOKUP(B5,IF(B4="群馬県館林",E4:P7,
　　 IF(B4="新潟県糸魚川",E10:P13,E16:P19)),MATCH(B6,D5:D7,0)+1,FALSE)

問1		問2		問3		問4		問5	

Part Ⅱ Excel応用 | 編

Lesson 1 応用操作

1 マクロ

マクロとは，表の体裁や並べ替えなどの定型的な業務の操作手順を登録し，必要に応じて実行できるようにする機能である。繰り返しの作業を登録することで，業務を簡略化することができる。ここでは，マクロの記録，実行方法を学習する。

マクロを使用するための環境設定

❶ リボンのユーザー設定

マクロを使用できるようにするため，リボンにマクロの開発メニューを表示させる。

［ファイル］→［オプション］をクリックすると，［Excelのオプション］が表示されるので，［リボンのユーザー設定］を選択し，［開発］にチェックを入れて，OK をクリックする。

❷ マクロのセキュリティ設定

［開発］→［マクロのセキュリティ］をクリックすると，［トラストセンター］が表示されるので，［警告を表示してすべてのマクロを無効にする］を選択する。

❸ マクロの保存

マクロを保存するには，[ファイル]→[名前を付けて保存]→[ファイルの種類]→[Excelマクロ有効ブック(*.xlsm)]に変更する。

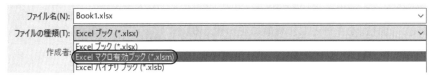

ファイル名(N):	Book1.xlsx	
ファイルの種類(T):	Excel ブック (*.xlsx)	
作成者:	Excel ブック (*.xlsx)	
	Excel マクロ有効ブック (*.xlsm)	
	Excel バイナリ ブック (*.xlsb)	

❹ マクロの有効化

マクロが登録されているファイルを開くと，下図のように表示される。マクロを実行するには，[コンテンツの有効化]をクリックする。

例題 18 面積人口表（マクロ記録）

次のような面積人口表を，面積の降順に並べ替え，上位3位の値のセルの色を黄色に変更したい。作成条件にしたがってマクロを記録し，ファイルを保存しなさい。

（実行前）

	A	B	C	D
1				
2	面積人口表			
3	県コード	県名	面積	人口
4	K1	福岡県	4,987	5,106,774
5	K2	佐賀県	2,441	808,821
6	K3	長崎県	4,131	1,310,660
7	K4	熊本県	7,409	1,735,901
8	K5	大分県	6,341	1,124,983
9	K6	宮崎県	7,735	1,063,759
10	K7	鹿児島県	9,187	1,587,342
11	K8	沖縄県	2,283	1,458,839

（実行結果）

	A	B	C	D
1				
2	面積人口表			
3	県コード	県名	面積	人口
4	K7	鹿児島県	9,187	1,587,342
5	K6	宮崎県	7,735	1,063,759
6	K4	熊本県	7,409	1,735,901
7	K5	大分県	6,341	1,124,983
8	K1	福岡県	4,987	5,106,774
9	K3	長崎県	4,131	1,310,660
10	K2	佐賀県	2,441	808,821
11	K8	沖縄県	2,283	1,458,839

作成条件

① 「面積」の降順に並べ替え，上位3位のセルの色を黄色に変更するマクロを記録する。
② 「県コード」の昇順に並べ替え，セル(C4〜C6)のセルの色を塗りつぶしなしに変更するマクロを記録する。

マクロの記録

❶ マクロの記録の呼び出し

[開発]→[マクロの記録]をクリックする。

❷　マクロ名の入力（面積降順）

マクロ名に「面積降順」と入力し，記録を開始する。

❸　マクロの記録（面積降順）

以下の手順で「面積降順」のマクロを設定する。

(1)セル（A3〜D11）を選択し，「面積」をキーとし，降順に並べ替える。

(2)セル（C4〜C6）のセルの色を黄色に設定する。

(3)[開発] → [記録終了]をクリックする。

参考

ショートカットキーに
任意の文字を入力する
と，ショートカットキ
ーでマクロを呼び出す
こともできる。

❹　マクロの記録の呼び出しとマクロ名の入力（県コード昇順）

[開発] → [マクロの記録]をクリックする。マクロ名に「県コード昇順」と入力
し，記録を開始する。

❺　マクロの記録（県コード昇順）

以下の手順で「県コード昇順」のマクロを設定する。

(1)セル（A3〜D11）を選択し，「県コード」をキーとし，昇順に並べ替える。

(2)セル（C4〜C6）を塗りつぶしなしに設定する。

(3)[開発] → [記録終了]をクリックする。

マクロの実行

[開発] → [マクロ]をクリックし，実行したいマクロ名を選択し，[実行]をク
リックする。

参考　マクロの確認

作成したマクロは，[開発] → [マクロ] → [編集]から編集できる。

```
Sub 面積降順()
' 面積降順 Macro
    Range("A3:D11").Select
    ActiveWorkbook.Worksheets("Sheet1").Sort.SortFields.Clear
    ActiveWorkbook.Worksheets("Sheet1").Sort.SortFields.Add2 Key:=Range("C4:C11") _
        , SortOn:=xlSortOnValues, Order:=xlDescending, DataOption:=xlSortNormal
    With ActiveWorkbook.Worksheets("Sheet1").Sort
        .SetRange Range("A3:D11")
        .Header = xlYes
        .MatchCase = False
        .Orientation = xlTopToBottom
        .SortMethod = xlPinYin
        .Apply
    End With
    Range("C4:C6").Select
    With Selection.Interior
        .Pattern = xlSolid
        .PatternColorIndex = xlAutomatic
        .Color = 65535
        .TintAndShade = 0
        .PatternTintAndShade = 0
    End With
End Sub
```

例題 19　面積人口表（マクロ登録）

例題18で作成したマクロを利用し，ボタンにマクロを登録しなさい。

▲	A	B	C	D	E	F	G
1							
2	面積人口表						
3	県コード	県名	面積	人口			
4	K1	福岡県	4,987	5,106,774			
5	K2	佐賀県	2,441	808,821			
6	K3	長崎県	4,131	1,310,660			
7	K4	熊本県	7,409	1,735,901			
8	K5	大分県	6,341	1,124,983			
9	K6	宮崎県	7,735	1,063,759			
10	K7	鹿児島県	9,187	1,587,342			
11	K8	沖縄県	2,283	1,458,839			

作成条件

① 例題18で作成した「面積降順」のマクロをボタン1に登録し，「面積降順」の名前を設定する。

② 例題18で作成した「県コード昇順」のマクロをボタン2に登録し，「県コード昇順」の名前を設定する。

マクロの登録

❶ ボタンの挿入およびマクロの登録（面積降順）

［開発］→［挿入］→ □（ボタン（フォームコントロール））をクリックし，シート上で任意の大きさにドラッグし，例題18で作成したマクロの一覧から，「面積降順」を選択する。

❷ ボタンの名称変更（面積降順）

ボタン1を右クリックし，［テキストの編集］を選択し，「面積降順」と設定する。

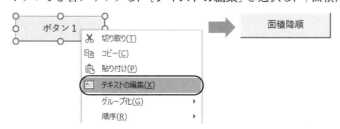

❸ ボタンの挿入およびマクロの登録（県コード昇順）

［開発］→［挿入］→ □（ボタン（フォームコントロール））をクリックし，シート上で任意の大きさにドラッグし，「県コード昇順」を選択する。

❹ ボタンの名称変更（県コード昇順）

ボタン2を右クリックし，［テキストの編集］を選択し，「県コード昇順」と設定する。

2 ソルバー

ソルバーは，複数の制約条件から，任意のセルを変化させて最適値を求める機能である。ソルバーは，目的関数（最適値），変化させるデータ，制約条件の三つから成り立っている。ゴールシークは変化させる数値が一つであるが，ソルバーでは，複数の値を変化せて最適解を求めることができる。

※ 複数の制約条件のもとで，最大の利益や最小の費用などの最適な解を求める方法として，オペレーションズ・リサーチ（OR）の分析手法の一つである**線形計画法**が用いられる。線形計画法とは，複数の一次式を満たす領域から，最大化または最小化する変数の値を求める方法である。

ソルバーを使用するための環境設定

❶ ソルバーを使用できるようにするため，リボンにソルバーのメニューを表示させる。［ファイル］→［オプション］をクリックすると，［Excelのオプション］が表示される。

❷ ［アドイン］→［Excelアドイン］を選択して，　設定　をクリックする。

❸ ［有効なアドイン］から［ソルバーアドイン］にチェックを入れ，　OK　をクリックする。

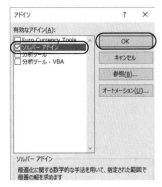

例題 20　生産シミュレーション

　次の表は，ある製品の生産データ表と販売シミュレーション表である。生産データ表は，製品1個あたりの製造に必要な素材個数および製品1個あたりの利益額を示している。作成条件にしたがって，総利益の合計が最大となるそれぞれの生産数を求めなさい。

▲	A	B	C	D
1				
2	生産データ表			
3		製品A	製品B	使用上限
4	素材1	8	4	448
5	素材2	5	7	496
6	利益	200	150	
7				
8	販売シミュレーション表			
9		製品A	製品B	合計
10	生産数	※	※	※
11	素材1	※	※	※
12	素材2	※	※	※
13	総利益	※	※	※

▲	A	B	C	D
1				
2	生産データ表			
3		製品A	製品B	使用上限
4	素材1	8	4	448
5	素材2	5	7	496
6	利益	200	150	
7				
8	販売シミュレーション表			
9		製品A	製品B	合計
10	生産数	32	48	80
11	素材1	256	192	448
12	素材2	160	336	496
13	総利益	6,400	7,200	13,600

（完成例）

作成条件

① 「総利益」の合計が最大となるようにする。

② 「生産数」の最適値を求める。

③ 制約条件は以下のとおりとする。

　1. 「生産数」は整数値であり，0以上とする。

　2. 販売シミュレーション表の「素材1」,「素材2」のそれぞれの「合計」は，生産データ表の「素材1」,「素材2」のそれぞれの「使用上限」以下とする。

計算式と関数の入力

❶ セル（B11）に以下の計算式を入力し，セル（C13）までコピーする。

　セル（B11）=B$10*B4

❷ セル（D10）に以下の計算式を入力し，セル（D13）までコピーする。

　セル（D10）=SUM(B10:C10)

ソルバーによる算出

❶ ［データ］→［ソルバー］をクリックし，［ソルバーのパラメーター］を表示する。

❷ ［目的セルの設定］

　「$D$13」を設定する。

❸ ［目標値］

　「最大値」を選択する。

❹ ［変数セルの変更］

　「$B$10:$C$10」を設定する。

❺　［制約条件の対象］の 追加 をクリックする。

(1)「生産数」($B$10:$C$10) は整数値 (int 整数) のため，
「$B$10:C10int 整数」と設定し， 追加 をクリック
する。

(2)「生産数」($B$10:$C$10) は 0 以上 (>=0) のため，
「$B$10:$C$10>=0」と設定し， 追加 をクリックする。

(3)「素材 1」の「合計」($D$11) は，生産データ表の「素
材 1」の「使用上限」以下 (<=$D$4) のため，
「$D$11<=$D$4」と設定し， 追加 をクリックする。

(4)「素材 2」の「合計」($D$12) は，生産データ表の「素
材 2」の「使用上限」以下 (<=$D$5) のため，
「$D$12<=$D$5」と設定し， 追加 をクリックする。
制約条件をすべて設定後， キャンセル をクリックし，
ソルバーのパラメーターに戻る。

❻　実行

制約条件の対象を確認し， 解決 をクリックし，
［ソルバーの結果］の OK をクリックする。

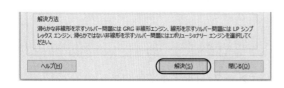

※　右図のように，制約条件を満たす解が見つ
からない場合，［目的セルの設定］や［目標値］
などが正しく設定されているか，再度見直す
必要がある。

次の表は，ある工場における３つの製品のデータ表とシミュレーション表である。作成条件にしたがって，総利益の合計が最大となるそれぞれの生産数を求めなさい。

作成条件

① 「総利益」の合計が最大となるようにする。

② 「生産数」の最適値を求める。

③ 制約条件は以下のとおりとする。

　1. 「生産数」は整数値であり，１以上とする。

　2. シミュレーション表の「素材１」，「素材２」，「素材３」のそれぞれの「合計」は，データ表の「素材１」，「素材２」，「素材３」のそれぞれの「使用上限」以下とする。

	A	B	C	D	E
1					
2	データ表				
3		製品C	製品D	製品E	使用上限
4	素材1	3	6	5	600
5	素材2	8	3	4	500
6	素材3	4	2	8	800
7	利益	300	350	450	
8					
9	シミュレーション表				
10		製品C	製品D	製品E	合計
11	生産数	※	※	※	※
12	素材1	※	※	※	※
13	素材2	※	※	※	※
14	素材3	※	※	※	※
15	総利益	※	※	※	※

次の表は，ある製品の生産データ表と生産シミュレーション表である。次の条件から「総利益」の合計が最大となる生産数を求めたい。データ分析機能に設定する制約条件として空欄(a)にあてはまる適切なものを選び，記号で答えなさい。

	A	B	C	D
1				
2	生産データ表			
3		製品F	製品G	使用上限
4	素材1	4	8	1,000
5	素材2	6	3	1,200
6	利益	500	600	
7				
8	生産シミュレーション表			
9		製品F	製品G	合計
10	生産数			
11	素材1			
12	素材2			
13	総利益			

作成条件

① B11 には次の式を入力し，C13 までコピーする。
　=B$10*B4

② D10 には次の式を入力し，D13 までコピーする。
　=SUM（B10:C10）

③ 各生産数は，12 以上生産する。

④ 各素材の合計は「使用上限」以下とする。

	A	B	C	D
8	生産シミュレーション表			
9		製品F	製品G	合計
10	生産数	175	50	225
11	素材1	700	300	1,000
12	素材2	1,050	150	1,200
13	総利益	87,500	30,000	117,500

（実行後の例）

ア．$D$11<=$D$4
　　$D$12<=$D$5

イ．$D$11>=$D$4
　　$D$12>=$D$5

ウ．$D$11= 整数
　　$D$12= 整数

ソルバーのパラメーター　　　　　　×

目的セルの設定:(T)　　　　$D$13

目標値： ●最大値(M) ○最小値(N) ○指定値:(V) 　0

変数セルの変更:(B)
$B$10:$C$10

制約条件の対象:(U)
$B$10:$C$10 = 整数
$B$10:$C$10 >= 12
　　(a)

追加(A)
変更(C)
削除(D)

Lesson 2 グラフの作成

1 ABC分析

ABC分析とは，商品をABCの3区分に分類して，売上総額などに対する累計比率の大きさに応じた優先度をつけることで，販売管理や在庫管理，商品の発注などの効率化を図る分析である。また，ABC分析を行うためには，パレート図が用いられる。パレート図は，売上総額などに対する各商品の売上の大きい順に売上累計比率を求め，複合グラフで表す。

〈ABC分析の分類の目安〉

・区分A…累計比率の0%～70%（主力商品，重点管理商品）

・区分B…累計比率の70%～90%（準主力商品，通常管理商品）

・区分C…累計比率の90%～100%（非主力商品，撤退または販売促進商品）

例題 21 商品売上分析表

次の商品売上分析表をもとに，作成条件にしたがって，パレート図を作成しなさい。

	A	B	C	D	E
1					
2	商品売上分析表				
3					
4	商品名	売上高	売上累計	売上累計比率	ランク
5	青汁	83,111	※	※	※
6	ウーロン茶	283,886	※	※	※
7	紅茶	100,000	※	※	※
8	スポーツドリンク	521,333	※	※	※
9	炭酸水	64,666	※	※	※
10	天然水	558,000	※	※	※
11	野菜ジュース	389,333	※	※	※
12	緑茶	499,111	※	※	※
13	合　計	※			

	A	B	C	D	E
1					
2	商品売上分析表				
3					
4	商品名	売上高	売上累計	売上累計比率	ランク
5	天然水	558,000	558,000	22.3%	A
6	スポーツドリンク	521,333	1,077,333	43.1%	A
7	緑茶	499,111	1,576,444	63.1%	A
8	野菜ジュース	389,333	1,965,777	78.7%	B
9	ウーロン茶	283,886	2,249,643	90.1%	C
10	紅茶	100,000	2,349,643	94.1%	C
11	青汁	83,111	2,432,754	97.4%	C
12	炭酸水	64,666	2,497,420	100.0%	C
13	合　計	2,497,420			

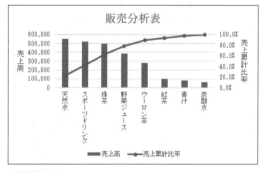

作成条件

① 表の体裁は，上の表を参考にして設定する。

> 設定する書式：罫線
> 設定する数値の表示形式：3桁ごとのコンマ，%，小数の表示桁数

② 表の※印の部分は，式や関数などを利用して求める。

③ B列の「売上高」を基準として，降順に並べ替える。

④ C列の「売上累計」は，B列の「売上高」の累計を求める。

⑤ D列の「売上累計比率」は，C列のそれぞれの商品の「売上累計」を「売上高」の合計のB13で割って求める。ただし，%で小数第1位まで表示する。

⑥ E列の「ランク」は，D列の「売上累計比率」が70%以下の場合を A，70%を超え90%以下の場合を B，90%を超える場合を C と表示する。

⑦ パレート図を作成する。

商品売上分析表の作成

作成条件にしたがって，商品売上分析表を完成させる。

❶　5～12行目のデータを，B列の「売上高」を基準として，降順に並べ替える。

❷　13行目の「合計」は，「売上高」の合計を求める。

❸　C列の「売上累計」は，B列の「売上高」を上から順番に足すことにより求める。
ただし，セル（C5）には前の売上高がないので，式は「=B5」と入力する。また，
セル（C6）の式は，5行目の売上累計に6行目の売上高を足すので「=C5+B6」と
入力する。
　以下同様なので，この式をセル（C12）までコピーする。

累計の算出方法

売上高		売上累計
①	→	A（=①）
②	→	B=A+②
③	→	C=B+③
④	→	D=C+④
⑤	→	E=D+⑤

❹　セル（D5）に「=C5/\$B\$13」と入力し，セル（D12）までコピーする。

❺　D列を％で，小数第1位まで表示する。

❻　セル（E5）に「=IF(D5<=70%,"A",IF(D5<=90%,"B","C"))」と入力し，セル（E12）
までコピーする。

参考 累計の計算方法

上記❸のように，二つの式を入力する方法のほかに，一つの式で表すこともできる。

❶　セル（C5）に「=SUM(B5:B5)」と入力する。

❷　引数のはじめのセルを絶対参照にする（下の行へのコピーのため，行のみの複合参照としてもよい）。

	A	B	C	D	E
1					
2	商品売上分析表				
3					
4	商品名	売上高	売上累計	売上累計比率	ランク
5	天然水	556,000	=SUM(\$B\$5:B5)		
6	スポーツドリンク	521,333			
7	緑茶	499,111			

❸　この式をセル（C12）までコピーする。

	A	B	C	D	E
1					
2	商品売上分析表				
3					
4	商品名	売上高	売上累計	売上累計比率	ランク
5	天然水	556,000	556,000		
6	スポーツドリンク	521,333	1,077,333		
7	緑茶	499,111	1,576,444		
8	野菜ジュース	389,333	1,965,777		
9	ウーロン茶	283,866	2,249,643		
10	紅茶	100,000	2,349,643		
11	青汁	83,111	2,432,754		
12	炭酸水	64,666	=SUM(\$B\$5:B12)		
13					

パレート図の作成

❶ セル（A4〜B12）を選択し，[Ctrl]を押しながらセル（D4〜D12）を選択する。

❷ ［挿入］→［縦棒／横棒グラフの挿入］をクリックし，［2-D縦棒］の［集合縦棒］を選択する。

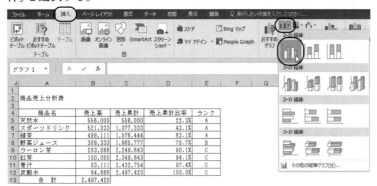

下図のように，「売上累計比率」が小数であるため，X軸上に縦棒グラフが非常に小さく作成されており，マウスで選択することが難しい。そこで，［グラフツール］の［書式］→［現在の選択範囲］→［系列"売上累計比率"］を選択することで，「売上累計比率」に選択範囲を移動させる。

参考

棒グラフを選択後，下矢印キーまたは，上矢印キー（バージョンによっては，[Tab]キー）を複数回押して，選択範囲を移動させることができる。

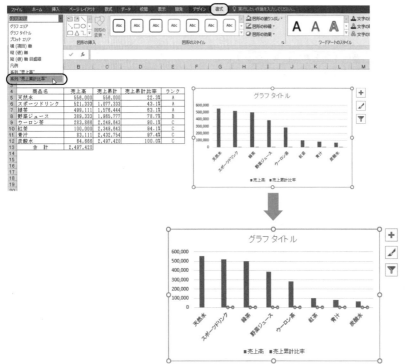

❸ 「売上累計比率」が選択された状態で[グラフツール]の[デザイン] → [グラフの種類の変更]をクリックし、系列名が「売上累計比率」のグラフの種類を[マーカー付き折れ線]を選択し、[第2軸]にチェックを入れ、 OK をクリックする。

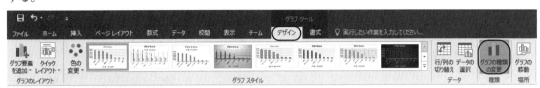

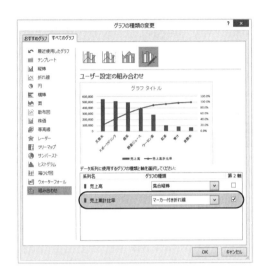

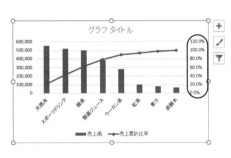

❹ 第2軸縦(値)軸を右クリックして[軸の書式設定]を選択する。[軸の書式設定] → [軸のオプション] → [最大値]を「1.0」、[主]を「0.2」と入力する。

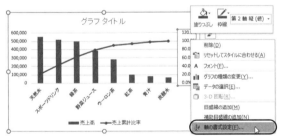

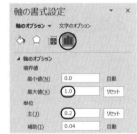

参考
Excelのバージョンによっては、[主]ではなく[目盛]と表示される。

❺ 「グラフタイトル」に「販売分析表」と入力する。さらに、タイトルのフォントサイズを「16」に変更する。

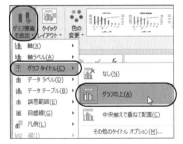

参考
[グラフツール]の[デザイン] → [グラフ要素を追加] → [グラフタイトル] → [グラフの上]を選択してもグラフタイトルを追加することができる。

❻ ［グラフツール］の［デザイン］→［グラフ要素を追加］→［軸ラベル］ →
［第1縦軸］を選択し，「売上高」と入力する。

❼ ［グラフツール］の［デザイン］→［グラフ要素を追加］→［軸ラベル］ →
［第2縦軸］を選択し，「売上累計比率」と入力する。

❽ ❻❼で挿入した軸ラベルを右クリックして［軸ラベルの書式設定］を選択する。
［軸ラベルの書式設定］→［サイズとプロパティ］→［配置］→［文字列の方向］
で［縦書き］を選択する。

 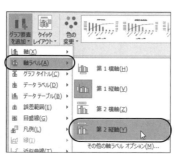 

❾ 横（項目）軸を右クリックして［軸の書式設定］を選択する。［軸の書式設定］
→［サイズとプロパティ］→［配置］→［文字列の方向］→［縦書き］を選択す
る。

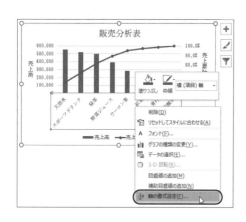 

参考
縦軸や横軸をダブルク
リックしても［軸の書
式設定］を表示するこ
とができる。同様に，
軸ラベルをダブルクリ
ックしても［軸ラベル
の書式設定］を表示す
ることができる。

参考 **複合グラフの数値軸の入れ替え**

例題21（p.70）を例に，主軸を「売上高」から「売上累計比率」に，第2軸を「売上累計比率」から「売上高」へと，数値軸を入れ替えるときの手順を解説する。

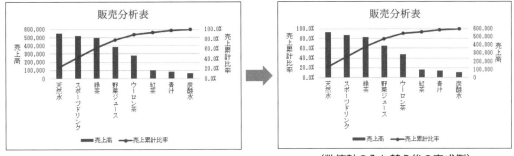

（数値軸の入れ替え後の完成例）

❶ グラフエリア内で右クリックし，[グラフの種類の変更]を選択すると，[グラフの種類の変更]が表示される。

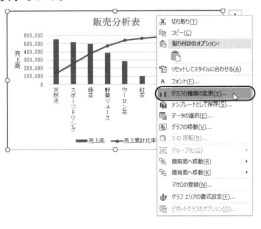
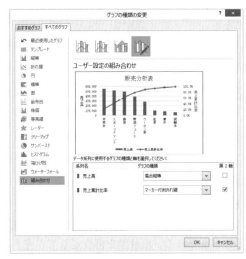

❷ [系列名]が「売上累計比率」の[第2軸]をクリックして✓をはずし，「売上高」の[第2軸]に✓を入れ，[OK]をクリックする。

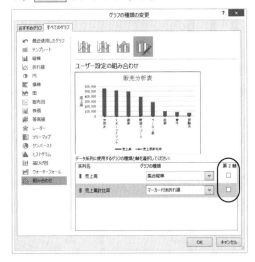
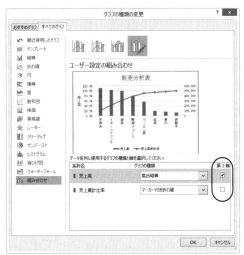

❸ 軸ラベルなどの再設定が必要となるが，数値軸が入れ替わったグラフとなる。

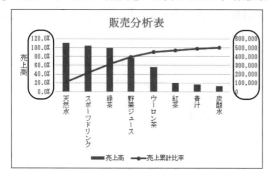

※Excel のバージョンによっては，❷の変更手順に注意が必要である。

［系列名］が「売上累計比率」の［第2軸］の✓を残したまま，「売上高」の［第2軸］をクリックすると，✓が表示されない。また，項目軸が非表示になる。

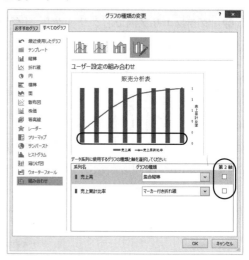

もう一度，［系列名］が「売上高」の［第2軸］をクリックすると，✓が表示されるが，項目軸が非表示のままである。項目軸を再設定しても非表示のままである。

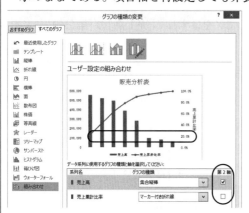

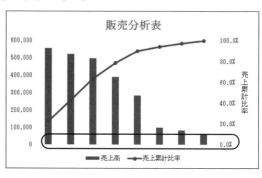

※ （おすすめグラフ）機能を利用すると，意図と異なるグラフ候補が示される場合があるので，注意が必要である。

次の表は，あるコンビニでのおにぎりの発注数を検討するためのおにぎり売上分析表である。作成条件にしたがって，パレート図を作成しなさい。

	A	B	C	D	E
1					
2	おにぎり売上分析表				
3					
4	商品名	売上個数	構成比率	累計比率	ランク
5	梅しらす	175	※	※	※
6	豚しょうが焼	117	※	※	※
7	辛子明太子	162	※	※	※
8	焼鮭	78	※	※	※
9	ねぎとろ	58	※	※	※
10	ツナマヨネーズ	786	※	※	※
11	たらこマヨ	403	※	※	※
12	さけ焼漬け	708	※	※	※
13	おかか	552	※	※	※
14	いくら	48	※	※	※
15	売上個数合計	※			

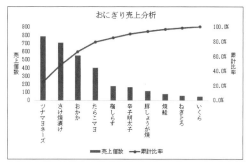

作成条件

① 表の体裁は，上の表を参考にして設定する。

　　　設　定　す　る　書　式：罫線
　　　設定する数値の表示形式：3桁ごとのコンマ

② 表の※印の部分は，式や関数などを利用して求める。

③ B列の「売上個数」を基準として，降順に並べ替える。

④ C列の「構成比率」は，B列の「売上個数」をB15の「売上個数合計」で割って求める。ただし，％で小数第1位まで表示する。

⑤ D列の「累計比率」は，C列の「構成比率」を累計して（構成比率を順番に加えて）求める。ただし，％で小数第1位まで表示する。

⑥ E列の「ランク」は，D列の「累計比率」が70％以下の場合を A，70％を超え90％以下の場合を B，90％を超える場合を C と表示する。

⑦ パレート図を作成する。

次の表とグラフは，あるコンビニでの1カ月のアイスの売上高と累計構成比を表したものである。この表とパレート図から分析した結果として最も適切なものを選び，記号で答えなさい。

	A	B	C	D	E
1					
2	アイス売上高一覧表				
3	商品名	売上高	構成比	累計構成比	グループ
4	バニラ	111,127	34.2%	34.2%	A
5	チョコ	66,512	20.5%	54.8%	A
6	抹茶	33,162	10.2%	64.8%	A
7	オレンジ	28,242	8.7%	73.5%	B
8	イチゴ	25,437	7.8%	81.3%	B
9	濃いミルク	23,625	7.3%	88.6%	B
10	バナナ	15,120	4.7%	93.3%	C
11	チョコクッキー	9,537	2.9%	96.2%	C
12	アーモンド	6,778	2.1%	98.3%	C
13	チョコミント	5,612	1.7%	100.0%	C

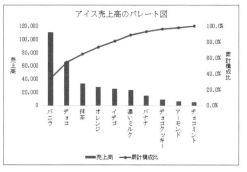

ア．パレート図は，売上高と累計構成比との相関関係を分析するためのものである。このグラフは，負の相関関係を示している。

イ．商品全般の売上傾向が大きく伸びてきているので，引き続き販売促進活動を積極的に行う必要がある。

ウ．品切れを起こさない適切な在庫管理を行うべきグループは，グループAである。

2 Zグラフ

数値の変動が大きい商品などの売上データを分析する場合に，月別にグラフで表しても，売上が順調に推移しているかどうか判断できない場合がある。そこで，売上傾向を成長，成熟，衰退といった三つの側面で視覚的にとらえるために利用されるグラフがZグラフ（Zチャート）である。Zグラフは，「毎月の売上数」，「売上数累計」，「12カ月の移動合計」のデータを集計した表によって作成される。

　①　売上数累計…1月からの売上数の累計
　②　12カ月の移動合計…過去1年間の売上数合計を表す。具体的には1月の移動合計は，昨年の2月から今年の1月までの売上数累計を表している。

例題 22　売上数集計表

次の売上数集計表をもとに，作成条件にしたがって，Zグラフを作成しなさい。

	A	B	C	D	E
1					
2	売上数集計表				
3					
4	月	昨年	今年	売上数累計	12カ月の移動合計
5	1月	393	442	※	※
6	2月	390	381	※	※
7	3月	431	368	※	※
8	4月	385	410	※	※
9	5月	443	424	※	※
10	6月	413	414	※	※
11	7月	401	399	※	※
12	8月	395	395	※	※
13	9月	402	423	※	※
14	10月	436	397	※	※
15	11月	424	427	※	※
16	12月	376	403	※	※
17	合計	4,889	4,883		

	A	B	C	D	E
1					
2	売上数集計表				
3					
4	月	昨年	今年	売上数累計	12カ月の移動合計
5	1月	393	442	442	4,938
6	2月	390	381	823	4,929
7	3月	431	368	1,191	4,866
8	4月	385	410	1,601	4,891
9	5月	443	424	2,025	4,872
10	6月	413	414	2,439	4,873
11	7月	401	399	2,838	4,871
12	8月	395	395	3,233	4,871
13	9月	402	423	3,656	4,892
14	10月	436	397	4,053	4,853
15	11月	424	427	4,480	4,856
16	12月	376	403	4,883	4,883
17	合計	4,889	4,883		

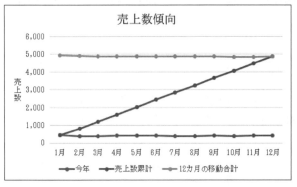

作成条件

①　表の体裁は，上の表を参考にして設定する。

　　┌設 定 す る 書 式：罫線
　　└設定する数値の表示形式：3桁ごとのコンマ┘

②　表の※印の部分は，式や関数などを利用して求める。

③　D列の「売上数累計」は，C列の「今年」の売上数の累計を求める。

④　E列の「12カ月の移動合計」は，B列の「昨年」とC列「今年」の売上数をもとに，過去12カ月の移動合計を求める。

⑤　Zグラフを作成する。

売上数集計表の作成

作成条件にしたがって，売上数集計表を完成させる。

❶ セル（D5）=SUM($C$5:C5)（セル（D16）までコピー）

※ 1月から12月までの累計は，1月から該当の月までの合計を算出するため，1月の売上数のセルを絶対参照とする。

❷ セル（E5）=$B$17-SUM($B$5:B5)+SUM($C$5:C5)（セル（E16）までコピー）

Zグラフの作成

❶ セル（A4〜A16）を選択し，Ctrlを押しながらセル（C4〜E16）を選択する。

	A	B	C	D	E
1					
2	売上数集計表				
3					
4	月	昨年	今年	売上数累計	12カ月の移動合計
5	1月	393	442	442	4,938
6	2月	390	381	823	4,929
7	3月	431	368	1,191	4,866
8	4月	385	410	1,601	4,891
9	5月	443	424	2,025	4,872
10	6月	413	414	2,439	4,873
11	7月	401	399	2,838	4,871
12	8月	395	395	3,233	4,871
13	9月	402	423	3,656	4,892
14	10月	436	397	4,053	4,853
15	11月	424	427	4,480	4,856
16	12月	376	403	4,883	4,883
17	合計	4,889	4,883		

❷ ［挿入］→［折れ線／面グラフの挿入］をクリックし，［2-D折れ線］→［マーカー付き折れ線］を選択する。

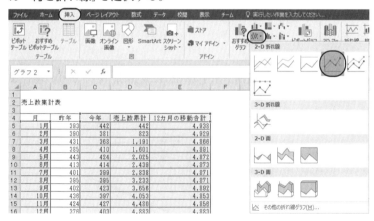

❸ 「グラフタイトル」に「売上数傾向」と入力する。さらに，タイトルのフォントサイズを「16」に変更する。

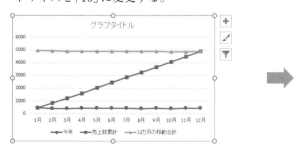
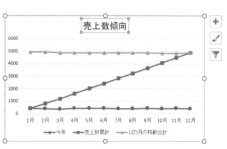

❹ ［グラフツール］の［デザイン］→［グラフ要素を追加］→［軸ラベル］→［第
1縦軸］を選択し，「売上数」と入力する。縦(値)軸ラベルを右クリックして，［軸
ラベルの書式設定］→［サイズとプロパティ］→［配置］→［文字列の方向］で
［縦書き］を選択する。

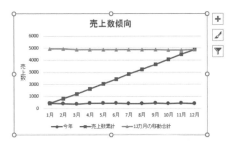

参考 Zグラフによる売上分析────────────────────────────

　下記の図のように，移動合計が右上がりの場合は成長期，水平の場合は成熟期，右下がりの場合は衰
退期であるといえる。

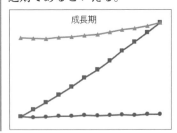

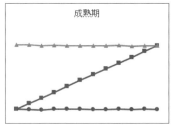

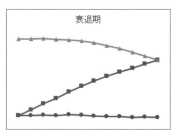

次の月別売上数集計表をもとに，作成条件にしたがって，Zグラフを作成しなさい。

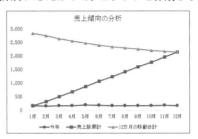

作成条件

① 表の体裁は，上の表を参考にして設定する。

　　[設　定　す　る　書　式：罫線
　　 設定する数値の表示形式：3桁ごとのコンマ]

② 表の※印の部分は，式や関数などを利用して求める。

③ D列の「売上数累計」は，C列の「今年」の売上数累計を求める。

④ E列の「12カ月の移動合計」は，B列の「昨年」とC列の「今年」の売上数をもとに，過去12カ月の移動合計を求める。

⑤ Zグラフを作成する。

筆記練習 19

　次の表とグラフは，あるコンビニの2021年から2022年における唐揚げの売上数を月別に集計したものである。次の(1)，(2)に答えなさい。

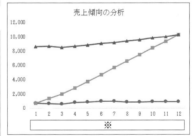

(1) D列の「売上累計」は，2022年の1月から該当月までの売上数の累計を，E列の「12カ月移動合計」は，2022年の該当月から過去12カ月の売上数の合計を求めている。E5に設定する式として適切なものを選び，記号で答えなさい。ただし，この式をE16までコピーするものとする。

　ア．=B$17-SUM(B$5:B5)+D5

　イ．=B$17-SUM($B5:B5)+D5

　ウ．=B$17-SUM(B$5:B5)+D$5

(2) グラフエリアの※印部分に表示される凡例として適切なものを選び，記号で答えなさい。

　ア． ─■─2022年　─▲─12カ月移動合計　─●─売上累計

　イ． ─■─売上累計　─▲─12カ月移動合計　─●─2022年

　ウ． ─■─2022年　─●─売上累計　─▲─12カ月移動合計

(1)		(2)	

3 散布図と回帰分析

2種類のデータ間の関連度合いを見るために作成するグラフを**散布図**という。散布図は，一方のデータを縦軸に，他方のデータを横軸にとり，両データの相関関係を視覚的に表す。また，**回帰分析**とは，データの相関関係を方程式で表した統計的な手法である。例えば，アイスクリームの販売数と気温の関係を係数で割り出し，ある気温において予想される販売数を求めることができる。

正の相関　　　　　　負の相関　　　　　相関なし

例題 23 アイスクリーム売上相関分析表

次のアイスクリーム売上相関分析表をもとに，相関関係を表す散布図を作成し，分析ツールを使って相関係数を求めなさい。

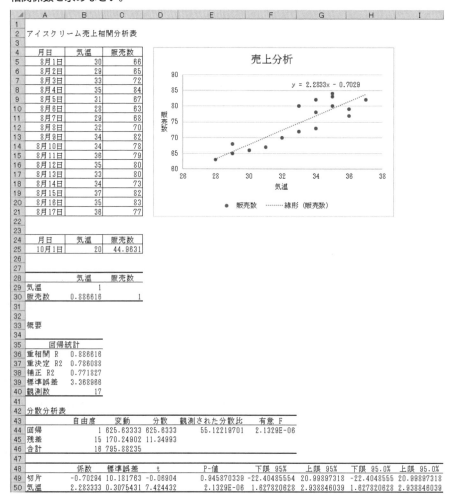

作成条件

① 散布図を作成し，近似曲線と相関係数を表示する。

② グラフの相関係数を用いて，10月1日の販売数を予測する。

③ 分析ツールを使って，気温と販売数の二つのデータの相関係数を求める。

散布図の作成

❶ セル（B4～C21）を選択し，[挿入]→[散布図（X，Y）またはバブルチャートの挿入]をクリックし，[散布図]を選択する。

❷ 散布図上の点（データ）を右クリックし，[近似曲線の追加]を選択する。[近似曲線の書式設定]→[近似曲線のオプション]→[線形近似]を選択し，[グラフに数式を表示する]にチェックを入れる。

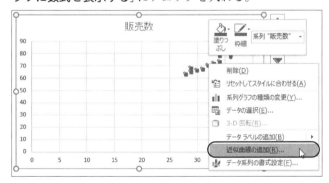

❸ ［グラフツール］の［デザイン］→［グラフ要素を追加］→［凡例］→［下］を
選択する。

❹ 「グラフタイトル」を「売上分析」に変更する。さらに，タイトルのフォント
サイズを「16」に変更する。

❺ ［グラフツール］の［デザイン］→［グラフ
要素を追加］→［軸ラベル］→［第1縦軸］を
選択し，「販売数」と入力する。縦（値）軸ラ
ベルを右クリックして，［軸ラベルの書式設
定］→［サイズとプロパティ］→［配置］→
［文字列の方向］で［縦書き］を選択する。

❻ ［グラフツール］の［デザイン］→［グラフ要素を追加］→［軸ラベル］→［第
1横軸］を選択し，「気温」と入力する。

❼ 縦（値）軸を右クリックして，［軸の書式設定］→［軸のオプション］で［最小
値］を「60」，［最大値］を「90」，［主］を「5」に設定する。同様に横（値）軸を右
クリックし，［軸の書式設定］→［軸のオプション］で［最小値］を「26」，［最大値］
を「38」，［主］を「2」に設定する。

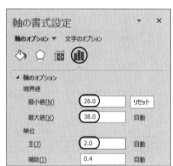

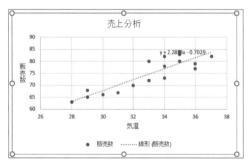

参考
近似曲線の数式が散布
図と重なってしまう場
合は，数式の位置を適
宜移動させるとよい。

販売数の予測

グラフに表示された式をもとに，セル（C25）に「=2.2833*B25-0.7029」と入力して販売数の予測値を求める。

	月日	気温	販売数
23			
24	月日	気温	販売数
25	10月1日	20	=2.2833*B25-0.7029
26			

分析ツールを使用するための環境設定

分析ツールを使うには，分析ツールを表示する必要がある。

❶ ［ファイル］→［オプション］を選択すると［Excelのオプション］が表示される。

❷ ［アドイン］→ 管理の［Excelアドイン］を選択して，[設定]をクリックする。

❸ ［アドイン］が表示されるので，［分析ツール］にチェックを入れて，[OK]をクリックすると，［データ］タブに［データ分析］が表示される。

この場所に追加される。

分析ツール（相関）を用いた相関係数の求め方

❶　［データ］→［データ分析］をクリックすると［データ分析］が表示されるので，［相関］を選択し，　OK　をクリックする。

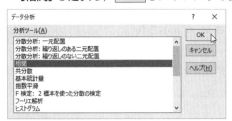

❷　［相関］が表示されるので，［入力範囲］に「$B$4:$C$21」を設定する。［先頭行をラベルとして使用］にチェックが入っていないと正しく動作しないので注意する。

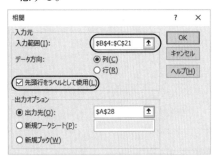

❸　出力先を「$A$28」に設定し，　OK　をクリックすると，下の図のように，セル（A28～C30）に表が作成され，セル（B30）に相関係数が表示される。相関係数は，その数の絶対値が1に近いほど相関が強い。「気温」と「販売数」の相関係数は0.886616なので，強い相関があることがわかる。

分析ツール（回帰分析）を用いた相関係数の求め方

❶　［データ］→［データ分析］をクリックすると［データ分析］が表示されるので，［回帰分析］を選択し，　OK　をクリックする。

❷ ［回帰分析］が表示されるので，［入力Y範囲］に「$C$4:$C$21」，［入力X範囲］
に「$B$4:$B$21」を設定する。［ラベル］に✓を入れ，［一覧の出力先］には「$A$33」
を設定し，　OK　をクリックする。

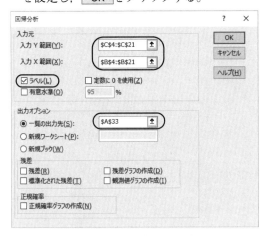

❸ 分析の結果，次のような表が作成される。

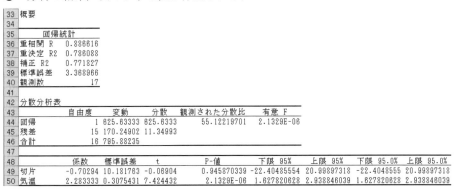

33	概要							
34								
35		回帰統計						
36	重相関 R	0.886616						
37	重決定 R2	0.786088						
38	補正 R2	0.771827						
39	標準誤差	3.368966						
40	観測数	17						
41								
42	分散分析表							
43		自由度	変動	分散	観測された分散比	有意 F		
44	回帰	1	625.63333	625.6333	55.12219701	2.1329E-06		
45	残差	15	170.24902	11.34993				
46	合計	16	795.88235					
47								
48		係数	標準誤差	t	P-値	下限 95%	上限 95%	下限 95.0%	上限 95.0%
49	切片	-0.70294	10.181763	-0.06904	0.945870339	-22.40485554	20.99897318	-22.4048555	20.99897318
50	気温	2.283333	0.3075431	7.424432	2.1329E-06	1.627820628	2.938846039	1.627820628	2.938846039

参考 重相関R

重相関Rの値が1に近いほど，正の相関関係になる。また，分析ツール「相関」で求めた数値と一致する。グラフに表示された式は，回帰分析の結果をもとに割り出す計算式「y = ax + b」の代入値が表示される。

a…気温の係数，b…切片，y…販売数の予測値，x…予想気温

　セル（C25）　　 = 2.2833 ×　　セル（B25）　　 − 0.7029
（販売数の予測値）　　　　　　　　（予想気温）

次の身長と靴のサイズを示した表をもとに，作成条件にしたがって，散布図を作成しなさい。

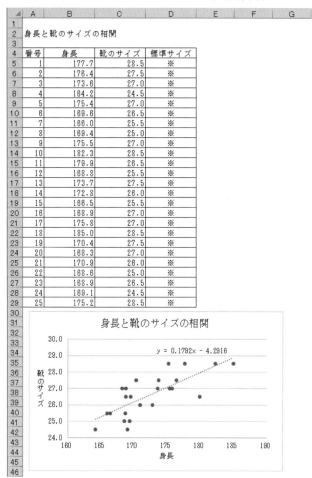

作成条件

① 表の※印の部分は，式や関数などを利用して求める。

② B列の「身長」，C列の「靴のサイズ」をもとに散布図を作成する。

③ 散布図に，近似曲線を追加し，数式を表示する。

④ 近似曲線で表示された数式をもとに，D列の「標準サイズ」を次の式にしたがって入力する。

D5=ROUNDUP((0.1792*B5-4.2916)*2,0)/2　（D29までコピーする）

筆記練習　20

右の図は，あるクラスの国語と英語の点数の関係を表している。分析結果として適切なものを選び，記号で答えなさい。

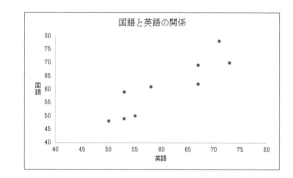

ア．正の相関関係がある。

イ．相関関係がない。

ウ．負の相関関係がある。

4 ヒストグラム

一定の間隔でデータの範囲を区切り，各区分のデータの個数（度数または頻度）を集計した表を**度数分布表**という。また，度数分布表を用いて，縦棒グラフによりデータの分布やばらつきを分析するためのグラフを**ヒストグラム**という。

例題 24　50m走の記録1

50m走の記録と度数分布表の「区分」をもとに，作成条件にしたがって，度数分布表とヒストグラムを作成しなさい。

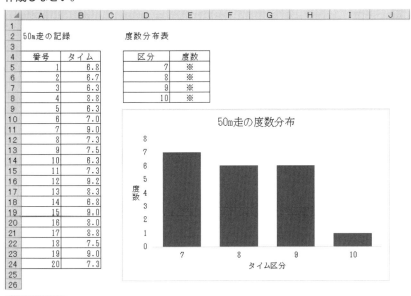

作成条件

① 表の体裁は，上の表を参考にして設定する。

　　設定する書式：罫線

② 表の※印の部分は，式や関数などを利用して求める。

③ 50m走の記録をもとに，関数を用いて度数分布表の「度数」を求める。

④ 度数分布表からヒストグラムを作成する。

度数分布表の作成

❶ 関数の入力

セル（E5）に，複数の条件に合致する式を入力する。

「=COUNTIFS($B$5:$B$24,">"&D5-1,$B$5:$B$24,"<="&D5)」

❷ セル（E6～E8）に式をコピーする。

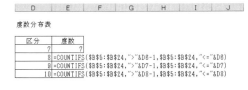

度数分布表からのヒストグラムの作成

❶ セル（E5〜E8）を選択し，［挿入］→［縦棒／横棒グラフの挿入］をクリックし，
［2-D縦棒］の［集合縦棒］を選択する。

❷ 横（項目）軸を選択し，右クリックして，［データの選択］をクリックし，［デ
ータソースの選択］→［横（項目）軸ラベル］→［編集］をクリックする。

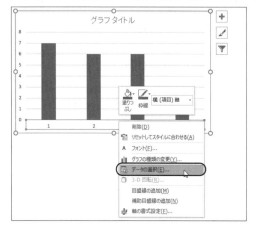
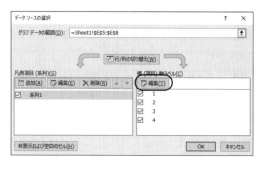

❸ ［軸ラベル］が表示されるので［軸ラベルの範囲］にセル（D5〜D8）を設定し，
OK をクリックする。［データソースの選択］に戻り， OK をクリックする。

❹ 「グラフタイトル」に「50m走の度数分布」と入力する。さらに，タイトルの
フォントサイズを「16」に変更する。

❺ ［グラフツール］の［デザイン］→［グラフ要素を追加］→［軸ラベル］→［第
1縦軸］を選択し，「度数」と入力する。縦（値）軸ラベルを右クリックして，［軸
ラベルの書式設定］→［サイズとプロパティ］→［配置］→［文字列の方向］で
［縦書き］を選択する。

❻ ［グラフツール］の［デザイン］→［グラフ要素を追加］→［軸ラベル］→［第
1横軸］を選択し，「タイム区分」と入力する。

❼ 棒グラフ上で右クリックし，［データ系列の書式設定］を選択する。［データ
系列の書式設定］→［系列のオプション］で［系列の重なり］を「0%」，［要素の
間隔］を「50%」と設定して，データの間隔を縮める。

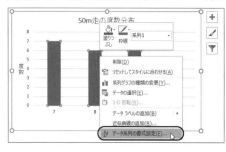
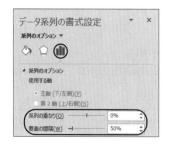

❽ 縦（値）軸目盛線を削除する。

例題 25 50m走の記録2

50m走の記録とタイム区分表の「区分」をもとに，作成条件にしたがって，ヒストグラムを作成しなさい。

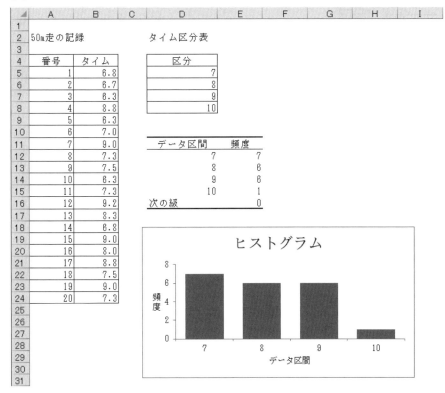

作成条件

① 50m走の記録をもとに，データ分析を用いて，それぞれのデータ区間における「頻度」を求め，自動的にヒストグラムを作成する。

データ分析を用いたヒストグラムの作成

❶ ［データ］→［データ分析］をクリックすると［データ分析］が表示されるので，［ヒストグラム］を選択し，OK をクリックする。

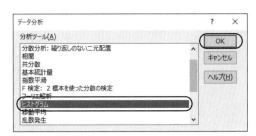

❷ ［ヒストグラム］が表示されるので，［入力範囲］の値をセル（B5〜B24），［デ
ータ区間］の値をセル（D5〜D8），［出力先］にセル（D11）を設定し，［グラフ
作成］にチェックを入れて　OK　をクリックする。

❸ ヒストグラムの凡例と縦（値）軸目盛線を削除する。

❹ 縦（値）軸ラベルを右クリックして，［軸ラベルの書式設定］→［サイズとプ
ロパティ］→［配置］→［文字列の方向］で［縦書き］を選択する。

❺ 棒グラフを選択し右クリックして，［データ系列の書式設定］→［系列のオ
プション］で［要素の間隔］を「50%」と設定して，データの間隔を縮める。また，
「次の級」を表示させないように，ヒストグラムのデータ範囲をD12〜E15に変
更する。

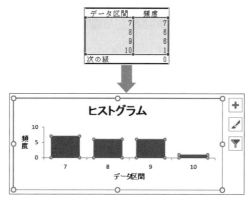

(1) 身長の分布の表と度数分布表の「区分値」をもとに，作成条件にしたがって，ヒストグラムを作成しなさい。

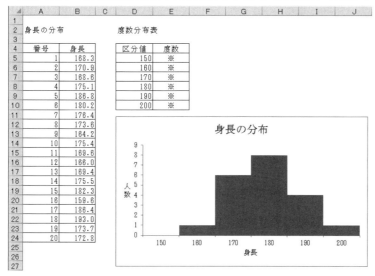

作成条件

① 表の※印の部分は，式や関数などを利用して求める。

② 身長の分布のB列の「身長」をもとに，度数分布表の「度数」を関数により求める。

③ 度数分布表をもとに，ヒストグラムを作成する。

④ グラフの[要素の間隔]を「0%」と設定する。

(2) 身長の分布の表と度数分布表の「区分値」をもとに，作成条件にしたがって，ヒストグラムを作成しなさい。

（処理前）　　　　　　　　　　　（処理後）

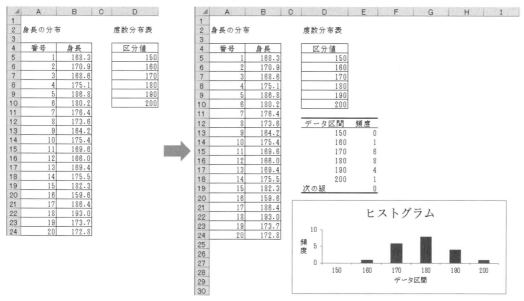

作成条件

① 身長の分布の「身長」と度数分布表の「区分値」をもとに，データ分析を用いて，ヒストグラムを作成する。

次のグラフは，あるクラスの点数の分布を表している。このグラフの説明として適切なものを選び，記号で答えなさい。

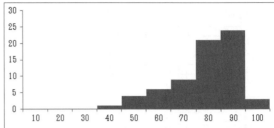

ア．項目ごとの量と全体の中での各項目比率を見るためのパレート図。

イ．範囲(区間)ごとのデータの分布状況(度数分布)の把握を目的としたヒストグラム。

ウ．月別売上高の変化と，売上累計，移動合計を比較できるZグラフ。

5 PPM分析

PPM分析（プロダクト　ポートフォリオ　マネージメント）とは，シェア（市場占有率）を横軸に，成長率（売上高伸び率）を縦軸にとり，商品の売上高をバブルチャートとして表すことにより，それぞれの商品の市場での位置を明確にするための分析手法である。通常，問題児，花形，金のなる木，負け犬の四つの区域に分類し，販売戦略などに役立てる。

バブルチャートとは，数量などを大きさで表す円（バブル）を二つの軸を持つグラフ上に表した図のことである。

散布図は，2軸の交差で分析を行うが，バブルチャートではさらに売上高などをバブルの大きさで表現できる。

PPM分析による四つの区分

① 問題児…商品の市場の販売直後に分布し，将来の成長が見込めるので，投資継続の必要がある。
② 花形…シェアと成長率がともに高く，成長・成熟商品である。
③ 金のなる木…成長率は低いがシェアは高く，稼ぎ頭となる成熟商品である。
④ 負け犬…シェア，市場の成長率がともに低く，撤退などの対象となる商品である。

例題 26 商品別市場占有率・成長率表

次の商品別市場占有率・成長率表をもとに，作成条件にしたがって，バブルチャートを作成しなさい。

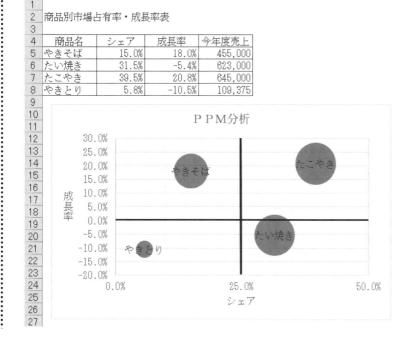

作成条件

① 横軸をシェア，縦軸を成長率，今年度売上をバブルの大きさとするバブルチャートを作る。

② シェアを25%，成長率を5%で区切ることにより，商品を問題児，花形，金のなる木，負け
犬の4領域に分割する。

バブルチャートの作成

❶ セル（B5～D8）を選択して，［挿入］→［散布図（X，Y）またはバブルチャー
トの挿入］をクリックし，［バブル］を選択する。

	A	B	C	D
1				
2	商品別市場占有率・成長率表			
3				
4	商品名	シェア	成長率	今年度売上
5	やきそば	15.0%	18.0%	455,000
6	たい焼き	31.5%	-5.4%	623,000
7	たこやき	39.5%	20.8%	645,000
8	やきとり	5.8%	-10.5%	109,375

▶ **Point**

バブルチャートを作成
するためには，横軸，
縦軸，バブルの大きさ
の順番に並んだ表を作
成しなければならない。

| ファイル | ホーム | 挿入 | ページ レイアウト | 数式 | データ | 校閲 | 表示 | チーム | 実行したい作業を入力してください... |

ピボット　おすすめ　テーブル　画像　オンライン　図形　SmartArt　スクリーン　ストア　おすすめ　ピボットグラフ　3D マッ
テーブル ピボットテーブル　　　　　画像　　　　　　　　　ショット　マイ アドイン　グラフ　　　　　　　　　　　　プ

テーブル　　　　　図　　　　　　アドイン

散布図

バブル

その他の散布図(M)...

| グラフ 1 | | fx |

	A	B	C	D	E	F	G
1							
2	商品別市場占有率・成長率表						
3							
4	商品名	シェア	成長率	今年度売上			
5	やきそば	15.0%	18.0%	455,000			
6	たい焼き	31.5%	-5.4%	623,000			
7	たこやき	39.5%	20.8%	645,000			
8	やきとり	5.8%	-10.5%	109,375			

❷　グラフ上の横（値）軸を右クリックし，［軸の書式設定］を選択する。
　　［軸のオプション］の［最小値］を「0.0」，［主］を「0.25」に設定する。［ラベル］を
　　クリックし，［ラベルの位置］の「下端／左端」を選択する。

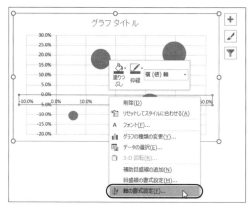

❸　「グラフタイトル」に「PPM分析」と入力する。さらに，タイトルのフォント
　　サイズを「16」に変更する。
❹　［グラフツール］の［デザイン］→［グラフ要素を追加］→［軸ラベル］→［第
　　1縦軸］を選択し，「成長率」と入力する。縦（値）軸ラベルを右クリックして，［軸
　　ラベルの書式設定］→［サイズとプロパティ］→［配置］→［文字列の方向］で
　　［縦書き］を選択する。
❺　［グラフツール］の［デザイン］→［グラフ要素を追加］→［軸ラベル］→［第
　　1横軸］を選択し，「シェア」と入力する。
❻　［挿入］→［図形］→［線］を選択し，成長率の「0.0%」とシェアの「25.0%」の
　　部分を直線で区切り，四つの領域を作る。

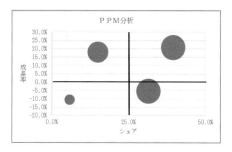

参 考
直線の太さは［図形の
書式設定］→［線］→
［幅］で変更すること
ができる。また，直線の
色も［図形の書式設定］
→［色］で変更するこ
とができる。

❼ ［グラフツール］の［デザイン］→［グラフ要素を追加］→［データラベル］→
［中央］を選択する。

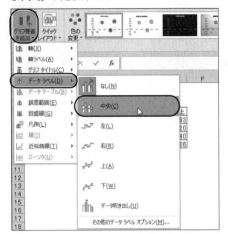

❽ それぞれのバブルのデータラベルを選択し，数式バーに「=」を入力後，該当
する商品名のセルを選択する。

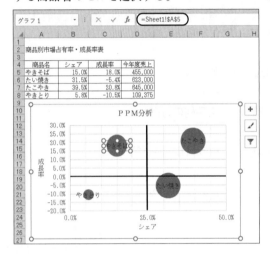

次のポートフォリオ作成表をもとに，作成条件にしたがってバブルチャートを作成しなさい。

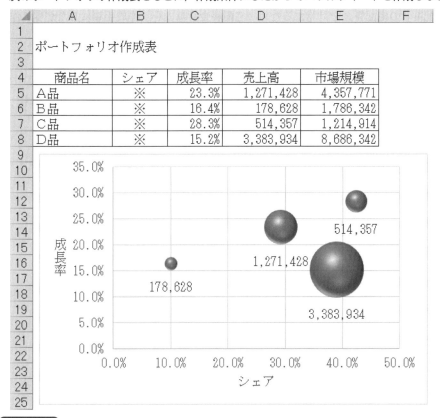

	A	B	C	D	E
2	ポートフォリオ作成表				
4	商品名	シェア	成長率	売上高	市場規模
5	A品	※	23.3%	1,271,428	4,357,771
6	B品	※	16.4%	178,628	1,786,342
7	C品	※	28.3%	514,357	1,214,914
8	D品	※	15.2%	3,383,934	8,686,342

作成条件

① 表の※印の部分は，式や関数などを利用して求める。

② B列の「シェア」は，次の式で求める。ただし，％で小数第1位まで表示する。
  「売上高」÷「市場規模」

③ バブルチャートを作成する。ただし，ラベルには「売上高」を表示する。

筆記練習 22

　上記の実技練習22のバブルチャートにおいて，シェアを35％，成長率を20％で区切ることにより，「金のなる木」となる商品名と売上高の組み合わせとして適切なものを選び，記号で答えなさい。

ア．A品　1,271,428

イ．B品　178,628

ウ．C品　514,357

エ．D品　3,383,934

関東地方のある宅配業者の宅配料金を計算するための宅配料金計算表を，作成手順にしたがって作成しなさい。

シート名「計算表」

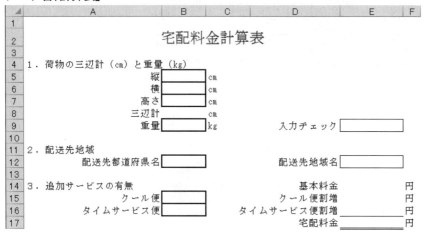

シート名「基本料金表」

都道府県名	茨城栃木群馬埼玉千葉神奈川東京山梨	北海道	青森秋田岩手	宮城山形福島	新潟長野	静岡愛知三重岐阜	富山石川福井	大阪京都滋賀奈良和歌山兵庫	岡山広島山口鳥取島根	香川徳島愛媛高知	福岡佐賀長崎熊本大分宮崎鹿児島	沖縄
基本料金表											単位：円	
三辺計	関東	北海道	北東北	南東北	信越	中部	北陸	関西	中国	四国	九州	沖縄
0	930	1,370	1,040	930	930	930	930	1,040	1,150	1,150	1,370	1,370
60	1,150	1,590	1,260	1,150	1,150	1,150	1,150	1,260	1,370	1,370	1,590	1,920
80	1,390	1,830	1,500	1,390	1,390	1,390	1,390	1,500	1,610	1,610	1,830	2,490
100	1,610	2,050	1,720	1,610	1,610	1,610	1,610	1,720	1,830	1,830	2,050	3,040
120	1,850	2,290	1,960	1,850	1,850	1,850	1,850	1,960	2,070	2,070	2,290	3,610
140	2,070	2,510	2,180	2,070	2,070	2,070	2,070	2,180	2,290	2,290	2,510	4,160

(注) A6の0は，0cm以上60cm未満を示している。

シート名「割増料金表」

割増料金表		単位：円	
三辺計	重量	クール便	タイムサービス便
0	0	220	330
60	2	220	660
80	5	330	990
100	10	660	1,320
120	15		1,650
140	20		1,980

(注1) A4の0は，0cm以上60cm未満を示している。

(注2) B4の0は，0kg以上2kg未満を示している。

作成手順

1. シート名「計算表」のB5〜B7，B9，B12，B15〜B16に適切なデータを順に入力すると，宅配料金を求めることができる。

2. シート名「計算表」は，次のように作成されている。

   ⑴ B5〜B7は，荷物の縦・横・高さの長さ（cm）を入力する。

   ⑵ B9の「重量」は，荷物の重量（kg）を入力する。

   ⑶ B12の「配送先都道府県名」は，配送先の都道府県名を漢字で入力する。

   ⑷ B15の「クール便」は，クール便を利用する場合は1を，利用しない場合は0を入力する。

   ⑸ B16の「タイムサービス便」は，タイムサービスを利用する場合は1を，利用しない場合は0を入力する。

   ⑹ B8の「三辺計」は，B5〜B7に入力されたデータがすべて0より大きい場合はその合計を，そうでない場合は0を表示する。

   ⑺ E9の「入力チェック」は，B8とB9がともに0より大きい場合はOKを，そうでない場合はNGを表示する。

   ⑻ E12の「配送先地域名」は，B12の「配送先都道府県名」をもとに，シート名「基本料金表」を参照して表示する。なお，B12が未入力または，入力された都道府県名がシート名「基本料金表」にない場合は何も表示しない。

   ⑼ E14の「基本料金」は，B8の「三辺計」とE12の「配送先地域名」をもとに，シート名「基本料金表」を参照して表示する。なお，E9がNGまたは，E12に何も表示されていない場合は0を表示する。

   ⑽ E15の「クール便割増」は，B8の「三辺計」をもとに，シート名「割増料金表」を参照して求めた金額と，B9の「重量」をもとに，シート名「割増料金表」を参照して求めた金額の大きい方を表示する。なお，E14が0または，B15が0の場合は0を表示する。

   ⑾ E16の「タイムサービス便割増」は，B8の「三辺計」をもとに，シート名「割増料金表」を参照して求めた金額と，B9の「重量」をもとに，シート名「割増料金表」を参照して求めた金額の大きい方を表示する。なお，E14が0または，B16が0の場合は0を表示する。

   ⑿ E17の「宅配料金」は，E14〜E16の合計を求める。

シート名「計算表」の完成例

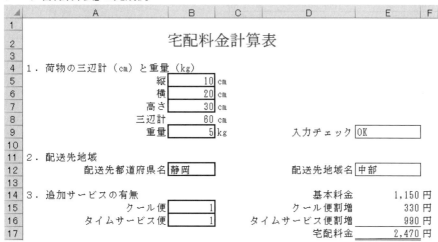

シート名「基本料金表」の作成

シート名を「基本料金表」として，データの入力と表の編集を行う。

	A	B	C	D	E	F	G	H	I	J	K	L	M
1													
2	基本料金表												単位：円
3	都道府県名	茨城栃木群馬埼玉千葉神奈川東京山梨	北海道	青森秋田岩手	宮城山形福島	新潟長野	静岡愛知三重岐阜	富山石川福井	大阪京都滋賀奈良和歌山兵庫	岡山広島山口鳥取島根	香川徳島愛媛高知	福岡佐賀長崎熊本大分宮崎鹿児島	沖縄
4		配送先地域名											
5	三辺計	関東	北海道	北東北	南東北	信越	中部	北陸	関西	中国	四国	九州	沖縄
6	0	930	1,370	1,040	930	930	930	930	1,040	1,150	1,150	1,370	1,370
7	60	1,150	1,590	1,260	1,150	1,150	1,150	1,150	1,260	1,370	1,370	1,590	1,920
8	80	1,390	1,830	1,500	1,390	1,390	1,390	1,390	1,500	1,610	1,610	1,830	2,490
9	100	1,610	2,050	1,720	1,610	1,610	1,610	1,610	1,720	1,830	1,830	2,050	3,040
10	120	1,850	2,290	1,960	1,850	1,850	1,850	1,850	1,960	2,070	2,070	2,290	3,610
11	140	2,070	2,510	2,180	2,070	2,070	2,070	2,070	2,180	2,290	2,290	2,510	4,160

⑴ A3は，［セルの書式設定］→［配置］により，縦書きの設定を行う。

⑵ B3～M3は，都道府県ごとに改行する。Altキーを押しながら，Enterキーを押すと，改行して入力できる。

⑶ A4は，［セルの書式設定］→［罫線］により，斜線の設定を行う。

⑷ B4～M4は，セルを結合する。

⑸ B6～M11は，桁区切りスタイル（コンマ）の設定を行う。

シート名「割増料金表」の作成

シート名を「割増料金表」として，データの入力と表の編集を行う。

	A	B	C	D
1				
2	割増料金表			単位：円
3	三辺計	重量	クール便	タイムサービス便
4	0	0	220	330
5	60	2	220	660
6	80	5	330	990
7	100	10	660	1,320
8	120	15		1,650
9	140	20		1,980

⑴ C8～C9は，［セルの書式設定］→［罫線］により，斜線の設定を行う。

⑵ D4～D9は，桁区切りスタイル（コンマ）の設定を行う。

シート名「計算表」の形式の作成

入力するデータや式，関数を入力する前にシート名を「計算表」として形式を作成する。

	A	B	C	D	E	F
1						
2		宅配料金計算表				
3						
4	1．荷物の三辺計（cm）と重量（kg）					
5	縦		cm			
6	横		cm			
7	高さ		cm			
8	三辺計		cm			
9	重量		kg	入力チェック		
10						
11	2．配送先地域					
12	配送先都道府県名			配送先地域名		
13						
14	3．追加サービスの有無			基本料金		円
15	クール便			クール便割増		円
16	タイムサービス便			タイムサービス便割増		円
17				宅配料金		円

(1) A2～E2は，セルを結合し，「宅配料金計算表」を入力する。フォントサイズを少し大きく設定する。

(2) A4は，「1. 荷物の三辺計（cm）と重量（kg）」を入力する。

(3) A5～A9は，「縦」「横」「高さ」「三辺計」「重量」をそれぞれ入力し，右揃えに設定する。

(4) B5～B7とB9は，太罫線を設定する。

(5) C5～C9は，「cm」「kg」をそれぞれ入力する。

(6) D9は，「入力チェック」を入力し，右揃えに設定する。

(7) E9は，細罫線を設定する。

(8) A11は，「2. 配送先地域」を入力する。

(9) A12は，「配送先都道府県名」を入力し，右揃えに設定する。

(10) B12は，太罫線を設定する。

(11) D12は，「配送先地域名」を入力し，右揃えに設定する。

(12) E12は，細罫線を設定する。

(13) A14は，「3. 追加サービスの有無」を入力する。

(14) A15とA16は，「クール便」「タイムサービス便」をそれぞれ入力し，右揃えに設定する。

(15) B15～B16は，太罫線を設定する。

(16) D14～D17は，「基本料金」「クール便割増」「タイムサービス便割増」「宅配料金」をそれぞれ入力し，右揃えに設定する。

(17) E16は，下罫線を設定する。

(18) E17は，下二重罫線を設定する。

(19) E14～E17は，桁区切りスタイル（コンマ）を設定する。

(20) F14～F17は，「円」をそれぞれ入力する。

シート名「計算表」の作成

(1) テストデータを入力する。

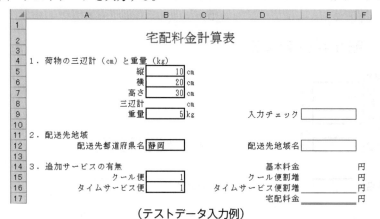

（テストデータ入力例）

(2) B8に式を入力する。

式	=IF(AND(B5>0,B6>0,B7>0),SUM(B5:B7),0)

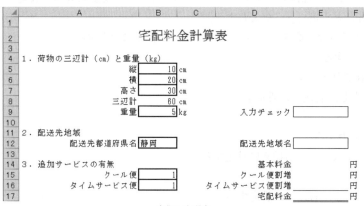

（式入力後）

(3) E9に式を入力する。

式	=IF(AND(B8>0,B9>0),"OK","NG")

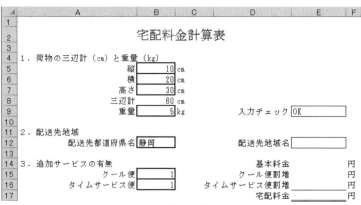

（式入力後）

(4) E12に式を入力する。

> 式　=IF(B12="","",
> 　　　　IFERROR(INDEX(基本料金表!B5:M5,1,MATCH("*"&B12&"*",基本料金表!B3:M3,0)),""))

〈解説〉
　① INDEX(基本料金表!B5:M5,1,**列番号**)により配送先地域名を参照する。
　② MATCH("*"&B12&"*",基本料金表!B3:M3,0)により参照する列番号を求める。「基本料金表」の
　　B3〜M3には，それぞれ都道府県名が複数入力されているため，ワイルドカード(*)を使用する
　　必要がある。

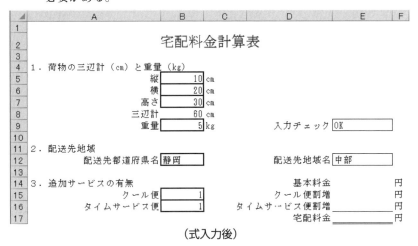

(式入力後)

(5) E14に式を入力する。

> 式　=IF(AND(E9="OK",E12<>""),
> 　　　　INDEX(基本料金表!B6:M11,
> 　　　　　MATCH(B8,基本料金表!A6:A11,1),MATCH(E12,基本料金表!B5:M5,0)),0)

〈解説〉
　① INDEX(基本料金表!B6:M11,**行番号**,**列番号**)により基本料金を参照する。
　② MATCH(B8,基本料金表!A6:A11,**照合の種類**)により参照する行番号を求めるが，照合の種類に
　　1を指定する。
　③ MATCH(E12,基本料金表!B5:M5,0)により参照する列番号を求める。

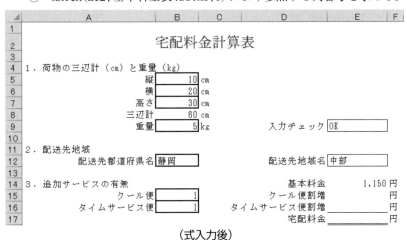

(式入力後)

(6) E15に式を入力する。

式　=IF(AND(E14<>0,B15=1),
　　　　MAX(VLOOKUP(B8,割増料金表!A4:C7,3,TRUE),
　　　　　VLOOKUP(B9,割増料金表!B4:C7,2,TRUE)),0)

〈解説〉
　①　MAX（**数値1**，**数値2**・・・）により，B8の「三辺計」をもとに求めた金額と，B9の「重量」をもとに求めた金額の大きい方を求める。MAX関数を使用せず，IF関数を使用してもよい。
　②　IF関数を使用した場合の式
　　=IF(AND(E14<>0,B15=1),
　　　IF(VLOOKUP(B8,割増料金表!A4:C7,3,TRUE)>=
　　　　VLOOKUP(B9,割増料金表!B4:C7,2,TRUE),
　　　　　VLOOKUP(B8,割増料金表!A4:C7,3,TRUE),VLOOKUP(B9,割増料金表!B4:C7,2,TRUE)),0)

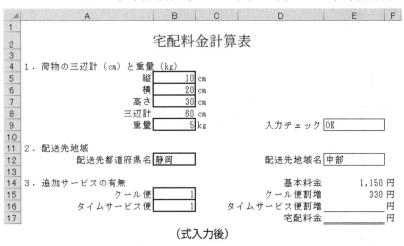

（式入力後）

(7) E16に式を入力する。

式　=IF(AND(E14<>0,B16=1),
　　　　MAX(VLOOKUP(B8,割増料金表!A4:D9,4,TRUE),
　　　　　VLOOKUP(B9,割増料金表!B4:D9,3,TRUE)),0)

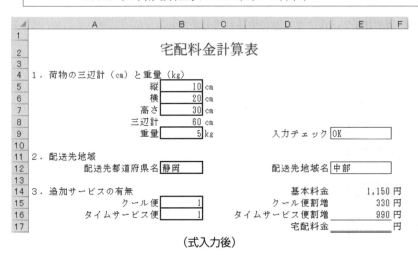

（式入力後）

(8) E17に式を入力する。

| 式 | =SUM(E14:E16) |

〈解説〉

① SUM関数により，E14〜E16の合計を求める。

② SUM関数を使用せず，=E14+E15+E16 の式を入力してもよい。

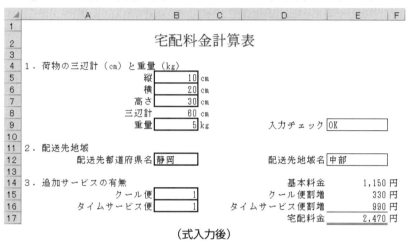

（式入力後）

(9) さまざまなデータを入力し，正しい値が表示されるか確認する。

1 次の表は，プリントTシャツの見積金額を計算するためのプリントTシャツ見積表である。作成手順にしたがって，各問いに答えなさい。

シート名「見積表」

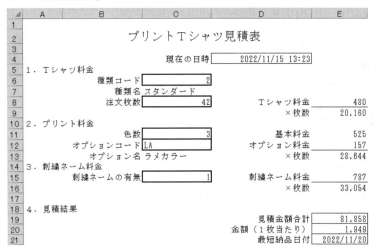

シート名「Tシャツ価格表」

	A	B	C	D	E	F
1						
2	Tシャツ価格表					
3	種類コード	1	2	3	4	5
4	種類名	ライトウェイト	スタンダード	ヘビーウェイト	ラグラン	ハイグレード
5	金額	380	480	500	730	780

シート名「プリント料金表」

	A	B	C	D	E	F	G	H
1								
2	基本料金表							
3			色数					
4	注文枚数		1色	2色	3色	4色	5色	6色
5	1～9		735	892	1,050	1,207	1,365	1,522
6	10～19		472	577	682	787	892	997
7	20～29		420	525	630	735	840	945
8	30～39		367	472	577	682	787	892
9	40～49		315	420	525	630	735	840
10	50～59		262	367	472	577	682	787
11	60～69		241	346	451	556	661	766
12	70～79		220	325	430	535	640	745
13	80～89		199	294	388	483	577	672
14	90～99		178	273	367	462	556	651
15	100～		159	254	347	442	536	631
16								
17	オプション料金表							
18	オプションコード		ME	FL	FO	LA	LU	GR
19	オプション名		メタリック	蛍光カラー	発泡加工	ラメカラー	蓄光	グラデーション
20	金額		105	105	105	157	315	315

シート名「刺繍ネーム料金表」

	A	B	C
1			
2	刺繍ネーム料金表		
3	注文枚数		金額
4	1～9		1,050
5	10～19		840
6	20～49		787
7	50～99		735
8	100～		682

作成手順

1. シート名「見積表」のC6，C8，C11～C12，C15に適切なデータを順に入力すると，見積金額を求めることができる。
2. シート名「見積表」は，次のように作成されている。

⑴ C6は，Tシャツの「種類コード」(1～5)を入力する。

⑵ C8は，Tシャツの「注文枚数」を入力する。

⑶ C11は，プリントする図柄の「色数」(1～6)を入力する。

⑷ C12は，「オプションコード」を入力する。なお，オプションが不要な場合は，何も入力しない。

⑸ C15は，「刺繍ネームの有無」として，利用する場合は1を，利用しない場合は0を入力する。

⑹ D4は，現在の日付と時刻を表示するための関数が設定されている。

⑺ C7は，C6の「種類コード」をもとに，シート名「Tシャツ価格表」を参照して表示する。ただし，C6に入力された「種類コード」が「Tシャツ価格表」にない場合は 入力エラー を表示し，C6が未入力の場合は何も表示しない。

⑻ E8は，C6の「種類コード」をもとに，シート名「Tシャツ価格表」を参照して表示する。ただし，C6に入力された「種類コード」が「Tシャツ価格表」にない場合は0を表示する。

⑼ E9は，C8の「注文枚数」が0より大きい場合は，E8の「Tシャツ料金」にC8の「注文枚数」を掛けて求め，そうでない場合は0を表示する。

⑽ C13は，C12の「オプションコード」をもとに，シート名「プリント料金表」を参照して表示する。ただし，C12に入力された「オプションコード」が「プリント料金表」にない場合は 入力エラー を表示し，C12が未入力の場合は何も表示しない。

⑾ E11は，C8の「注文枚数」とC11の「色数」をもとに，シート名「プリント料金表」を参照して表示する。ただし，C11の「色数」に誤った値が入力され，参照できない場合は0を表示する。また，C8が未入力または，C11が未入力または，C11が0の場合は0を表示する。

⑿ E12は，C12の「オプションコード」をもとに，シート名「プリント料金表」を参照して表示する。ただし，C12に入力された「オプションコード」が「プリント料金表」にない場合は0を表示する。

⒀ E13は，C8の「注文枚数」が0より大きい場合は，E11の「基本料金」とE12「オプション料金」の合計にC8の「注文枚数」を掛けて求め，そうでない場合は0を表示する。

⒁ E15は，C8の「注文枚数」をもとに，シート名「刺繍ネーム料金表」を参照して表示する。ただし，C8の「注文枚数」が0より大きくない場合，または，C15の「刺繍ネームの有無」が1でない場合は0を表示する。

⒂ E16は，C8の「注文枚数」が0より大きい場合は，E15の「刺繍ネーム料金」にC8の「注文枚数」を掛けて求め，そうでない場合は0を表示する。

⒃ E19は，E9とE13とE16の合計を求める。

⒄ E20は，E8とE11とE12とE15の合計を求める。

⒅ E21は，D4の「現在の日時」の時刻が15時以降の場合，現在の日付から6日後の日付を表示し，15時未満の場合，現在の日付から5日後の日付を表示する。

問1 シート名「見積表」のC7に設定する式の空欄(a), (b)にあてはまる適切な関数を答えなさい。

= (a) (C6="","",IFERROR((b) (C6,Tシャツ価格表!B3:F4,2,FALSE),"入力エラー"))

問2 シート名「見積表」のE8に次の式が設定されている。この式と同様の結果が得られるように式の空欄にあてはまる適切なものを答えなさい。

=IFERROR(HLOOKUP(C6,Tシャツ価格表!B3:F5,3,FALSE),0)

=IF(,HLOOKUP(C6,Tシャツ価格表!B3:F5,3,FALSE),0)

ア. OR(C6>=1,C6<=5)　　　　イ. AND(C6>=1,C6<=5)　　　　ウ. OR(C6>1,C6<5)

問3 シート名「見積表」のE11に設定する式の空欄(a), (b)にあてはまる適切な組み合わせを答えなさい。

=IF(AND(C8<>"",C11<>"",C11>0),

　　IFERROR(VLOOKUP(C8,プリント料金表!A5:H15, (a) , (b)),0),0)

ア. (a) C11　　　(b) TRUE
イ. (a) C11　　　(b) FALSE
ウ. (a) C11+2　　(b) TRUE

問4 シート名「見積表」のE21に設定する式の空欄にあてはまる適切なものを答えなさい。

=IF(,TODAY()+6,TODAY()+5)

ア. D4-TODAY()>=TIME(15,0,0)　　イ. D4-NOW()>=TIME(15,0,0)　　ウ. TODAY()-D4>=TIME(15,0,0)

問5 シート名「見積表」に，次のようにデータを入力したとき，E19の「見積金額合計」に表示される適切な数値を計算して答えなさい。

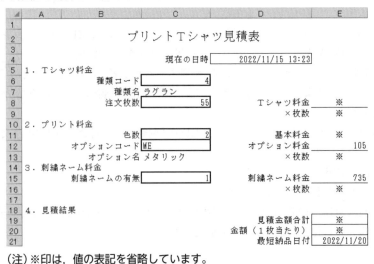

(注) ※印は，値の表記を省略しています。

問1	(a)		(b)		問2		問3	
問4			問5		円			

2 次の表は，年賀状の印刷料金を計算するための年賀状印刷料金確認表である。作成手順にしたがって，各問いに答えなさい。

シート名「料金確認表」

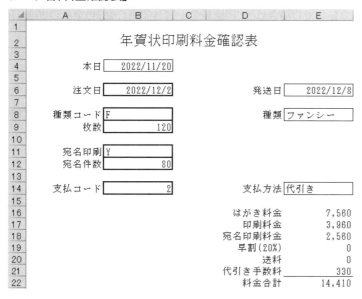

シート名「印刷料金表」

	枚数	種類と種類コード				
		風景	クラフト	デザイン	ファンシー	写真
		S	C	D	F	P
1 ～ 10枚		1,540	1,460	1,620	1,320	1,240
11 ～ 30枚		2,060	1,940	2,180	1,760	1,560
31 ～ 50枚		2,840	2,660	3,020	2,420	2,040
51 ～ 70枚		3,620	3,380	3,860	3,080	2,520
71 ～100枚		4,140	3,860	4,420	3,520	2,840
101 ～130枚		4,660	4,340	4,980	3,960	3,160
131 ～160枚		5,440	5,060	5,820	4,620	3,640
161 ～200枚		6,480	6,020	6,940	5,500	4,280
201 ～(10枚ごとに加算)		260	240	280	220	160

印刷料金表

シート名「宛名印刷料金表」

宛名印刷料金表

宛名件数	単価
1 ～ 100枚	32
101 ～ 500枚	30
501 ～1,000枚	28
1,001 ～	26

作成条件

1. 印刷料金の確認期間は，2022年11月1日から2022年12月20日までである。
2. 発送日は，宛名印刷を依頼する場合は，注文日の6日後，それ以外の場合は，注文日の5日後である。
3. 早割は，注文日が11月30日までの場合は，「印刷料金＋宛名印刷料金」の金額の20％（100円未満切り捨て）とし，それ以外の場合は，0円である。
4. 送料は，「はがき料金＋印刷料金＋宛名印刷料金－早割（20%）」の金額が10,000円以上の場合は，0円とし，それ以外の場合は，一律の400円である。
5. 代引き手数料は，一律の330円であり，支払方法を振り込みとした場合は，0円である。
6. 料金合計は，「はがき料金＋印刷料金＋宛名印刷料金－早割（20%）＋送料＋代引き手数料」の金額とする。

作成手順

1. シート名「料金確認表」のB6，B8〜B9，B11〜B12，B14に適切なデータを順に入力すると，印刷料金を求めることができる。
2. シート名「料金確認表」は，次のように作成されている。
   ⑴ B4は，本日の日付を表示するための関数が設定されている。
   ⑵ B6は，注文日を入力する。
   ⑶ B8は，印刷する「種類コード」を入力する。
   ⑷ B9は，印刷するはがきの「枚数」を入力する。
   ⑸ B11は，宛名印刷を依頼する場合はYを，依頼しない場合はNを入力する。
   ⑹ B12は，宛名印刷を依頼する「宛名件数」を入力する。なお，依頼しない場合は0または何も入力しない。
   ⑺ B14は，「支払コード」として，振り込みの場合は1を，代引きの場合は2を入力する。
   ⑻ E6は，B11に入力された値により，該当する発送日を表示する。ただし，B6が未入力の場合は何も表示しない。
   ⑼ E8は，B8の「種類コード」をもとに，シート名「印刷料金表」を参照して表示する。ただし，B8に入力された「種類コード」が「印刷料金表」にない場合または，B8が未入力の場合は何も表示しない。
   ⑽ E14は，B14が1の場合は 振り込み を，2の場合は 代引き を表示し，それ以外の場合は何も表示しない。
   ⑾ E16は，B9の「枚数」に63を掛けて求める。ただし，B9が未入力の場合は0を表示する。
   ⑿ E17は，B8の「種類コード」とB9の「枚数」をもとに，シート名「印刷料金表」を参照して表示する。ただし，B9の「枚数」が200枚を超えている場合，「印刷料金表」のC14〜G14の10枚ごとに加算される料金をもとに超過分の料金を求めて印刷料金に加算する。なお，E8が未入力または，B9が0より大きくない場合は0を表示する。
   ⒀ E18は，B12の「宛名件数」をもとに，シート名「宛名印刷料金表」を参照して求めた「単価」にB12を掛けて求める。ただし，B11がYでない場合または，B12が0より大きくない場合は0を表示する。
   ⒁ E19は，B6に入力された値により，該当する金額を表示する。
   ⒂ E20は，該当する送料を表示する。
   ⒃ E21は，B14に入力された値により，該当する金額を表示する。
   ⒄ E22は，料金合計を表示する。

問1 シート名「料金確認表」のE8に設定する式の空欄(a), (b), (c)にあてはまる適切な関数を答えなさい。

= [(a)] ([(b)] (印刷料金表!C4:G4,1, [(c)] (B8,印刷料金表!C5:G5,0)),"")

問2 シート名「料金確認表」のE17に設定する式の空欄(a), (b), (c)にあてはまる適切な組み合わせを答えなさい。

=IF(AND(E8<>"",B9>0),

 [(a)] (B9,印刷料金表!A6:G13, [(b)] (B8,印刷料金表!C5:G5,0)+2,TRUE)+IF(B9>200,

 ROUNDUP((B9-200)/10,0)* [(c)] (印刷料金表!C14:G14,1, [(b)] (B8,

 印刷料金表!C5:G5,0)),0),0)

ア. (a) INDEX　　　(b) VLOOKUP　　　(c) MATCH

イ. (a) VLOOKUP　　(b) INDEX　　　(c) MATCH

ウ. (a) VLOOKUP　　(b) MATCH　　　(c) INDEX

問3 シート名「料金確認表」のE18に次の式が設定されている。この式と同様の結果が得られるように式の空欄にあてはまる適切なものを答えなさい。

=IF(AND(B11="Y",B12>0),VLOOKUP(B12,宛名印刷料金表!A4:C7,3,TRUE)*B12,0)

=IF([_____] ,0,VLOOKUP(B12,宛名印刷料金表!A4:C7,3,TRUE)*B12)

ア. OR(B11="Y",B12>0)　　　イ. OR(B11<>"Y",B12=0)　　　ウ. AND(B11<>"Y",B12=0)

問4 シート名「料金確認表」のE19に設定する式の空欄にあてはまる適切なものを答えなさい。

=IF([_____] ,ROUNDDOWN(SUM(E17:E18)*0.2,-2),0)

ア. B6<DATE(YEAR(B4),11,30)　　イ. B6<DATE(YEAR(B4),12,1)　　ウ. B6>=DATE(YEAR(B4),12,1)

問5 シート名「料金確認表」に，次のようにデータを入力したとき，E22の「料金合計」に表示される適切な数値を計算して答えなさい。

	A	B	C	D	E
1					
2		年賀状印刷料金確認表			
3					
4	本日	2022/11/20			
5					
6	注文日	2022/12/2		発送日	2022/12/8
7					
8	種類コード	S		種類	風景
9	枚数	225			
10					
11	宛名印刷	Y			
12	宛名件数	128			
13					
14	支払コード	1		支払方法	振り込み
15					
16				はがき料金	※
17				印刷料金	※
18				宛名印刷料金	※
19				早割(20%)	※
20				送料	※
21				代引き手数料	0
22				料金合計	※

(注) ※印は，値の表記を省略しています。

問1	(a)		(b)		(c)		問2	
問3		問4		問5		円		

Part III データベース 編

Lesson ❶ DBMS

・**DBMSの機能**……… 　データベースの作成や，運用，管理を行うソフトウェアのDBMS（データベース管理システム）は，データベースのしくみを十分に理解していなくても，データの入力や必要なデータの検索などが容易にできる。

　そのため，故意でなくてもデータの削除や変更ができないようにしたり，システムの安全・安定を保つために，さまざまな障害からシステムを保護したり，許可されたユーザのみが利用できるようなセキュリティ機能がある。また，障害が発生した場合は，データを障害前の状態に戻すなどの障害回復機能も備えている。

⑴排他制御

　排他制御とは，データベースを安全に保つために，データベースに更新などの一連の処理（トランザクション）を行っているときには，ほかからの更新や書き込みなどを一時的に制限することによって，データの整合性を保持しようとするしくみである。

・**ロック**…………… 　複数のトランザクションが同じデータにアクセスをする場合に，整合性を取るために行うアクセス制限などの工夫をロックといい，**共有ロック**と**専有ロック**がある。

・**共有ロック**……… 　データ参照時にかけるロックで，それぞれのプロセスはロックされているレコードのデータの変更はできないが，読み込むことは可能である。図書検索システムは，複数の利用者が同時にデータベースを参照することが可能である。

・**専有ロック**……… 　排他ロックともいい，レコードのデータを変更するために取得するロックで，一つのレコードに対して一つのプロセスだけが取得できる。

　あるプロセスがデータを更新する際には自動的に専有ロック（排他ロック）を取得し，データを更新している途中で，ほかのプロセスがデータを読み込んだり，変更できないようになる。

データベース更新中　　　　　　　　　　　　　　　　　　　　　　　　データベース更新不可能

・**デッドロック**………　排他制御を行った複数のデータが互いにロックをかけられ，相手のロック解除
待ちの状態が発生して処理が進まなくなってしまう状態。

（例）Aさんは自分の銀行口座からBさんの銀行口座に2万円を，Bさんは自分の銀行口座からAさん
の銀行口座に3万円を同時に振り込む場合，デッドロックになってしまい2人の振り込みがストッ
プしてしまう。

Aさんは，自分の口座から2万円をBさんの口座に振り込む
ために，自分の口座がロック状態になる。

↓

Bさんの口座に2万円を振り込む手続きをしても，Bさんは
Aさんの口座に振り込むために，自分の口座をロックしてい
るため，AさんはBさんのロック解除を待たなければならない。

Bさんは，自分の口座から3万円をAさんの口座に
振り込むために，自分の口座がロック状態になる。

↓

Aさんの口座に3万円を振り込む手続きをしても，
AさんはBさんの口座に振り込むために，自分の口
座をロックしているため，BさんはAさんのロック
解除を待たなければならない。

このように，AさんとBさんお互いが待ち状態のため，いつまでも処理が終了しない状態になっ
てしまう。デッドロックを解除するためには，どちらか一方の処理を強制終了しなければならな
い。

(2)障害回復機能
停電やネットワーク障害など，予期しないトラブルが起きたときの被害を，最小限にすることが大切で
ある。その対策として障害回復機能がある。

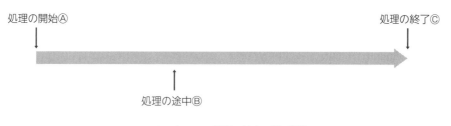

▲データベース処理の流れ（時系列）

- **コミット**‥‥‥‥‥ データベースにおけるトランザクションがすべて正常に完結したという宣言のことである。コミットされた時点で，トランザクションにおける処理が確定されて，データベースが更新される。

  Ⓐ点からⒸ点までの，更新などの一連の処理が無事終了したこと。

- **ジャーナルファイル**‥‥‥‥ データベースの更新前と更新後のデータの状態を記録したファイル。

  Ⓐ点とⒸ点における，ログファイルのこと。

- **ロールバック**‥‥‥‥ データベースにおける更新処理の途中などで，何らかの理由で不都合があった場合，ジャーナルファイルを用いてトランザクション処理開始時点の状態に戻してデータの整合性を保つ処理のこと。

  Ⓑ点で何らかのトラブルが発生した場合，作業中のファイルを破棄して，Ⓐ点のジャーナルファイルを用いて，その後の処理やデータベースを安定に保つこと。

- **ロールフォワード**‥‥‥‥ データが記録されているハードディスクに障害が発生した場合，バックアップファイルとジャーナルファイルを用いて，ハードディスクの障害発生直前の状態に復元すること。

  バックアップファイルとは，ハードディスクの障害やデータが壊れたときに備えてデータベースやデータのコピーをしたものである。

  Ⓑ点で何らかのトラブルが発生し，作業中のコンピュータ（ハードディスク）に障害が発生した場合，Ⓐ点のジャーナルファイルと，別のハードディスクに保存してあったバックアップファイルを用いて，障害から回復させる。

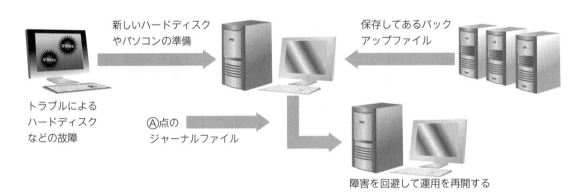

- **チェックポイント**‥‥‥‥ トランザクションの開始と終了の間に，時間的要因や処理件数の要因に応じて，ログというファイルに更新内容を記録しておき，障害からの被害を最小限にして回復させる機能のこと。

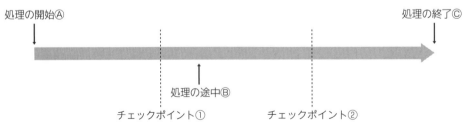

  Ⓑ点で何らかのトラブルが発生した場合，Ⓐ点のジャーナルファイルを用いて，障害から回復させるのではなく，チェックポイント①点のログファイルを用いて障害対策を行う。

Lesson **2** データベースの設計

⑴データベース設計の手順

データベース設計の手順は，次の概念設計 → 論理設計 → 物理設計の順番で行う。

①概念設計……… データベース設計の初期段階に，業務内容を分析して必要なデータや管理方法を検討する作業のこと。必要となるデータとデータの関係を記述したＥ‐Ｒ図を作成する。

②論理設計……… 利用するデータベース管理システム（DBMS）に合わせて，データベースの論理的仕様や，管理・運用上の対象範囲に限定して定義する作業のこと。最適な表構成を設計するために，データの正規化を行う。

③物理設計……… 論理設計を，処理内容などの観点から，サーバなどのハードウェアの選択や，どのように構築するかを決定する作業のこと。レコード数など，データベース全体の必要容量の算定やバックアップの方法の検討も行う。データベース設計の最終段階にあたる。

⑵データ構造の設計

・正規化……… データの矛盾や重複を少なくすることを目的に行われる。次の表は，複数の部活動に加入している生徒がおり，データに重複がみられる。このような正規化が行われていない表を非正規形という。

正規化には第1正規化から第3正規化まである。

非正規形

生徒コード	氏名	性別	住所コード	区名	通学時間	部活コード	部活名	場所コード	場所名
12001	石川	男	2	東区	45	2	陸上部	1	校庭
12002	加藤	女	5	北区	30	3	吹奏楽部	2	音楽室
						4	俳句同好会	3	講義室
12003	斉藤	男	3	南区	40	1	サッカー部	1	校庭
12004	田中	女	2	東区	60	3	吹奏楽部	2	音楽室
12005	中野	男	4	西区	55	2	陸上部	1	校庭
12006	三上	男	1	中央区	20	2	陸上部	1	校庭
						4	俳句同好会	3	講義室

・第1正規化……… 非正規形のデータの矛盾や重複を解消するため，各レコードを1行にする作業を第1正規化といい，第1正規化で作成された表を第1正規形という。

第1正規形

生徒コード	氏名	性別	住所コード	区名	通学時間	部活コード	部活名	場所コード	場所名
12001	石川	男	2	東区	45	2	陸上部	1	校庭
12002	加藤	女	5	北区	30	3	吹奏楽部	2	音楽室
12002	加藤	女	5	北区	30	4	俳句同好会	3	講義室
12003	斉藤	男	3	南区	40	1	サッカー部	1	校庭
12004	田中	女	2	東区	60	3	吹奏楽部	2	音楽室
12005	中野	男	4	西区	55	2	陸上部	1	校庭
12006	三上	男	1	中央区	20	2	陸上部	1	校庭
12006	三上	男	1	中央区	20	4	俳句同好会	3	講義室

なお，この表で，ある1行を特定できる項目のことを主キー（生徒コードと部活コードの組み合わせ）という。

- **第2正規化**……… 第1正規形の主キー項目が決定すれば，ほかの項目が決定するような表に分割する作業を**第2正規化**といい，第2正規化で作成された表を**第2正規形**という。

「生徒コード」が決定すれば，「氏名」・「性別」・「住所コード」・「区名」・「通学時間」が決定する【生徒表】，「部活コード」が決定すれば，「部活名」・「場所コード」・「場所名」が決定する【部活表】，そして，【部活加入表】の三つに分割することができる。

第2正規形

【生徒表】

生徒コード	氏名	性別	住所コード	区名	通学時間
12001	石川	男	2	東区	45
12002	加藤	女	5	北区	30
12003	斉藤	男	3	南区	40
12004	田中	女	2	東区	60
12005	中野	男	4	西区	55
12006	三上	男	1	中央区	20

【部活表】

部活コード	部活名	場所コード	場所名
1	サッカー部	1	校庭
2	陸上部	1	校庭
3	吹奏楽部	2	音楽室
4	俳句同好会	3	講義室

【部活加入表】

生徒コード	部活コード
12001	2
12002	3
12002	4
12003	1
12004	3
12005	2
12006	2
12006	4

- **第3正規化**……… 【部活表】の「場所コード」のように，主キー以外の項目でほかの項目が決定するような表に分割する作業を**第3正規化**といい，第3正規化で作成された表を**第3正規形**という。この第3正規化を行うことによって，「区名」，「場所名」の重複が解消される。

第3正規形

【生徒表】

生徒コード	氏名	性別	住所コード	通学時間
12001	石川	男	2	45
12002	加藤	女	5	30
12003	斉藤	男	3	40
12004	田中	女	2	60
12005	中野	男	4	55
12006	三上	男	1	20

【住所表】

住所コード	区名
1	中央区
2	東区
3	南区
4	西区
5	北区
6	旭区

【部活表】

部活コード	部活名	場所コード
1	サッカー部	1
2	陸上部	1
3	吹奏楽部	2
4	俳句同好会	3

【部活加入表】

生徒コード	部活コード
12001	2
12002	3
12002	4
12003	1
12004	3
12005	2
12006	2
12006	4

【活動場所表】

場所コード	場所名
1	校庭
2	音楽室
3	講義室

⑶ E－R図

データベースとして実際の管理対象となるエンティティ（実体：Entity）と，エンティティ間の結びつきを表すリレーションシップ（関係：Relationship），エンティティの持つ値を表すアトリビュート（属性：Attribute）の三つで，それぞれの相互関係を図式化したもののこと。リレーションシップを分析したり，考え方を整理したりするときに利用できる。

　①エンティティ（Entity：実体）………　一単位として扱われるデータのまとまりや，データベースとして表現すべき対象物のこと。論理設計の段階では表に相当する。一般的には，特定のデータ項目（主キー）により識別が可能である。

　②アトリビュート（Attribute：属性）………　エンティティが持つ特性，特徴などの値（データの型式）のこと。

　③リレーションシップ（Relationship：関係）………　エンティティとエンティティの相互関係のこと。

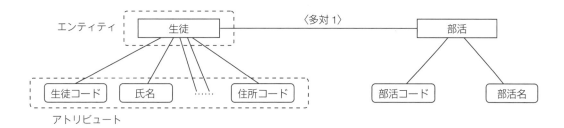

⑷ 整合性制約（参照整合性）

　新しい行（レコード）の追加や削除を行っても，表間のリレーションシップが矛盾なく維持するための規則のこと。

　データ構造の設計（第1正規化～第3正規化）の例において，【部活加入表】に新しいレコードを追加する場合，【生徒表】にない「生徒コード」の 12007 を追加することはできない。また，【生徒表】の「生徒コード」が 12005 のレコードを削除すると，【部活加入表】の中にある「生徒コード」が 12005 のレコードが【部活表】との関連を失ってしまう。

　データベースでは，レコードの追加や削除が勝手に行われないように，制約を定義することができる。

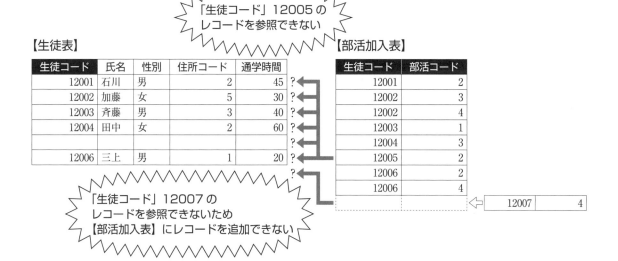

(1) 次の説明文に最も適した答えをア，イ，ウの中から選び，記号で答えなさい。

1. データベースのデータを，一定のルールにしたがって変形し，利用しやすくすること。
   ア．排他制御　　　　　イ．正規化　　　　　ウ．参照整合性
2. データベースにおいて，各エンティティの関係を図式化したもの。
   ア．パレート図　　　　イ．管理図　　　　　ウ．E－R図
3. データベースにおいて，一単位として扱われるデータのまとまりのこと。
   ア．エンティティ　　　イ．アトリビュート　ウ．リレーションシップ
4. データベース設計の初期段階に，業務内容を分析して必要なデータや管理方法を検討する作業。
   ア．概念設計　　　　　イ．論理設計　　　　ウ．物理設計
5. データベースにおいて，トランザクションによる更新処理などが，すべて正常に終えたことを確定すること。
   ア．チェックポイント　イ．第3正規化　　　ウ．コミット

1		2		3		4		5	

(2) 次のA群の語句に最も関係の深い説明文をB群から選び，記号で答えなさい。

〈A群〉 1. デッドロック　2. チェックポイント　3. 共有ロック　4. 物理設計　5. ロールフォワード

〈B群〉

ア．データベースにおいて，あるデータを処理しているとき，ほかからの更新や書き込みなどを制限することによって，データの整合性を保持しようとするしくみ。

イ．データベース設計の最終段階にあたる検討で，サーバなどの物理媒体の選択や，主キーやインデックスの設定，必要容量の算定などを行う。

ウ．図書検索システムのように，ロックされているレコードでも読み込むことは可能だが，データの変更はできないようにデータの参照時にかけるロック。

エ．データベースの更新などの処理の途中で障害が発生した場合，ジャーナルファイルを用いて更新処理の開始前の状態に戻すこと。

オ．実際の業務での画面や帳票などの仕様，管理・運用上のことを優先して検討すること。

カ．データベースにおいて，複数の処理が排他制御を行い互いにロックをかけることで，ロック解除待ちの状態が発生してしまい，先に進まなくなる状態。

キ．データベースの更新前と更新後のデータの状態を記録したファイル。

ク．データベースの更新などの処理の途中で，障害回復のために必要な情報を一定の間隔でログファイルに記憶するポイントのこと。

ケ．データベースにおいて，データの整合性を保つために，読み取り（参照），更新，削除などすべてのアクセスにかけるロック。

コ．データベースの更新などの処理の途中で障害が発生した場合，バックアップファイルと更新後のジャーナルファイルを用いて障害発生直前の状態に戻すこと。

1		2		3		4		5	

Lesson ❸ SQL

SQLとは，リレーショナル型データベースの設計や，射影，選択，結合などの操作を効率よく行うためのデータベース言語である。

SQLはデータ記述とデータ操作に分かれるが，本書では検定範囲となっているデータ操作部分のみ取り上げる。

データ定義言語（DDL－SQL）	データ操作言語（DML－SQL）	
CREATE	SELECT	データの抽出
GRANT	INSERT	データの挿入
REVOKE	UPDATE	データの更新
	DELETE	データの削除

▼本書の例題・練習問題で取り上げる基本表

【生徒表】

生徒コード	氏名	性別	住所コード	通学時間	組	部活コード
12001	石川	男	2	45	A	2
12002	加藤	女	5	30	A	3
12003	斉藤	男	3	40	C	1
12004	田中	女	2	60	A	3
12005	中野	男	4	55	B	2
12006	三上	男	1	20	C	4

【住所表】

住所コード	区名
1	中央区
2	東区
3	南区
4	西区
5	北区
6	旭区

【部活表】

部活コード	部活名
1	サッカー部
2	陸上部
3	吹奏楽部
4	俳句同好会

【担任表】

職員コード	担任	性別	組
605874	高橋	男	A
609512	中村	男	E
616358	渡辺	男	C
635698	安藤	女	D
639594	橋本	女	B

【考査表】

生徒コード	国語	数学	英語
12001	75	65	75
12002	80	70	85
12003	70	90	80
12004	95	95	85
12005	65	60	55
12006	90	85	95

1 文字の条件を満たすデータの抽出

書式 SELECT 選択項目リスト FROM 表名 WHERE 選択項目 LIKE ～

解説 文字列のデータの中から，指定した文字列を検索する。検索にはワイルドカード（ _ , % ）を使用できる。

補足 ワイルドカード

_（アンダースコア記号）…任意の1文字に相当する。'c_t' は 'cat' や 'cut' に一致するが，'coat' には一致しない。

%（パーセント記号）………0（ゼロ）文字以上の連続した文字に相当する。

'%c%t' は 'scout' に一致し，'cat' や 'cut' にも一致（アンダースコア記号と同様）する。しかし，'cats' とは一致しない。

参考

Windowsが動作しているパソコンでは，「_」の代わりに「？」を，「％」の代わりに「＊」を使うことが多い。Accessでは，「？」や「＊」で記述しないと正しく動作しない。

例題 1 「部」に所属している生徒を抽出する

生徒表と部活表より，「部活名」が 部で終わる「氏名」と「部活名」を抽出する。

SQL	SELECT	氏名, 部活名
	FROM	生徒表, 部活表
	WHERE	生徒表.部活コード ＝ 部活表.部活コード
	AND	部活名 LIKE '％部'

【 実行結果表 】

氏名	部活名
石川	陸上部
加藤	吹奏楽部
斉藤	サッカー部
田中	吹奏楽部
中野	陸上部

練習問題1 部活表より，「部活名」が同好会で終わる「部活名」を抽出する。次のSQL文の空欄にあてはまる適切なものを選び，記号で答えなさい。

SELECT　部活名
　FROM　部活表
　WHERE　□□□□□□□□□□

　ア．部活名 LIKE '_同好会％'
　イ．部活名 LIKE '％同好会'
　ウ．部活名 LIKE '_同好会_'

練習問題2 生徒表より，「氏名」に藤を含む「生徒コード」と「氏名」を抽出する。次のSQL文の空欄をうめなさい。

SELECT　生徒コード, 氏名
　FROM　生徒表
　WHERE　□□□□□□□□□□

2　範囲の条件を満たすデータの抽出

書 式	SELECT 選択項目リスト FROM 表名
	WHERE 選択項目 BETWEEN 条件1 AND 条件2
解説	ある選択項目の値が特定の範囲にあてはまるかどうかを調べる。

例 題　2　通学時間が30分以内の生徒を抽出する

生徒表より,「通学時間」が0以上30以下の「氏名」と「通学時間」を抽出する。

SQL	SELECT	氏名, 通学時間
	FROM	生徒表
	WHERE	通学時間　BETWEEN 0 AND 30

【 実行結果表 】

氏名	通学時間
加藤	30
三上	20

補 足　論理演算子

BETWEEN演算子は,「論理演算子」の1つである。論理演算子には, 他に次のものがある。

AND	両方の条件を満たす(かつ)
OR	どちらか一方の条件を満たす(または)
NOT	条件を満たさないもの

今回の例題では, BETWEENで記述すると, 30分を含めた条件になるので, 30分未満の場合は, BETWEENは使用できない。

30分未満の場合のWHERE句は次のようになる。

WHERE 通学時間 >= 0 AND 通学時間 < 30

練習問題3

考査表より,「国語」が70以上80以下の「生徒コード」と「国語」を抽出する。次のSQL文の空欄にあてはまる適切なものを選び, 記号で答えなさい。

SELECT　生徒コード, 国語

FROM　考査表

WHERE　[　　　　　　　　]

ア. 国語 BETWEEN 70 AND 80

イ. 国語 BETWEEN 70 OR 80

ウ. 国語 BETWEEN 69 AND 81

練習問題4

生徒表より,「通学時間」が0以上60以下の「氏名」と「通学時間」を抽出する。次のSQL文の空欄をうめなさい。

SELECT　氏名, 通学時間

FROM　生徒表

WHERE　[　　　　　　　　]

3　指定した値でのデータの抽出

書　式
> SELECT 選択項目リスト FROM 表名
> 　　　　WHERE 列名 IN（または NOT IN）（値1，値2…）

解説 指定した値に合致するデータを抽出する。
　　　　NOT IN の場合は，指定した値以外のデータを抽出する。

例題 3　B組かC組の生徒を抽出する

生徒表より，「組」が B または C の「氏名」と「組」を抽出する。

SQL
> SELECT　　　氏名，組
> FROM　　　生徒表
> WHERE　　　組 IN（'B','C'）

【実行結果表】

氏名	組
斉藤	C
中野	B
三上	C

練習問題5　考査表より，「生徒コード」が12003と12006の「生徒コード」と「英語」を抽出する。次のSQL文の空欄にあてはまる適切なものを選び，記号で答えなさい。

> SELECT　　生徒コード，英語
> FROM　　考査表
> WHERE　　☐☐☐☐☐☐☐

ア．英語 IN（12003,12006）
イ．IN 生徒コード（12003,12006）
ウ．生徒コード IN（12003,12006）

☐

練習問題6　生徒表より，「組」が A，C 以外の「氏名」と「組」を抽出する。次のSQL文の空欄にあてはまる適切なものを選び，記号で答えなさい。

> SELECT　　氏名，組
> FROM　　生徒表
> WHERE　　☐☐☐☐☐☐☐

ア．組 NOT（'A','C'）
イ．組 IN（'A','C'）
ウ．組 NOT IN（'A','C'）

☐

練習問題7 生徒表より,「通学時間」が60以上で,「組」が Aの「氏名」,「通学時間」を抽出する。次のSQL文の空欄をうめなさい。

SELECT 氏名, 通学時間
FROM 生徒表
WHERE 通学時間 >= 60
AND ☐ ☐

練習問題8 生徒表と住所表より,「区名」が中央区以外の「氏名」と「区名」を抽出する。次のSQL文の空欄をうめなさい。

SELECT 氏名, 区名
FROM 生徒表, 住所表
WHERE 生徒表.住所コード = 住所表.住所コード
AND ☐ ☐

4 重複データを除いたデータの抽出

書 式 SELECT DISTINCT 選択項目リスト FROM 表名
解説 データを抽出する際に,重複データを取り除く。

例 題 4 重複データを取り除いて部活名を抽出する

生徒表と部活表より,「組」が Aの「部活名」を抽出する。ただし,重複行を取り除く。

SQL
SELECT DISTINCT 部活名
FROM 生徒表, 部活表
WHERE 生徒表.部活コード = 部活表.部活コード
AND 組 = 'A'

【実行結果表】

部活名
陸上部
吹奏楽部

【DISTINCT句を使用しない場合の実行結果表】

部活名
陸上部
吹奏楽部
吹奏楽部

練習問題9 次の「生徒一覧表」より,生徒の通学区域を調査するために,実行結果のような重複行を取り除いた表を作成する。次のSQL文の空欄にあてはまる適切なものを選び,記号で答えなさい。

【生徒一覧表】

生徒コード	氏名	性別	区名	通学時間	組	部活名	担任
12001	石川	男	東区	45	A	陸上部	高橋
12002	加藤	女	北区	30	A	吹奏楽部	高橋
12003	斉藤	男	南区	40	C	サッカー部	渡辺
12004	田中	女	東区	60	A	吹奏楽部	高橋
12005	中野	男	西区	55	B	陸上部	橋本

【実行結果表】

区名
東区
北区
南区
西区

SELECT ☐ 区名
FROM 生徒一覧表

ア. BETWEEN　　イ. IN　　ウ. DISTINCT

練習問題10 練習問題9の「生徒一覧表」より，重複データを取り除いた実行結果のような「部活名」を抽出する。次のSQL文の空欄をうめなさい。

【 実行結果表 】

部活名
陸上部
吹奏楽部
サッカー部

SELECT ⬚⬚⬚⬚⬚⬚⬚⬚ 部活名

    FROM　生徒一覧表

5　データの並べ替え

書　式　SELECT 選択項目リスト FROM 表名
                ORDER BY 並べ替え項目（ASC，DESC）

解説　データを昇順（ASC）または降順（DESC）に並べ替える。
    ※ASCは省略可能

例 題　5　通学時間の短い順に並べ替える

生徒表より，「通学時間」の短い順に並べ替え，「氏名」と「通学時間」を抽出する。

SQL　SELECT　氏名, 通学時間
        FROM　生徒表
        ORDER BY　通学時間　ASC

【 実行結果表 】

氏名	通学時間
三上	20
加藤	30
斉藤	40
石川	45
中野	55
田中	60

練習問題11 考査表より「国語」の降順に並べ替え，「生徒コード」と「国語」を抽出する。次のSQL文の空欄にあてはまるものを選び，記号で答えなさい。

SELECT　生徒コード, 国語

    FROM　考査表

    ⬚⬚⬚⬚⬚⬚⬚⬚⬚⬚⬚⬚

ア．ORDER BY 国語 ASC

イ．ORDER BY 国語

ウ．ORDER BY 国語 DESC

練習問題12 生徒表を組順（A～C：昇順）に並べ替える。次のSQL文の空欄をうめなさい。

SELECT　*

    FROM　生徒表

    ⬚⬚⬚⬚⬚⬚⬚⬚⬚⬚⬚⬚

6　データのグループ化

書 式　SELECT 選択項目リスト FROM 表名
　　　　　　GROUP BY グループ化項目

解説　データの件数や平均時間などを求めるときに, データをグループに
　　　　まとめる必要があるので, グループ化する。

▶**Point**
列名を別名で表示する
にはAS句を使用する。

例題　6　男女別の通学平均時間を求める

生徒表より,「性別」のグループ化をしてから,「性別」と「通学時間」の平均を求める。

SQL　SELECT　　性別, AVG（通学時間）AS　通学平均時間
　　　　　FROM　　生徒表
　　　　　GROUP BY　性別

【実行結果表】

性別	通学平均時間
女	45
男	40

練習問題13　生徒表より, 組別の通学平均時間を求める。次のSQL文の空欄に
　　　　　　あてはまる適切なものを選び, 記号で答えなさい。

SELECT　組, AVG（通学時間）AS 通学平均時間
　　FROM　生徒表
　　　　[　　　　　　　　　　]

ア．ORDER BY 組
イ．GROUP BY 組
ウ．GROUP BY 通学時間

[　　　]

練習問題14　生徒表より,「住所コード」ごとの人数を求める。次のSQL文の空
　　　　　　欄をうめなさい。

SELECT　住所コード, COUNT（*）AS 人数
　　FROM　生徒表
　　　　[　　　　　　　　　　]　　　　　　　　　　[　　　　　　　　　　　　　　]

7　条件にあったデータのグループのみを抽出

書　式　SELECT 選択項目リスト FROM 表名
　　　　　　　　GROUP BY グループ化項目 HAVING 制約条件

解説　GROUP BY句によってグループ化された各グループの中から，
　　　　　HAVING句で指定した条件に合致するグループを抽出する。

例題　7　男子の通学時間で一番長い時間を求める

　生徒表より，「性別」のグループ化をしてから，「性別」が男で「通学時間」が最大となるデータを抽出する。

SQL　　SELECT　　性別, MAX（通学時間）AS　最長通学時間
　　　　　　FROM　　生徒表
　　　　　　GROUP　BY　性別
　　　　　　HAVING　性別 = '男'

【実行結果表】

性別	最長通学時間
男	55

練習問題15　生徒表より，「住所コード」が2（東区）の人数を求める。次のSQL
文の空欄にあてはまる適切なものを選び，記号で答えなさい。

SELECT　　住所コード, COUNT（*）AS 人数
　　FROM　　生徒表
　　GROUP BY 住所コード
　　[　　　　　　　　　　]

ア．WHERE 住所コード = 2
イ．HAVING 住所コード = 2
ウ．HAVING 区名 = '東区'

練習問題16　生徒表より，C組だけの通学平均時間を求める。次のSQL文の空欄
をうめなさい。

SELECT　　組, AVG（通学時間）AS 通学平均時間
　　FROM　生徒表
　　GROUP BY 組
　　[　　　　　　　　　　]

参考

SELECTで使われるすべての句を示すと，次のような書式となる。

```
SELECT    (DISTINCT)選択項目リスト
  FROM    表名
  WHERE   条件1
    AND   条件2
  GROUP  BY   グループ化項目  HAVING   制約条件
  ORDER  BY   並べ替え項目  ASC(または DESC)
```

8 表名の別名指定

書式　FROM 表A 指定した表Aの別名(,表B 指定した表Bの別名,表C 指定した表Cの別名・・・)

解説　複数の表を用いて結合する場合，表名をSQL文中にすべて記述すると，長くなったり，同じような表名の場合にわかりづらくなったりする。表名を別に指定することによって，わかりやすく見やすいSQL文にすることができる。

例題 8 表名を別の名前に指定して，SQL文を見やすく記述する

　生徒表，住所表，担任表，部活表を利用して一覧表を作成する。ただし，SQL文では表名を別の名前に指定して見やすくすること。

```
SQL    SELECT     W.生徒コード,氏名,W.性別,区名,
                           通学時間,W.組,部活名,Y.担任
       FROM     生徒表 W,住所表 X,担任表 Y,部活表 Z
       WHERE    W.住所コード = X.住所コード
         AND    W.組 = Y.組
         AND    W.部活コード = Z.部活コード
```

【実行結果表】

生徒コード	氏名	性別	区名	通学時間	組	部活名	担任
12001	石川	男	東区	45	A	陸上部	高橋
12002	加藤	女	北区	30	A	吹奏楽部	高橋
12003	斉藤	男	南区	40	C	サッカー部	渡辺
12004	田中	女	東区	60	A	吹奏楽部	高橋
12005	中野	男	西区	55	B	陸上部	橋本
12006	三上	男	中央区	20	C	俳句同好会	渡辺

```
       <表名の別名を指定しない場合のSQL文例>
       SELECT     生徒表.生徒コード,氏名,生徒表.性別,
                           区名,通学時間,生徒表.組,部活名,担任表.担任
       FROM     生徒表,住所表,担任表,部活表
       WHERE    生徒表.住所コード = 住所表.住所コード
         AND    生徒表.組 = 担任表.組
         AND    生徒表.部活コード = 部活表.部活コード
```

9 INを利用した副問合せ

書式 ► SELECT 選択項目リスト FROM 表名
　　　　　　　　　WHERE 条件 IN（またはNOT IN）（SELECT〜）

解説 まずは（ ）内のSELECT文が実行される。（ ）内の問合せによって得られた結果を利用して，外側のSELECT文（主問合せ）が実行される。

例題 9 担任が女性の組に属する組の生徒名と組を抽出する

　担任表より，「性別」が女の「組」を抽出して，その抽出した条件にあった組の「氏名」と「組」を生徒表より抽出する。

```
SQL   SELECT    氏名, 組
      FROM      生徒表
      WHERE     組 IN（SELECT     組
                      FROM       担任表
                      WHERE      性別 = '女'）
```

【実行結果表】

氏名	組
中野	B

練習問題17 考査表より，国語のテストの最高点の生徒コードを抽出する。次のSQL文の空欄(a)・(b)にあてはまる適切な組み合わせを選び，記号で答えなさい。

```
SELECT    生徒コード
  FROM    考査表
  WHERE   [    (a)    ]（SELECT [    (b)    ] FROM 考査表）
```

ア． (a)MAX（国語）IN　　　　(b)生徒コード = 12004

イ． (a)国語 IN　　　　　　　(b)MAX（国語）

ウ． (a)国語　　　　　　　　 (b)IN MAX（国語）

　　　　　　　　　　　　　　　　　　　　　　　　　[   ]

練習問題18 生徒表と部活表より，副問合せを行って部活名が 陸上部 の「生徒コード」と「氏名」を抽出する。次のSQL文の空欄をうめなさい。

```
SELECT    生徒コード, 氏名
  FROM    生徒表
  WHERE   [                    ]（SELECT    部活コード
                                 FROM    部活表 WHERE 部活名 = '陸上部'）
```

[   ]

10　EXISTS句を用いた副問合せ

書　式　SELECT 選択項目リスト FROM 表名
　　　　　　　WHERE EXISTS（または NOT EXISTS）（SELECT～）

解説　（ ）内のSELECT文によって得られる結果が存在する場合，その結果について外側のSELECT文（主問合せ）が実行される。NOT EXISTSにした場合は，（ ）内の問合せに該当しない結果について主問合せが実行される。

例題 10　生徒が住んでいる区名を抽出する

生徒表と住所表より，「住所コード」が一致する「区名」を抽出する。

SQL	SELECT	区名
	FROM	住所表
	WHERE	EXISTS（SELECT　　　*
		FROM　　生徒表
		WHERE　住所コード = 住所表.住所コード ）

【実行結果表】

区名
中央区
東区
南区
西区
北区

練習問題19　生徒表と考査表より，「数学」が85点以上の「生徒コード」と「氏名」を抽出する。次のSQL文の空欄にあてはまる適切なものを選び，記号で答えなさい。

SELECT	生徒コード,氏名
FROM	生徒表
WHERE	＿＿＿＿＿＿＿＿＿＿（SELECT　　　*
	FROM　　考査表
	WHERE　生徒コード = 生徒表.生徒コード
	AND　　数学 >= 85)

ア．IN
イ．生徒コード EXISTS
ウ．EXISTS

練習問題20 生徒表と住所表より，一致する「住所コード」がない（通学している
生徒がいない）区名を抽出する。次のSQL文の空欄にあてはまる適
切なものを選び，記号で答えなさい。

SELECT　　区名
　　FROM　　住所表
　　WHERE　　[　　　　　　　]（SELECT　　*
　　　　　　　　　　　　　　　　　FROM　　生徒表
　　　　　　　　　　　　　　　　　WHERE　　住所コード＝住所表.住所コード）

ア. NOT　EXISTS
イ. IN
ウ. EXISTS

[　　　　]

11　レコード（行）の追加

書　式　INSERT INTO 表名（フィールド名）VALUES（挿入データ）

解説　データベースの表に新しいレコード（行）を追加する。なお，新し
いレコードのすべてのフィールドを追加する場合は，フィールド名
は省略することができる。

例題 11　生徒表にレコードを追加する

生徒表に，次の生徒データを挿入する。

生徒コード	12007
氏名	藤川
性別	男
住所コード	1
通学時間	10
組	D
部活コード	4

SQL　INSERT　INTO　生徒表　VALUES（12007,'藤川','男',1, 10, 'D',4)

【 実行後の生徒表 】

生徒コード	氏名	性別	住所コード	通学時間	組	部活コード
12001	石川	男	2	45	A	2
12002	加藤	女	5	30	A	3
12003	斉藤	男	3	40	C	1
12004	田中	女	2	60	A	3
12005	中野	男	4	55	B	2
12006	三上	男	1	20	C	4
12007	藤川	男	1	10	D	4

練習問題21 生徒表に，1名の生徒を登録する。次のSQL文の空欄(a)〜(c)にあてはまる適切な組み合わせを選び，記号で答えなさい。

　　　(a)　　　(b)　　生徒表　(c)　(12008,'長谷川','女',1,20,'C',2)

ア．(a)INSERT 　　　(b)INTO 　　　(c)VALUES

イ．(a)INSERT 　　　(b)VALUES 　　(c)INTO

ウ．(a)VALUES 　　　(b)INSERT 　　(c)INTO

練習問題22 部活表に，「部活コード」が　5，「部活名」が 野球部 の値を追加する。次のSQL文の空欄をうめなさい。

INSERT　(a)　部活表　(b)　(5,'野球部')

(a)		(b)	

12　レコード(行)の削除

書　式　DELETE　FROM　表名　WHERE　条件
　　　　※Accessの場合　DELETE ＊ FROM　表名　WHERE　条件

解説　データベースのレコード(行)を削除する。

例題 12　生徒表のレコードを削除する

生徒表の「生徒コード」が，12005(「氏名」が中野)のレコードを削除する。

SQL　　DELETE ＊ FROM　生徒表　WHERE　生徒コード = 12005

【実行後の生徒表】

生徒コード	氏名	性別	住所コード	通学時間	組	部活コード
12001	石川	男	2	45	A	2
12002	加藤	女	5	30	A	3
12003	斉藤	男	3	40	C	1
12004	田中	女	2	60	A	3
12006	三上	男	1	20	C	4

練習問題23 生徒表の「生徒コード」が12006(「氏名」が 三上)のレコードを削除する。次のSQL文の空欄にあてはまる適切なものを選び，記号で答えなさい。

　　　　　　＊ FROM　生徒表　WHERE　生徒コード = 12006

ア．INSERT

イ．DELETE

ウ．VALUE

練習問題24 部活表の「部活コード」が 4(「部活名」が 俳句同好会)のレコードを削除する。次のSQL文の空欄をうめなさい。

　　(a)　 ＊ 　(b)　 部活表 　(c)　 部活コード = 4

(a)		(b)		(c)	

13 データの更新

書式 UPDATE 表名 SET フィールド名 = 変更データ WHERE 条件

解説 データベースのレコードの内容を更新する。

例題 13 生徒表を更新する

生徒表の「生徒コード」が，12003（「氏名」が 斉藤）の「部活コード」を 1 から 2 に（サッカー部から陸上部に）更新する。

SQL UPDATE 生徒表 SET 部活コード = 2
                  WHERE 生徒コード = 12003

【 実行後の生徒表 】

生徒コード	氏名	性別	住所コード	通学時間	組	部活コード
12001	石川	男	2	45	A	2
12002	加藤	女	5	30	A	3
12003	斉藤	男	3	40	C	2
12004	田中	女	2	60	A	3
12005	中野	男	4	55	B	2
12006	三上	男	1	20	C	4

練習問題25 生徒表の「生徒コード」が12001（「氏名」が 石川）の「通学時間」を 20 に変更する。次の SQL 文の空欄(a)～(c)にあてはまる適切なものを解答群から選び，記号で答えなさい。

　(a)　 生徒表 　(b)　 通学時間 = 20 　(c)　 生徒コード = 12001

解答群

ア．SET　　　イ．AS　　　ウ．BY　　　エ．VALUES　　　オ．DELETE
カ．INSERT　　キ．FROM　　ク．WHERE　　ケ．UPDATE　　コ．INTO

(a)		(b)		(c)	

練習問題26 生徒表の「生徒コード」が12006（「氏名」が 三上）の「部活コード」を 2 に変更する。次の SQL 文の空欄(a)，(b)をうめなさい。

　(a)　 生徒表 　(b)　 部活コード = 2 WHERE 生徒コード = 12006

(a)		(b)	

Lesson 4 Accessによるデータベースの構築および操作

　本書では，実際にどのような仕組みでデータが管理・保存されているかを，Microsoft Access2016を使って次に示す。

Accessの起動と新規データベースの作成

❶　［スタートボタン］をクリックする。

❷　スタート画面の［Access2016］をクリックしてAccess2016を起動する。

❸　［空のデータベース］をクリックして，［ファイル名］に「生徒情報システム」と入力して，［作成］をクリックする。

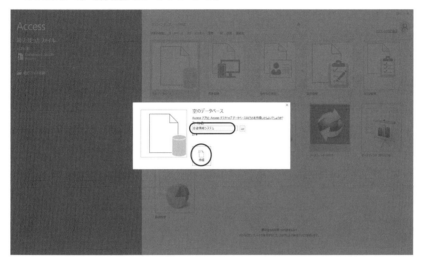

参考
Accessのバージョンによっては，［空のデータベース］ではなく，［空のデスクトップデータベース］と表示される。

　このように，Accessの場合は，WordやExcelと違い，データの入力などの処理を行う前に，ファイル名を指定して保存することから始まる。

テーブルの作成

　データベースの「生徒情報システム.accdb」が作成され，画面はテーブルを表示・編集する［データシートビュー］の画面になる。

（例）ある学校の生徒の情報を管理する。

【生徒表】

生徒コード	氏名	性別	住所コード	通学時間	組	部活コード
12001	石川	男	2	45	A	2
12002	加藤	女	5	30	A	3
12003	斉藤	男	3	40	C	1
12004	田中	女	2	60	A	3
12005	中野	男	4	55	B	2
12006	三上	男	1	20	C	4

【住所表】

住所コード	区名
1	中央区
2	東区
3	南区
4	西区
5	北区
6	旭区

【部活表】

部活コード	部活名
1	サッカー部
2	陸上部
3	吹奏楽部
4	俳句同好会

【担任表】

職員コード	担任	性別	組
605874	高橋	男	A
609512	中村	男	E
616358	渡辺	男	C
635698	安藤	女	D
639594	橋本	女	B

【考査表】

生徒コード	国語	数学	英語
12001	75	65	75
12002	80	70	85
12003	70	90	80
12004	95	95	85
12005	65	60	55
12006	90	85	95

❶　［テーブルツール］の［フィールド］→［表示］→［デザインビュー］をクリックして，データの属性を指定する。テーブル名は，「生徒表」とする。

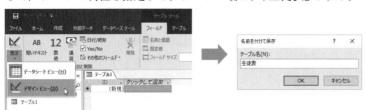

❷　テーブルの項目名をフィールド名欄に指定して，データ型を指定し，テーブルを保存する。

❸ ［テーブルツール］の［デザイン］→［表示］→［データシートビュー］をクリックして，各データを入力する。

テーブルの追加作成方法

テーブル（住所表，部活表，担任表，考査表）を追加作成する場合は，生徒表の作成と同様に［作成］→［テーブル］より［テーブルツール］の［フィールド］→［表示］→［デザインビュー］で作成する。

文字の条件を満たすデータの抽出

例題 1 「部」に所属している生徒を抽出する

生徒表と部活表より，「部活名」が 部で終わる「氏名」と「部活名」を抽出する。

SQL	SELECT	氏名，部活名
	FROM	生徒表，部活表
	WHERE	生徒表.部活コード ＝ 部活表.部活コード
	AND	部活名 LIKE '%部'

補足 Accessでは，LIKE ' ＊部' と入力するので注意すること。

❶ ［作成］→［クエリデザイン］をクリックする。［テーブルの表示］のダイアログボックスが表示されるが，閉じる をクリックする。

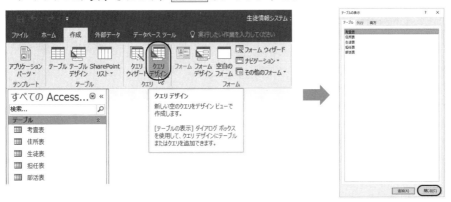

❷ ［クエリツール］の［デザイン］→［表示］→［SQLビュー］をクリックする。

❸ SQL文を入力して，実行をクリックすると，仮想表が表示される。

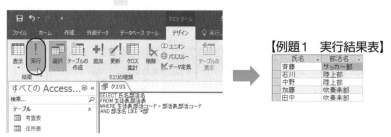

【例題1　実行結果表】

氏名	部活名
斉藤	サッカー部
石川	陸上部
中野	陸上部
加藤	吹奏楽部
田中	吹奏楽部

範囲の条件を満たすデータの抽出

例題　2　通学時間が30分以内の生徒を抽出する

生徒表より，「通学時間」が0以上30以下の「氏名」と「通学時間」を抽出する。

SQL	SELECT	氏名，通学時間
	FROM	生徒表
	WHERE	通学時間　BETWEEN 0 AND 30

❶ 例題1のように，SQL文を入力して仮想表を作成することもできるが，![デザインビュー（D）]（デザインビュー）を利用する方法もある。

［作成］→［クエリデザイン］をクリックする。［テーブルの表示］のダイアログボックスが表示されるので，生徒表を選択して，__追加__をクリックする。次に，__閉じる__をクリックして［テーブルの表示］を閉じる。

生徒表のフィールドの一部が非表示になっている場合は，生徒表の右下のハンドルをドラッグして調節する。

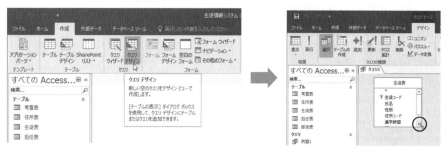

参考

Accessのバージョンによっては，［テーブルの表示］ではなく，［テーブルの追加］が右側に表示されるので，生徒表を選択して，__選択したテーブルを追加__をクリックする。

❷　フィールドに「氏名」と「通学時間」，「通学時間」の抽出条件に >=0 And
<=30 と設定して ![実行]（**実行**）をクリックしても，SQL文を入力した場合と同じ
仮想表が作成される。

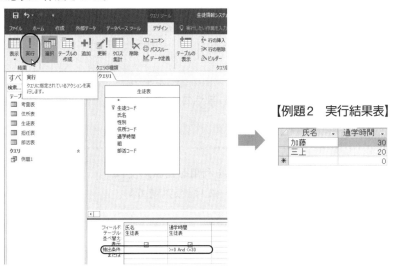

【例題2　実行結果表】

氏名	通学時間
加藤	30
三上	20
*	0

指定した値でのデータの抽出

例題 3　B組かC組の生徒を抽出する

生徒表より，「組」がBまたはCの「氏名」と「組」を抽出する。

```
SQL    SELECT    氏名, 組
       FROM      生徒表
       WHERE     組 IN ( 'B ', 'C ' )
```

　以降，SQLビューを利用する場合（例題1参照）とデザインビューを利用する
場合（例題2を参照）の画面をそれぞれ示す。

❶SQLビューの利用

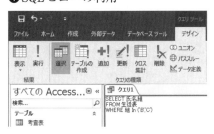

【例題3　実行結果表】

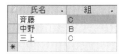

氏名	組
斉藤	C
中野	B
三上	C
*	

❷デザインビューの利用

重複データを除いたデータの抽出

例題 4　重複データを取り除いて部活名を抽出する

生徒表と部活表より，「組」がAの「部活名」を抽出する。ただし，重複行を取り除く。

> **SQL**
> SELECT　　DISTINCT　部活名
> 　FROM　　生徒表, 部活表
> 　WHERE　生徒表.部活コード = 部活表.部活コード
> 　　AND　組 = 'A'

❶SQLビューの利用

❷DISTINCT句を利用したSQL文は，
デザインビューでは設定できない。

【例題4　実行結果表】

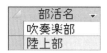

データの並べ替え

例題 5　通学時間の短い順に並べ替える

生徒表より，「通学時間」の短い順に並べ替え，「氏名」と「通学時間」を抽出する。

> **SQL**
> SELECT　　氏名, 通学時間
> 　FROM　生徒表
> 　ORDER BY　通学時間　ASC

❶SQLビューの利用

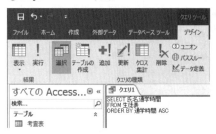

❷デザインビューの利用

【例題5　実行結果表】

氏名	通学時間
三上	20
加藤	30
斉藤	40
石川	45
中野	55
田中	60
*	0

データのグループ化

例 題 6 男女別の通学平均時間を求める

生徒表より，「性別」のグループ化をしてから，「性別」と「通学時間」の平均を求める。

SQL
```
SELECT   性別, AVG（通学時間）AS   通学平均時間
    FROM   生徒表
    GROUP BY   性別
```

❶SQLビューの利用

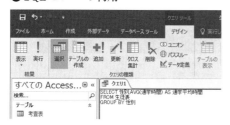

❷デザインビューの利用

　グループ化するために，[クエリツール]の[デザイン]の Σ集計 (集計) をクリックする。集計方法が表示されるので，「性別」の集計には グループ化 ，「通学平均時間」の集計には 平均 と設定する。

　なお，「通学平均時間」のフィールドには，通学平均時間：通学時間 と設定する。

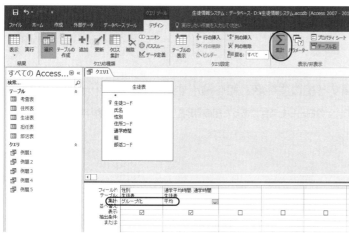

【例題6　実行結果表】

性別	通学平均時
女	45
男	40

条件にあったデータのグループのみを抽出

例題 7 男子の通学時間で一番長い時間を求める

生徒表より，「性別」のグループ化をしてから，「性別」が男で「通学時間」が最大となるデータを抽出する。

SQL
```
SELECT      性別, MAX（通学時間）AS  最長通学時間
FROM      生徒表
GROUP BY   性別
HAVING   性別 = '男'
```

❶ SQL ビューの利用

❷ デザインビューの利用

【例題7 実行結果表】

性別	最長通学時
男	55

INを利用した副問合せ

例題 8 担任が女性の組に属する組の生徒名と組を抽出する

担任表より，「性別」が女の「組」を抽出して，その抽出した条件にあった組の「氏名」と「組」を生徒表より抽出する。

SQL
```
SELECT      氏名, 組
FROM      生徒表
WHERE   組  IN（SELECT      組
                FROM      担任表
                WHERE   性別 = '女'）
```

❶ SQL ビューの利用

❷デザインビューの利用

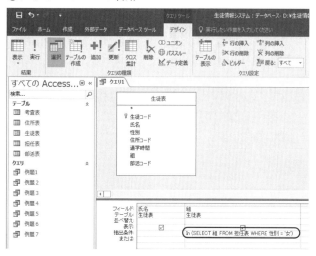

【例題8　実行結果表】

氏名	組
中野	B

EXISTS句を用いた副問合せ（相関副問合せ）

例題　9　生徒が住んでいる区名を抽出する

生徒表と住所表より，「住所コード」が一致する「区名」を抽出する。

```
SQL    SELECT    区名
       FROM      住所表
       WHERE     EXISTS（SELECT    ＊
                        FROM      生徒表
                        WHERE    住所コード ＝ 住所表.住所コード ）
```

❶SQLビューの利用

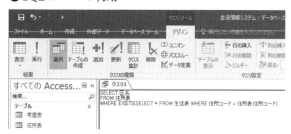

❷デザインビューの利用

【例題9　実行結果表】

レコード（行）の追加

例題 10　生徒表にレコードを追加する

生徒表に，次の生徒データを挿入する。

生徒コード	12007
氏名	藤川
性別	男
住所コード	1
通学時間	10
組	D
部活コード	4

SQL　INSERT INTO　生徒表　VALUES（12007,'藤川','男',1,10,'D',4）

❶SQLビューの利用

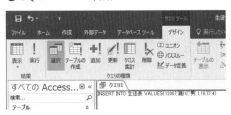

　（実行）をクリックし，名前
を付けて保存する。

❷INSERT句を利用したSQL文は，デザインビューでは設定できない。

【例題10 実行後の生徒表】

生徒コード	氏名	性別	住所コード	通学時間	組	部活コード
12001	石川	男	2	45	A	2
12002	加藤	女	5	30	A	3
12003	斉藤	男	3	40	C	1
12004	田中	女	2	60	A	3
12005	中野	男	4	55	B	2
12006	三上	男	1	20	C	4
12007	藤川	男	1	10	D	4

レコード（行）の削除

例題 11 生徒表のレコードを削除する

生徒表の「生徒コード」が，12005（「氏名」が中野）のレコードを削除する。

SQL DELETE ＊ FROM 生徒表 WHERE 生徒コード = 12005

❶ SQLビューの利用

！（**実行**）をクリックし，名前を付けて保存する。

❷ デザインビューの利用

生徒表を追加して，（**削除**）をクリックして，「抽出条件」を「12005」に設定する。設定後，！（**実行**）をクリックする。

【例題11 実行後の生徒表】

生徒コード	氏名	性別	住所コード	通学時間	組	部活コード
12001	石川	男	2	45	A	2
12002	加藤	女	5	30	A	3
12003	斉藤	男	3	40	C	1
12004	田中	女	2	60	A	3
12006	三上	男	1	20	C	4

例題 12 生徒表を更新する

生徒表の「生徒コード」が，12003（「氏名」が 斉藤 ）の「部活コード」を 1 から 2 に（サッカー部から陸上部に）更新する。

> **SQL** UPDATE 生徒表 SET 部活コード ＝ 2
> WHERE 生徒コード ＝ 12003

❶SQLビューの利用

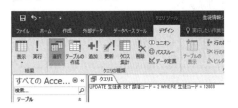

　（実行）をクリックし，名前を付けて保存する。

❷デザインビューの利用

（更新）をクリックして，「フィールド」〜「抽出条件」までを「部活コード」〜「12003」に設定する。設定後，　（実行）をクリックする。

【例題12 実行後の生徒表】

生徒コード	氏名	性別	住所コード	通学時間	組	部活コード
12001	石川	男	2	45	A	2
12002	加藤	女	5	30	A	3
12003	斉藤	男	3	40	C	2
12004	田中	女	2	60	A	3
12005	中野	男	4	55	B	2
12006	三上	男	1	20	C	4

参考

実習を繰り返し行うために，例題10〜12を実行した後は，生徒表を手入力で修正する，または，次の削除・追加・更新をすることを勧める。

DELETE ＊ FROM 生徒表 WHERE 生徒コード ＝ 12007

INSERT INTO 生徒表 VALUES（12005,'中野','男',4,55,'B',2）

UPDATE 生徒表 SET 部活コード ＝ 1 WHERE 生徒コード ＝ 12003

参考 Excelのデータを Access で利用する

Accessでデータ入力すると，値のコピーや通し番号などの入力がExcelに比べて入力しづらい。Excelで作成したデータをAccessで利用する場合は，インポートという操作で行うことができる。

［外部データ］→［新しいデータソース］→［ファイルから］→ （Excel）をクリックして，Excelのファイルを指定する。

スプレッドシートインポートウィザードで，次の❶～❺を設定して，インポートが完了する。

❶　Excelの入力シートを指定

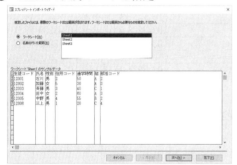

❷　先頭行をフィールド名とする

❸　インポートするフィールドを指定

❹　主キーの設定

今回は，生徒コードが重複しない主キーとなるので，主キーを変更

❺　テーブル名を設定

※インポートの場合，データの属性は自動設定となるため確認が必要である。

フィールド名	データ型
生徒コード	数値型
氏名	短いテキスト
性別	短いテキスト
住所コード	数値型
通学時間	数値型
組	短いテキスト
部活コード	数値型

編末トレーニング

1 ある宅配弁当屋では，その日の注文（FAX受付）についての受注・納品・請求を次のようなリレーショナル型データベースを利用して管理している。次の各問いに答えなさい。

<u>作業の流れ</u>　① 送られてきた注文書（FAX）のデータを，コンピュータに入力する。
　　　　　　　② データ入力終了後，注文先ごとの納品・請求書を発行する。

（注文書）

注 文 書
2022年5月27日

宅配専門　○○○　御中

実教出版株式会社

No.	商品コード	商 品 名	数量	単価	料金
1	A01	のり弁当	3	300	900
2	A12	若鶏の竜田揚げ弁当	5	450	2,250
〜	〜	〜	〜	〜	〜
				合計	4,380

（納品・請求書）

納品・請求書
2022年5月27日

実教出版株式会社　御中

宅配専門　○○○

No.	商品コード	商 品 名	数量	単価	料金
1	A01	のり弁当	3	300	900
2	A12	若鶏の竜田揚げ弁当	5	450	2,250
〜	〜	〜	〜	〜	〜
				合計	4,380

顧客表

顧客コード	顧客名	住所	電話番号	FAX番号
〜	〜	〜	〜	〜
C111	実教出版株式会社	千代田区五番町X	03-3238-XXXX	03-3239-XXXX
C112	市ヶ谷出版株式会社	千代田区五番町X	03-3265-XXXX	03-3266-XXXX
〜				
S012	千代田高等学校	千代田区九段北X-X-X	03-3234-XXXX	03-3235-XXXX
S013	都立学習高等学校	新宿区四谷X-X-X	03-3355-XXXX	03-3356-XXXX
〜	〜	〜	〜	〜

商品表

商品コード	商品名	単価
A01	のり弁当	300
A02	ジャンボのり弁当	380
A03	シャケ弁当	380
A04	から揚げ弁当	390
〜		〜
G01	お花見特別弁当	600
G02	夏季限定　冷やし麺	490
〜		〜
S01	味噌汁各種	100
S02	特製とん汁	150
〜	〜	〜

受注表

受注日	顧客コード	商品コード	数量
〜			
2022/05/02	C112	A02	15
2022/05/02	C112	A05	10
〜	〜	〜	〜
2022/05/27	C111	A01	3
2022/05/27	C111	A12	5
〜	〜	〜	〜
2022/05/27	S013	A12	2
2022/05/27	S013	A25	6

問1 新商品を商品表に登録する場合，空欄(a)〜(c)にあてはまる適切なものを解答群から選び，記号で答えなさい。

〔新商品内容〕　商品コード　：　T33
　　　　　　　　商品名　　　：　焼うどんジャンボのり弁当
　　　　　　　　単価　　　　：　470

　(a)　(b)　商品表　(c)　('T33', '焼うどんジャンボのり弁当', 470)

解答群

ア．DELETE　　イ．INSERT　　ウ．UPDATE　　エ．WHERE　　オ．INTO
カ．SET　　キ．FROM　　ク．VALUES

問2 2022年5月27日における商品ごとの受注数量一覧表を作成する場合，空欄にあてはまる適切なものをア，イ，ウの中から選び，記号で答えなさい。ただし，受注数量の降順に並べ替える。

```
SELECT   商品名，SUM（数量）AS 受注数量
  FROM   商品表 A，受注表 B
  WHERE   A.商品コード ＝ B.商品コード
    AND   受注日 ＝ '2022/05/27'
  GROUP BY   商品名
  ┌─────────────────────────┐
  └─────────────────────────┘
```

商品名	受注数量
生姜焼き弁当	62
から揚げ弁当	53
ハンバーグ弁当	46
のり弁当	36
シャケ弁当	35
ジャンボのり弁当	21
～	～

ア． ORDER BY SUM（数量）

イ． ORDER BY SUM（数量）ASC

ウ． ORDER BY SUM（数量）DESC

問3 2022年5月27日の顧客名ごとの請求金額を求める場合，空欄にあてはまる適切なものを答えなさい。

```
SELECT   顧客名, SUM（単価＊数量）AS 請求金額
  FROM   顧客表 A，商品表 B，受注表 C
  WHERE   A.顧客コード ＝ C.顧客コード
    AND   B.商品コード ＝ C.商品コード
    AND   受注日 ＝ '2022/05/27'
  ┌─────────────────────────┐
  └─────────────────────────┘
```

顧客名	請求金額
～	
実教出版株式会社	53680
市ヶ谷出版株式会社	38500
日本電力病院	183650
東京テレビ株式会社	387400
～	～

問4 2022年5月23日～2022年5月27日に受注した商品で，商品コードが G ではじまる商品の受注数量を求める場合，(a)の空欄にあてはまる適切なものをア，イ，ウの中から選び，記号で答え，(b)の空欄にあてはまる適切なものを答えなさい。

```
SELECT   SUM（数量）AS 受注数量
  FROM   受注表
  WHERE   ┌──────────────(a)──────────────┐
          └─────────────────────────────┘
    AND   商品コード ┌────(b)────┐
                   └───────────┘
```

ア． 受注日 ＞'2022/05/23' AND 受注日 <= '2022/05/27'

イ． 受注日 BETWEEN '2022/05/23' AND '2022/05/27'

ウ． 受注日 ＞= '2022/05/23' AND 受注日 ＜ '2022/05/27'

問1	(a)		(b)		(c)	
問2						
問3						
問4	(a)					
	(b)					

2 ㈲レンタル大和田では，レンタル用品の請求金額を次のリレーショナル型データベースを利用して管理している。次の各問いに答えなさい。

作業の流れ
① レンタル用品の貸し出し時に「貸出顧客表」，「貸出商品表」に注文を入力する。
② 料金はレンタル用品の貸し出し時に前払いで受け取る。
③ 料金は，1泊2日を基本日数として，「**単価 × 数量**」で求め，「**請求書**」を発行する。
　　ただし，2泊3日以上の場合は，3日目以降の日数を追加日数として，次の式で求め，料金に加える。

　　　「追加単価 × 数量 × 追加日数」
　　　例：バーベキューセット　B型（6名〜10名用）1セットを，3泊4日レンタルした場合
　　　10,800円×1セット　＋　2,160円×1セット　×　2日　＝　15,120円
　　　（単価）　　（数量）　　　（追加単価）（数量）　　（追加日数）　　（料金）
④ レンタル用品が返却されたとき，「貸出顧客表」に返却日を入力する。

商品表

商品コード	商品名	単価	追加単価	在庫数
1001	バーベキューセット　A型（3〜5名用）	7560	1512	30
1002	バーベキューセット　B型（6〜10名用）	10800	2160	15
〜	〜	〜	〜	〜
2122	パイプ椅子（一人掛け用）	540	324	500

顧客表

顧客コード	顧客名	郵便番号	住所	電話番号
〜	〜	〜	〜	〜
SCR2222	峯町会	334-XXXX	埼玉県川口市市峯XXXX	048-295-XXXX
SCR2223	前川友愛	333-XXXX	埼玉県川口市前川X-X-X	048-267-XXXX
SCR2224	総研会	336-XXXX	埼玉県さいたま市緑区青葉X-X-X	048-655-XXXX
SCR2225	遊馬小学校PTA	340-XXXX	埼玉県草加市遊馬町X-X-X	048-933-XXXX
〜	〜	〜	〜	〜

貸出顧客表

貸出番号	顧客コード	貸出日	返却予定日	追加日数	返却日
〜	〜	〜	〜	〜	〜
13505	RC48601	2022/10/06	2022/10/07	0	0
13506	RC48602	2022/10/07	2022/10/08	0	2022/10/08
13507	SCR2224	2022/10/08	2022/10/11	2	0
13508	RC48604	2022/10/09	2022/10/10	0	0
〜	〜	〜	〜	〜	〜

貸出商品表

貸出番号	商品コード	数量
〜	〜	〜
13505	2020	25
13506	1001	2
13507	1002	1
13507	1010	4
〜	〜	〜

（注）「返却日」の0は未返却を表す。

問1 商品コードが2122のパイプ椅子（一人掛け用）を300脚補充したため，在庫数を800に変更する場合，空欄(a)，(b)にあてはまる適切なものを答えなさい。

　　　　[　(a)　] 商品表 [(b)] 在庫数 = 800　WHERE　商品コード = '2122'

問2 貸し出し可能な商品一覧表を作成する場合，次の(1)～(3)に答えなさい。

(1) 商品コードごとに貸し出し可能な商品を一覧表示する場合，空欄(a)にあてはまる適切なものを解答群から選び，記号で答えなさい。ただし，貸出商品表にはすべての商品が登録されている。

```
SELECT   A.商品コード，商品名，在庫数 － SUM（数量）AS 貸出可能数
  FROM   貸出商品表 A，商品表 B
 WHERE   A.商品コード ＝ B.商品コード
    (a)    A.商品コード，商品名，在庫数
```

(2) 貸し出し可能数が1以上の商品を抽出するための条件を加える場合，(1)のSQL文に追加する次の文の空欄(b)にあてはまる適切なものを解答群から選び，記号で答えなさい。

```
    (b)    在庫数 － SUM（数量）>= 1
```

(3) 貸し出し可能数の多い順に並べ替えるための条件を加える場合，(1)のSQL文に追加する次の文の空欄(c)，(d)にあてはまる適切なものを解答群から選び，記号で答えなさい。

```
    (c)    在庫数 － SUM（数量）    (d)
```

商品コード	商品名	貸出可能数
〜	〜	〜
1001	バーベキューセット　A型（3～5名用）	21
〜	〜	〜
1002	バーベキューセット　B型（6～10名用）	7
1004	鉄板中型	7
〜	〜	〜
1003	鉄板大型	4
〜	〜	〜
1006	台車大型	2
〜	〜	〜

─ 解答群 ─
ア．GROUP BY　　イ．ORDER BY　　ウ．ASC　　エ．DESC　　オ．DISTINCT
カ．HAVING　　　キ．WHERE　　　ク．AND

問3 リレーショナル型データベースを設計する際，E－R図を用いてデータの関連性をモデル化する。次の図は，四つの表のリレーションシップを表したE－R図である。空欄の(a)～(c)にあてはまる適切な組み合わせを答えなさい。

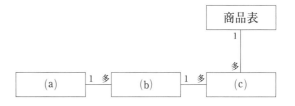

ア．(a)顧客表　　　　(b)貸出顧客表　　(c)貸出商品表
イ．(a)貸出商品表　　(b)貸出顧客表　　(c)顧客表
ウ．(a)貸出顧客表　　(b)顧客表　　　　(c)貸出商品表

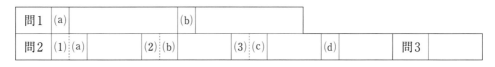

| 問1 | (a) | | (b) | |

| 問2 | (1)(a) | (2)(b) | (3)(c) | (d) | 問3 | |

Part IV 知識 編

Lesson 1 ハードウェア・ソフトウェア

1 システムの開発と運用

　コンピュータによる業務処理は，データの発生から終了までの一連の流れを，効果的に統一された方法で行う。このようにコンピュータシステムを効率よく，総合的に最もよいしくみに作り上げていくことをシステム開発という。ここではシステム開発と開発期間に関する計算について学習してみよう。

学習のポイント

キーワード

▶ **開発手法**
- ☐ ウォータフォールモデル
- ☐ プロトタイピングモデル
- ☐ スパイラルモデル

▶ **開発工程**
- ☐ 要件定義
- ☐ 外部設計
- ☐ 内部設計
- ☐ プログラム設計
- ☐ プログラミング
- ☐ ブラックボックステスト
- ☐ ホワイトボックステスト
- ☐ テスト
- ☐ 単体テスト
- ☐ 結合テスト
- ☐ システムテスト
- ☐ 運用・保守

▶ **開発期間に関する計算**
（ 人日　人月 ）

データベースサーバ　　　　　オンラインプリンタ

顧客管理　　　　売上管理　　　　在庫管理
▲販売管理システム

要件定義 どんな機能をもつ システムか	システム設計 ソフトウェア詳細 設計書の作成	プログラミング java,C 言語， COBOL 言語
テスト ユーザ参加の 環境テスト	ソフトウェアの受入 社内研修の実施 資源の確保	ソフトウェア保守 システムの改修 障害対策

▲システム開発プロセス

⑴開発手法

コンピュータシステムを開発するためには，一定の規則にしたがって手順よく進めなければならない。

・**ウォータフォールモデル（waterfall model）**………　上流工程から下流工程へ，滝の流れのように段階的に設計を進めていく方式を**ウォータフォールモデル**という。現在の代表的な技法で，大規模なシステムの開発に用いられる。ウォータフォールモデルの長所は，手順にしたがった作業により，管理がしやすいことである。しかし，設計のある段階で問題が生じたときに前の作業に戻っての変更がしづらい短所を持っている。

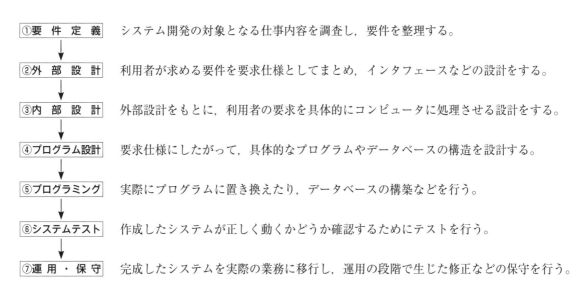

①要件定義	システム開発の対象となる仕事内容を調査し，要件を整理する。
②外部設計	利用者が求める要件を要求仕様としてまとめ，インタフェースなどの設計をする。
③内部設計	外部設計をもとに，利用者の要求を具体的にコンピュータに処理させる設計をする。
④プログラム設計	要求仕様にしたがって，具体的なプログラムやデータベースの構造を設計する。
⑤プログラミング	実際にプログラムに置き換えたり，データベースの構築などを行う。
⑥システムテスト	作成したシステムが正しく動くかどうか確認するためにテストを行う。
⑦運用・保守	完成したシステムを実際の業務に移行し，運用の段階で生じた修正などの保守を行う。

・**プロトタイピングモデル（prototyping model）**………　試作品（プロトタイプ）を早い段階で利用者に提供し，利用者の評価をもとに順次変更しながら進めていく方式を**プロトタイピングモデル**という。比較的小規模のシステム開発に適している。

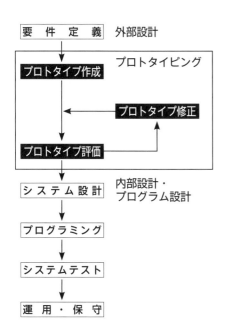

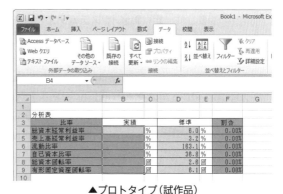

▲プロトタイプ（試作品）
処理画面の試作品を作ってユーザの評価を得る。

・スパイラルモデル (spiral model) ‥‥‥‥ 基本的なシステムを作成してから，要件定義によって重要度の高い機能を順番に作成していき，最終的に大きなシステムを完成する方式をスパイラルモデルという。ウォータフォールとプロトタイピングの併用型で両方の長所を持っている。スパイラルモデルは，利用者の要求を確認しながら徐々にシステムを完成させることができる。しかし，この技法の場合，機能ごとに分割することができるシステムでないと対応できない。

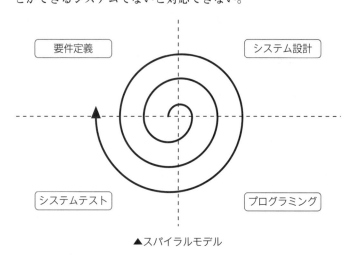

▲スパイラルモデル

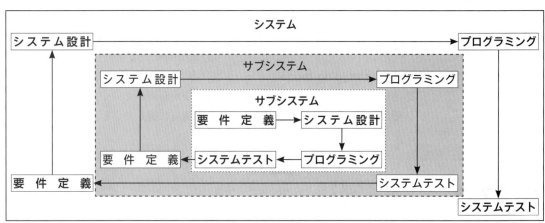

【例】商品の在庫システムが完成した後に配送システムを作成し，さらに顧客管理システム，販売システムを作成して，全体的な通販のシステムを完成させる。

(2)開発工程
①要件定義
　利用者の要望を把握し，システムに盛り込む機能を決定することを**要件定義**という。システムの設計は多くの人たちが協力し合い，現在の問題点を解決する作業である。要件定義はこれから作成するシステムの最も大切な部分であり，開発者と利用者が十分相談をしながら進められなければならない。
　要件定義では，入力されるデータは何か，そのデータはどのように加工されて出力されるかを大まかに決めておく。また，GUI系のシステムでは，利用者の要求にそった画面の流れなどを文書化して矛盾のないように確認する。
②外部設計
　利用者が求める機能を利用者の立場に立って設計することを**外部設計**という。担当者は，システムでは

どのような機能がなぜ必要かなど，利用者の要求を明確に開発者に伝えることが重要である。また，利用者との確認作業（レビュー）も大切である。

③内部設計

利用者の業務内容から見た機能をもとに設計する外部設計に対して，使用するコンピュータの仕様，システム開発側の立場を意識しながらシステムを設計することを**内部設計**という。

④プログラム設計

内部設計をもとに具体的なプログラムの設計を行うことを**プログラム設計**という。具体的には，何を入出力し，どのような処理を行うかをはっきりさせる。また，わかりやすいプログラムを作成するために，プログラム全体をモジュールというひとまとまりの機能を持った単位に分割する。設計内容や処理内容を再確認するためにテストケースも同時に設計する。

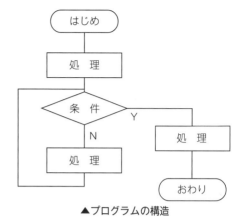

▲プログラムの構造

⑤プログラミング

プログラム設計の結果を受けて，実際にプログラムを作成し，テストも併せて行う作業のことを**プログラミング**という。プログラミングにはさまざまなプログラム言語が用いられる。

プログラミングで行われるテストとしては，**ブラックボックステスト**や**ホワイトボックステスト**などがある。

・**ブラックボックステスト（ユーザインタフェーステスト）**………　システムの内部構造とは無関係に外部から見た機能について検証するテスト方法で，入力と出力だけに着目し，さまざまな入力に対して仕様書どおりの出力が得られるかどうかを確認するテスト。

・**ホワイトボックステスト（構造テスト）**………　プログラムの内部構造が論理的に正しく構成されているか内部の流れを確認するテスト。

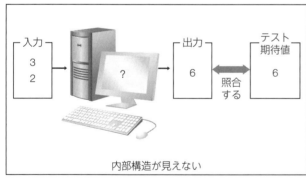

▲ブラックボックステスト

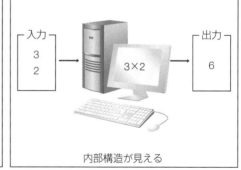

▲ホワイトボックステスト

⑥テスト

さまざまな視点からの**テスト**を行い，システム上の誤りや設計上の誤りを見つけ出す作業のこと。テストに際しては，開発専門の人間だけではなく，利用者なども参加して実施する必要がある。

・**単体テスト**………　システムを構成する最小単位である一つのモジュール（プログラム）に対して実行されるソフトウェアテストを**単体テスト**という。エラーの抽出や品質の評価，仕様に適合しているかなどを検証する。

・**結合テスト**………　モジュール間のインタフェース（接点）が正しく機能しているか，データの受け渡しが正しく行われているかなどを検証するテストを**結合テスト**という。

・**システムテスト**………　システムの入力処理から出力処理にいたる全体的な流れが正しく機能しているかを確認するテストを**システムテスト**という。

⑦運用・保守

実際の業務での**運用**の中で生じた問題点を解消するために，システムの改修（再編成）やデータ項目の追加・削除（再構成）などを行う作業のこと。一般的に，ハードウェアやソフトウェア，システムに対するサポート業務を**保守**という。

⑶開発期間に関する計算

システム開発などに要する必要な作業量を**工数**という。作業の開始から完成までに費やした作業時間の合計で，複数で作業をする場合は各人の作業時間の総合計となる。この工数を表す単位として，**人日**（にんにち）や**人月**（にんげつ）などが用いられる。

- **人日**‥‥‥‥ 1人の作業員が，1日8時間働くと仮定して消化できる作業量のこと。3人日なら，1人で3日働いてこなせる作業量となる。
- **人月**‥‥‥‥ 1人の作業員が，1日8時間・1か月20日働くと仮定して消化できる作業量のこと。3人月なら，1人で60日（3か月）働いてこなせる作業量となる。

【例題】あるプログラム開発を完成させるのに，Aさん1人で10日，Bさん1人で15日かかる場合，これを2人で一緒に作業をすると何日で完成するか。

   ア．5日 イ．6日 ウ．7日

〈解答例〉
- Aさんの1日の作業量：1/10，Bさんの1日の作業量：1/15
- 2人合計の1日の作業量：1/10 + 1/15 = 5/30 = 1/6
- 1/6（1日の作業量）× 6（日数）= 1（完成）   答え： イ

(1) 次のA群の語句に最も関係の深い説明文をB群から選び，記号で答えなさい。

〈A群〉

1. ブラックボックステスト
2. プロトタイピングモデル
3. スパイラルモデル
4. 要件定義
5. 単体テスト
6. 内部設計
7. プログラム設計
8. 結合テスト
9. 運用・保守
10. システムテスト

〈B群〉

ア．基本設計からテストまでの流れが，前の工程に戻らないことを原則としているシステム開発モデル。

イ．システム開発の初期段階から試作品を作成し，利用者と確認をしながら進めていく開発手法。

ウ．システム開発モデルの一つで，システムを独立性の高い部分に分割し，利用者の要求やインタフェースの検討などを経て，設計・プログラミング・テストの工程を繰り返す手法。

エ．開発者と利用者が十分に話し合って進めるシステムの要件を決定する段階。

オ．プログラム全体をモジュール単位に分割し，わかりやすいプログラム構造を設計する段階。

カ．使用するコンピュータの仕様やシステムの特性を考慮して設計する段階。

キ．実際にプログラムを作成し，テストも併せて行う作業。

ク．一つのモジュールの論理エラーを抽出するテスト。

ケ．モジュール間で受け渡されるデータにエラーがないかを抽出するテスト。

コ．入力処理から出力処理にいたるシステム全体の流れが正しく機能しているか確認するテスト。

サ．システムの改修やデータ項目の追加・削除など，データ変更をともなうシステムの再編成の作業。

シ．プログラムの内部構造には関係なく，入力データが仕様書のとおりに出力されるかを確認するテスト。

ス．プログラムの内部構造に着目し，プログラムが設計どおりに動作しているかを確認するテスト。

1		2		3		4		5	
6		7		8		9		10	

(2) 次の説明に該当する語を記述しなさい。6. については数値を答えなさい。

1. 外部設計，内部設計などいくつかの工程に分割して進めるシステム開発モデル。大規模な開発に向いている。前の工程で設計ミスがあると設計全体に影響する。

2. 入力データが仕様書のとおりに出力されるかを確認するためのテスト。プログラムの内部構造には関係なく，処理結果と期待値を照合して確認する。

3. システム開発の初期段階から試作品を作成し，ユーザと確認をしながら進めていく開発手法。

4. 基本的なシステムをもとに，サブシステムを順次構築していく設計手法。

5. プログラム全体をモジュール単位に分割し，プログラムの構造を設計すること。

6. 納品したシステムの保守作業に，Aさん1人だと3日，Bさん1人だと6日かかる場合，これを2人で一緒に作業をすると何日で終了するか。

1		2		3	
4		5		6	日

2 性能評価

コンピュータシステムを評価するときの指標（基準）には，コンピュータやシステムの処理能力に関するものと，コンピュータシステムの信頼性に関するものがある。ここでは，コンピュータシステムの性能評価について学習してみよう。

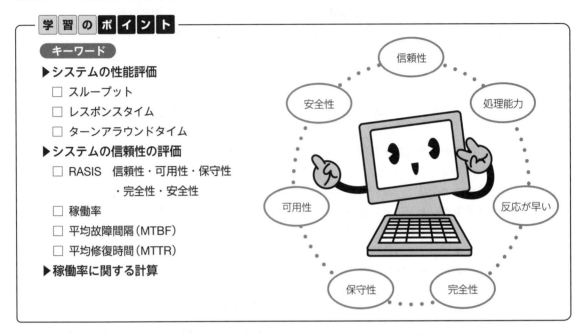

学 習 の ポイント

キーワード

▶システムの性能評価
　□ スループット
　□ レスポンスタイム
　□ ターンアラウンドタイム
▶システムの信頼性の評価
　□ RASIS　信頼性・可用性・保守性
　　　　　　　・完全性・安全性
　□ 稼働率
　□ 平均故障間隔（MTBF）
　□ 平均修復時間（MTTR）
▶稼働率に関する計算

⑴システムの性能評価

コンピュータシステムの性能管理では，システムの性能を表す測定値を見て，処理に異常な時間がかかるなどの現象が現れたとき適切な対処を行うことで障害を予防している。測定値の尺度には，**スループット**やレスポンスタイム，**ターンアラウンドタイム**などがある。

　・**スループット (throughput)** ……… 　一定時間内にコンピュータが行う仕事の量やデータの通信量を表したもの。

【例】10分間で10,000件の会員データを処理する性能。

　・**レスポンスタイム (response time)** ……… 　利用者が直接コンピュータに指示を与えてから結果が出はじめるまでの時間。応答時間。リアルタイム処理の際に使われることが多い。

【例】WebブラウザにURLを入力してから，サイトの画面が表示されはじめるまでの時間。

　・**ターンアラウンドタイム (turn around time)** ……… 　利用者がデータやプログラムをコンピュータに与えてから処理結果を得るまでの時間。バッチ処理の際に使われることが多い。

【例】給与計算のデータを入力してからすべての結果が出力されるまでの時間。

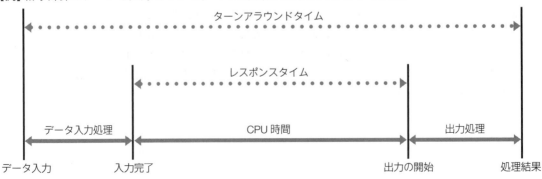

⑵システムの信頼性の評価

コンピュータシステムが故障なく稼働するか，外部からの不正なアクセスを防止できるかなど，システムの信頼性を測る尺度として，**信頼性・可用性・保守性・完全性・安全性**の指標がある。

- **RASIS**‥‥‥‥‥‥‥ システムの評価指標を表した頭文字を並べたものをRASISという。

R：信頼性 （Reliability）	コンピュータが，故障なしに安定して稼働すること。平均故障間隔（MTBF）を用いて評価する。
A：可用性 （Availability）	システムが稼働していて，処理が正常に実行できること。稼働率（可用時間）を用いて評価する。
S：保守性 （Serviceability）	装置が故障したときに，容易に保守を実行できること。平均修復時間（MTTR）を用いて評価する。
I：完全性 （Integrity）	データの内容や項目間に正当性や整合性が保てること。一つのファイルを複数のユーザが同時に使用できないような技術（排他制御技術）などで実現される。
S：安全性 （Security）	システム内の情報を，部外者の破壊行為から守ったり，プライバシーを確保したりすること。ID・パスワードの設定，システムファイルに対する使用権の設定などで実現される。

- **稼働率**‥‥‥‥‥‥ システムが正常に動作している時間の割合を**稼働率**という。可用性を高めるためには稼働率を1（100％）に近くすることが重要である。故障が少なく長時間継続して動作し，もし故障したときも修理の時間を短くすることで稼働率を高めることができる。

    稼働率は，平均故障間隔（MTBF）と，平均修復時間（MTTR）から求められる。

$$稼働率 = \frac{平均故障間隔}{（平均故障間隔 ＋ 平均修復時間）} = \frac{MTBF}{MTBF ＋ MTTR}$$

- **平均故障間隔（MTBF：Mean Time Between Failures）**‥‥‥‥ 装置やシステムが正常に動作している平均時間である。故障が修復してから次の故障が発生するまでの平均時間でもある。MTBFの値が大きいほど信頼性が高い。
- **平均修復時間（MTTR：Mean Time To Repair）**‥‥‥‥ 故障のとき，修理に要する平均時間である。MTTRが短いほど保守性が高い。

⑶稼働率に関する計算

①稼働率の基本計算

【例題】下の図のような性能のシステムの稼働率を求めなさい。

| 正常動作100時間 | | 正常動作80時間 | | 正常動作90時間 | |

故障10時間　　　　　　故障8時間　　　　　　故障12時間

  ア．0.1   イ．0.11   ウ．0.9

〈解答例〉

平均故障間隔 ＝（100 ＋ 80 ＋ 90）÷ 3 ＝ 90（時間）

平均修復時間 ＝（10 ＋ 8 ＋ 12）÷ 3 ＝ 10（時間）

$$稼働率 ＝ \frac{90}{90 ＋ 10} ＝ \frac{90}{100} ＝ 0.9（90％）$$

答え：　ウ

一つの装置によって構成されるシステムの稼働率は上記の計算式で求められるが，複数の装置によって構成されるシステムの場合は，次にあげる方法によって全体の稼働率を求める。

②装置が直列につながっているシステムの稼働率

　コンピュータ装置が直列に接続されている場合，どちらか一方にトラブルが発生すると，システム全体に影響がおよび，正常に稼働することができない。

　直列に接続されたシステムの組み合わせを考えると右の表のようになる。このように，直列のシステムの場合，両方が正常に動作しているときにのみシステム全体が稼働することになる。

装置A	装置B	全体
○	○	○
○	×	×
×	○	×
×	×	×

○：正常　×：故障

　このことから，直列システムの稼働率は次の式で求められる。

直列システムの稼働率 ＝ 装置Aの稼働率 × 装置Bの稼働率

【例題】次のような直列システムの稼働率を求めなさい。なお，装置Aの稼働率を0.9，装置Bの稼働率を0.8とする。

　　ア．0.72　　　　　　　　イ．0.85　　　　　　　　ウ．0.98

〈解答例〉

　直列システムの稼働率 ＝ 装置Aの稼働率 × 装置Bの稼働率
　　　　　　　　　　　 ＝ 0.9 × 0.8
　　　　　　　　　　　 ＝ 0.72

答え：　**ア**

③装置が並列につながっているシステムの稼働率

　コンピュータ装置が並列に接続されている場合，一方にトラブルが発生しても，もう一方が動作していれば，システム全体は正常に稼働することができる。

　並列に接続されたシステムの組み合わせを考えると右の表のようになる。このように，並列のシステムの場合，両方が故障しているときにのみシステム全体が停止することになる。

装置A	装置B	全体
○	○	○
○	×	○
×	○	○
×	×	×

○：正常　×：故障

　このことから，並列システムの稼働率は次の式で求められる。

並列システムの稼働率 ＝ 1 －（装置Aの故障率 × 装置Bの故障率）
＝ 1 －｛(1 － 装置Aの稼働率) × (1 － 装置Bの稼働率)｝

【例題】次のような並列システムの稼働率を求めなさい。なお，装置Aの稼働率を0.9，装置Bの稼働率を0.8とする。

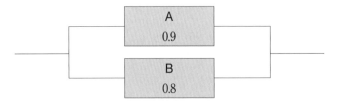

　　ア．0.72　　　　　　　　イ．0.85　　　　　　　　ウ．0.98

〈解答例〉

並列システムの稼働率 = 1 − {(1 − 装置Aの稼働率) × (1 − 装置Bの稼働率)}
= 1 − {(1 − 0.9) × (1 − 0.8)}
= 1 − 0.1 × 0.2
= 1 − 0.02
= 0.98

答え： ウ

〈解説〉

装置Aの故障率は，1 − 0.9 = 0.1

装置Bの故障率は，1 − 0.8 = 0.2

装置Aと装置Bの両方が故障する確率は，0.1 × 0.2 = 0.02

装置Aと装置Bの一方または両方が正常に稼働する確率は，1 − 0.02 = 0.98

筆記練習 25

(1) 次のA群の語句に最も関係の深い説明文をB群から選び，記号で答えなさい。

〈A群〉

1. スループット 2. レスポンスタイム 3. ターンアラウンドタイム

4. RASIS 5. 平均故障間隔（MTBF） 6. 平均修復時間（MTTR）

〈B群〉

ア．コンピュータシステムが一定時間内に処理する仕事量や，伝達できる情報量。

イ．印刷命令を送ってからプリンタが動きはじめるまでの時間のように，コンピュータシステムに処理を指示してから，その処理がはじまるまでに要する時間。

ウ．印刷命令を送ってからプリンタがすべての結果を出力し終わるまでに要する時間。

エ．コンピュータシステムに関する評価指標で,「信頼性」,「可用性」,「保守性」,「完全性」,「安全性」の5項目の頭文字で表現したもの。

オ．コンピュータシステムが，故障から復旧した後，次に故障するまでの平均時間。

カ．コンピュータシステムが故障してから，完全に復旧するまでにかかる平均時間。

1		2		3		4		5		6	

(2) 次の説明文に最も適した答えをア，イ，ウの中から選び，記号で答えなさい。

1. インターネットの利用時に，キーワードを入力して検索結果がすべて表示されるまでの時間。

ア．スループット イ．ターンアラウンドタイム ウ．レスポンスタイム

2. コンピュータの故障時，修復までにかかる平均的な時間を表したもの。

ア．MTTR イ．MTBF ウ．MIPS

3. コンピュータが故障せずに安定して稼働する指標。

ア．可用性 イ．信頼性 ウ．保守性

4. コンピュータが正常に稼働している時間を割合で表したもの。

ア．稼働率 イ．平均故障間隔 ウ．平均修復時間

1		2		3		4	

(3) 次の説明に該当する語を記述しなさい。

1. コンピュータシステムが一定時間内に処理する仕事量や通信量のこと。
2. 処理命令を出してから最初の応答が返るまでの時間。
3. システムの信頼性の指標の一つで，データの整合性や正当性を保つこと。
4. システムが稼働していて，処理が正常に実行できることを示す指標。
5. 処理命令を出してからすべての処理結果を得るまでの時間。

1		2		3	
4		5			

(4) 次の計算をしなさい。

1. 装置Aと装置Bが，次の図のように配置されているシステムにおいて，システム全体の稼働率を求めなさい。ただし，装置Aと装置Bの稼働率はいずれも0.8とする。

2. 装置Aと装置Bが，次の図のように配置されているシステムにおいて，システム全体の稼働率を求めなさい。ただし，装置Aと装置Bの稼働率はいずれも0.8とする。

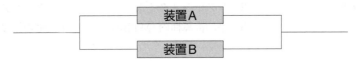

3. 装置Aと装置Bが，次の図のように配置されているシステムにおいて，システム全体の稼働率が0.81のとき，装置Bの稼働率はいくらか。ただし，装置Aの稼働率は0.9とする。

装置A ── 装置B

1		2		3	

3 障害管理

どのようなシステムでも障害が発生することがある。そのときにシステムをどのように守るか，事前に準備しておかなければならない。ここでは，コンピュータシステムの障害管理について学習してみよう。

学 習 の ポイント

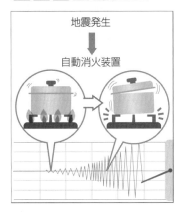

地震発生
↓
自動消火装置

機器の故障
↓
片方のエンジンでも
飛行が可能

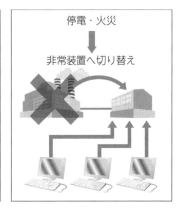

停電・火災
↓
非常装置へ切り替え

▲障害対策の考え方

キーワード

▶障害対策
- ☐ フォールトトレラント
- ☐ フェールセーフ
- ☐ フールプルーフ
- ☐ フォールトアボイダンス
- ☐ フェールソフト

▶障害対策技術
- ☐ NAS
- ☐ RAID
- ☐ ストライピング
- ☐ ミラーリング

(1)障害対策

　障害には機器の故障や災害，人間の操作ミスなどの原因が考えられる。こうしたさまざまなケースを想定して，次のような考え方の対策がとられている。

- **フォールトトレラント**……… 　システムに障害が発生したときに正常な動作を保ち続ける能力のことを**フォールトトレラント**という。また，障害が発生してシステムが停止したときのことを考えて，事前に予備のシステムを準備しておき，発生時に切り替えて対応するシステムのことを**フォールトトレラントシステム**という。RAIDなどの磁気ディスク装置を多重化する技術も含まれる。

▲フォールトトレラントの例

- **フォールトアボイダンス**……… 　信頼性の高い部品の採用や利用者の教育など，コンピュータシステムに可能な限り故障や障害が起きないようにすることを**フォールトアボイダンス**という。

▲フェールセーフの例

- **フェールセーフ**……… 　障害が発生したときに，被害を最小限に止め，安全性を最優先にする設計や考え方を**フェールセーフ**という。停電の際に遮断桿が下りたままになる遮断機や，倒れると自動で消火する石油ストーブなどの事例が挙げられる。

・**フェールソフト**………　障害が発生したときに，システム全体を停止するのではなく，一部の機能を落としても処理を継続しようとする設計のことを**フェールソフト**という。エンジンの一つが故障しても，残りのエンジンのみで飛行できる航空機などの事例がある。

・**フールプルーフ**………　人にはミスがつきものという視点にたち，誤った操作をしても誤動作しないような安全対策を準備しておく設計のことを**フールプルーフ**という。ふたを閉めないと動作しない電子レンジ，誤動作を起こす可能性のあるデータ入力を規制するシステムなどがある。

▲フールプルーフの例

障害対策の考え方を整理すると次のようになる。

フォールトトレラント	壊れても大丈夫なように対策を準備する。
フォールトアボイダンス	可能な限り故障や障害が起きないようにする。
フェールセーフ	障害が発生したら安全性を優先する。
フェールソフト	障害が発生したら継続性を優先する。
フールプルーフ	意図しない使用でも故障しないようにする。

(2)障害対策技術

障害対策技術には次のようなものがある。

・**NAS（Network Attached Storage）**………　ネットワークに直接接続して使用するファイルサーバ専用機のことを**NAS**という。実体は磁気ディスク装置で，NASを設置することにより1対多の接続が可能となり，複数のコンピュータから同時にアクセスすることが可能となる。内部にはCPUやOSなどを搭載しており，コンピュータに近くなっているのが特徴である。単にデータを保存するだけでなく，保存したデータを管理・活用するためのさまざまな機能が搭載されている。

・**RAID（レイド）（Redundant Arrays of Inexpensive Disks）**………　複数の磁気ディスク装置を組み合わせることで，高速で信頼性の高いシステムを作ることができる技術。高速化や信頼性の目的によってRAID0からRAID6までの7種類の形態に分かれている。

・**ストライピング**………　RAID 0 のことで，複数のHDDにデータを分散して書き込む。

・**ミラーリング**………　RAID 1 のことで，2台のHDDに同じデータを書き込む。

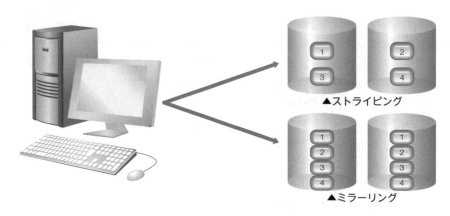
▲ストライピング

▲ミラーリング

(1) 次のA群の語句に最も関係の深い説明文をB群から選び，記号で答えなさい。

〈A群〉

1. フォールトトレラント　　　2. フェールセーフ　　　3. フェールソフト
4. フールプルーフ　　　　　　5. NAS　　　　　　　　6. RAID

〈B群〉

ア．障害が発生してシステムが停止したときのことを考えて，事前に予備のシステムを準備しておく設計の考え方。

イ．信頼性や処理速度を向上させるために，複数台の磁気ディスク装置を組み合わせて一体化し，全体を一つのディスク装置のように扱うしくみ。

ウ．障害が発生したときに，機能の一部を停止しても処理を継続しようとする設計のこと。

エ．人にはミスがつきものという視点にたち，誤った操作をしても誤動作しないような安全対策を準備しておく設計のこと。

オ．LANに直接接続して，複数のPCから共有できるファイルサーバ専用機。

カ．障害が発生したときに，被害を最小限に止めようとする設計のこと。

1		2		3		4		5		6	

(2) 次の説明文に最も適した答えを解答群から選び，記号で答えなさい。

1. システムが故障した際，すべてを赤信号にする信号機。
2. オートマチックの自動車のブレーキを踏まないと，エンジンがかからないシステム。
3. エンジンの一部が停止しても，飛行ができるように設計されたジェット機の運行システム。
4. 利用者が誤った操作をしても，システムに異常が起こらないようにする。
5. 作業範囲に人間が入ったことを検知するセンサが故障したとシステムが判断した場合，ロボットアームを強制的に停止させる。

――解答群――

ア．フェールセーフ　　　　イ．フールプルーフ　　　　ウ．フェールソフト

1		2		3		4		5	

(3) 次の説明に該当する語を記述しなさい。

1. 人間の操作ミスがコンピュータシステム全体に影響しないようにするための設計の考え方。
2. エラーが起こっても被害の拡大を防ぐため，事前に対策をたてておく考え方。
3. システムの一部がダウンしても全体として作業が続行できる状態にする設計の考え方。
4. 並列に接続された磁気ディスク装置により，アクセス処理の速度や信頼性の向上を実現する技術。
5. RAID 1 のことで，2台のHDDに同じデータを書き込む方法。
6. 信頼性の高い部品の採用など，コンピュータシステムに可能な限り故障や障害が起きないようにすること。

1		2		3	
4		5		6	

4 コンピュータの記憶容量

2・3級の分野では，コンピュータを構成する内部装置や外部装置，磁気ディスク装置などの補助記憶装置について学習してきた。ここでは，コンピュータの記憶容量について学習してみよう。

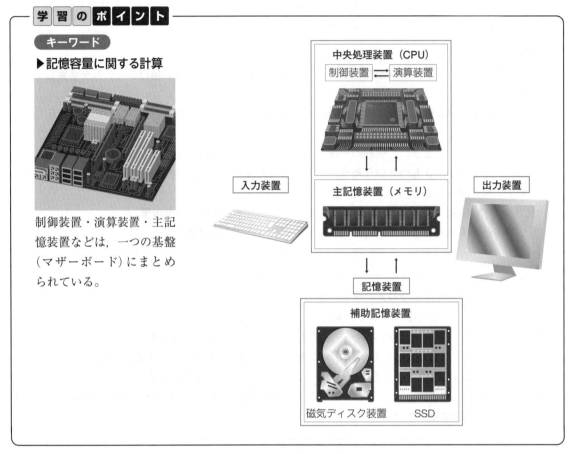

学 習 の ポイント

キーワード

▶記憶容量に関する計算

制御装置・演算装置・主記憶装置などは，一つの基盤（マザーボード）にまとめられている。

中央処理装置（CPU）
制御装置 ⇄ 演算装置

入力装置

主記憶装置（メモリ）

出力装置

記憶装置

補助記憶装置

磁気ディスク装置　　SSD

(1)記憶容量に関する計算

色情報を含む画像の情報量は次の手順で求める。

①画像の横・縦の大きさから総ドット数を求める。

②1ドットあたりの色情報に必要なビット数を乗じて総ビット数を求める。

③求めた値はビットからバイト(B)へ単位を換算する。

（解像度はビットで表記されるが，情報量はバイト(B)で表す）

【例題】ある高校では，在学中に発行した学校新聞をCD-Rに記録して卒業時に配布している。学校新聞は8ページで構成され，毎年4回発行される。1ページあたりの容量がすべて15MBである場合，3年分を1枚のCD-Rに収めるために必要十分な圧縮率を答えなさい。なお，CD-Rの記憶容量は，700MBとする。

　　　　　ア．30%　　　　　　　　　イ．40%　　　　　　　　　ウ．50%

〈解答例〉

圧縮前の記憶容量 = 8（ページ）× 4（回）× 3（年）× 15（MB）= 1440（MB）

1枚のCD-Rに収めるために必要な圧縮率 = 700 ÷ 1440 × 100 = 48.61…（%）

必要十分な圧縮率は，48.61…（%）より割合の少ないもののうち最大のものを選べばよい。

答え： イ

【例題】128MBのフラッシュメモリに，400字詰め原稿用紙に書かれた日本語の文章を記録するとき，およそ何枚分記録できるか。なお，日本語1文字は2Bのデータ量とし，1MB＝10^6Bとする。

　　　　　ア．80,000枚　　　　　　　　イ．160,000枚　　　　　　　ウ．320,000枚

〈解答例〉

　フラッシュメモリの記憶容量をBに換算すると，128 × 10^6 ＝ 128,000,000（B）

　400字詰め原稿用紙1枚あたりのデータ容量は，2（B）× 400 ＝ 800（B）

　記録できる枚数は，128,000,000 ÷ 800 ＝ 160,000（枚）

　　　　　　　　　　　　　　　　　　　　　　　　　　　　　　　　答え：　イ

【例題】ディジタルカメラで，解像度1,000×800ドット，1ドットあたり24ビットの色情報で100枚撮影する場合，最低限必要な記憶容量を求めなさい。なお，すべて同じ条件で撮影し，データは撮影時にカメラが自動的に2分の1に圧縮するものとする。

　　　　　ア．128MB　　　　　　　　　イ．256MB　　　　　　　　ウ．512MB

〈解答例〉

　1枚の画像容量 ＝ 横方向ドット数 × 縦方向ドット数 × 1ドットあたりのビット数 ÷ 8（ビット）

　　　　　　　　＝ 1,000 × 800 × 24 ÷ 8（ビット）

　　　　　　　　＝ 2,400,000（B）

　　　　　　　　＝ 2.4（MB）

　100枚では，2.4 × 100 ＝ 240（MB）

　これをディジタルカメラが2分の1に圧縮するので，240 ÷ 2 ＝ 120（MB）

　最低限必要な記憶容量は，120MBより多いもののうち最小のものを選べばよい。　　答え：　ア

【例題】256MBの記憶容量をもつフラッシュメモリに，解像度200dpiのイメージスキャナでフルカラー（24ビットカラー）で取り込んだ縦10cm，横12.5cmの写真を最大何枚保存することができるか。なお，写真の取り込みはすべて同じ条件で行い，データを圧縮しないものとする。また，1インチは2.5cm，1MB＝10^6Bとする。

　　　　　ア．13枚　　　　　　　　　　イ．17枚　　　　　　　　　ウ．106枚

〈解答例〉

　イメージスキャナの解像度はdpiで示されているため，取り込む画像の横・縦の大きさの単位（cm）をインチに変換する。

　横：12.5（cm）÷ 2.5 ＝ 5（インチ）

　縦：10（cm）÷ 2.5 ＝ 4（インチ）

　1枚の画像容量 ＝（解像度 × 横）×（解像度 × 縦）× 1画素あたりのビット数 ÷ 8（ビット）

　　　　　　　　＝（200 × 5）×（200 × 4）× 24 ÷ 8（ビット）

　　　　　　　　＝ 1,000 × 800 × 3

　　　　　　　　＝ 2,400,000（B）

　　　　　　　　＝ 2.4（MB）

　256MBのフラッシュメモリに保存できる枚数 ＝ 256 ÷ 2.4 ＝ 106.6…（枚）

　保存できる最大の枚数は，106.6…（枚）より少ないもののうち最大のものを選べばよい。

　　　　　　　　　　　　　　　　　　　　　　　　　　　　　　　　答え：　ウ

(1)　次の計算をしなさい。ただし，1インチ＝2.5cm，1MB＝10^6Bとする。

1.　1GBのフラッシュメモリを持つディジタルカメラで，解像度1,000×800ドットのフルカラー（24ビット）で同じ条件の風景を撮影した場合，約何枚の撮影が可能か。ただし，圧縮率は4分の1とする。

　　　　　ア．52枚　　　　　　　　　イ．208枚　　　　　　　　　ウ．1,600枚

2.　1ページ平均3MB，28ページで構成される会社案内の原稿を作成した。印刷会社へメールで送る際，メールの添付容量の上限が20MBであった。この場合，最適な圧縮率は次のうちどれか。

　　　　　　　　ア．20%　　　　　　　　　イ．25%　　　　　　　　　ウ．30%

3.　イメージスキャナの解像度を300dpiに設定して，横15cm，縦10cmの写真を，フルカラー（24ビット）で取り込んだときの記憶容量は約何MBか。ただし，画像は圧縮しないものとする。

　　　　　　　　ア．2.1M　　　　　　　　イ．6.5MB　　　　　　　　ウ．7.2MB

4.　解像度600dpiのイメージスキャナで画像を読み込み，解像度300dpiのプリンタで印刷すると，印刷される画像の面積は元の画像の何倍になるか。

　　　　　　　　ア．2　　　　　　　　　　イ．4　　　　　　　　　　ウ．8

5.　解像度400×800ドット，1ドットあたり24ビットの色情報を使用する画像データがある。メールに添付するため，これを200×400ドット，1ドットあたり8ビットの画像データに変換した。必要な記憶容量は何倍になるか。

　　　　　　　　ア．1／36　　　　　　　　イ．1／24　　　　　　　　ウ．1／12

6.　約4.7GBの記憶容量を持つDVD−Rに，1ページあたり日本語2,000文字の資料を保存したい。約何ページ分保存できるか。ただし，日本語1文字は2バイトで表現されており，文字情報だけを記録するものとする。また，1GB＝1,000,000,000Bとする。

　　　　　　　ア．1,175,000ページ　　　　イ．11,750,000ページ　　　　ウ．117,500,000ページ

7.　縦30cm×横20cmのポスターを，イメージスキャナを使用して，解像度200dpi，24ビットのフルカラーで取り込みPDFに変換した。その際，圧縮率は低圧縮率（4分の1）とした。変換されたファイルの容量を求めなさい。

　　　　　　　ア．約1MB　　　　　　　　イ．約3MB　　　　　　　　ウ．約12MB

1		2		3		4		5		6		7	

1 ネットワークの構成

　通信回線やケーブルなどを通してコンピュータを接続することにより，データのやり取りや資源の共有が可能となる。ここでは，ネットワークに接続される各種の機器や，通信手順の規則，ネットワークに接続された機器の識別方法について学習してみよう。

学習の ポイント

キーワード

▶OSI参照モデル
▶ネットワークの接続機器
　□ ハブ
　□ ルータ
　□ パケットフィルタリング機能
　□ ゲートウェイ
▶ネットワーク接続機器の識別
　□ MACアドレス
　□ IPアドレス　IPv4　IPv6
　□ ネットワークアドレス
　□ ホストアドレス
　□ ブロードキャストアドレス
　□ サブネットマスク
　□ CIDR
　□ プライベートIPアドレス
　□ グローバルIPアドレス
　□ NAT
　□ ポート番号
　□ VPN
　□ DNS
　□ DMZ
▶プロトコル
　□ TCP/IP
　□ HTTP
　□ FTP
　□ POP
　□ IMAP
　□ SMTP
　□ DHCP
▶通信速度（bps）に関する計算

〈ネットワークの構成〉

インターネットで使用するプロトコル
　□TCP/IP　□POP
　□HTTP　　□SMTP
　□FTP　　 □IMAP

インターネットで使用するアドレス
　□IPアドレス
　□グローバルIPアドレス
　□プライベートIPアドレス

インターネット　　　ファイアウォール

□ルータ

社内DNS　社内メール　社内Web
サーバ　　サーバ　　　サーバ

□ゲート
ウェイ

□ハブ

□サブネットマスク

□ネットワークアドレス　　　　　□ネットワークアドレス
192.168.0.XXX　　　　　　　　　192.168.1.XXX

LAN

□ホストアドレス
192.168.0.101　～　192.168.0.103

LAN

□ホストアドレス
192.168.1.111～192.168.1.112

(1)OSI参照モデル

　ネットワーク上でさまざまなメーカーの機器を接続するには，通信ケーブルやコネクタの形状から，通信の信号の種類，データのやり取りの手順（プロトコル）など，共通の取り決めが必要である。国際標準化機構（ISO）では，ネットワークで使用する機器，データを送受信する手順，通信に必要な機能などを七つの階層に分けて定義している。

階層	機能の内容	通信手順の規則・機器
第7層 アプリケーション層	メールやWebなどのアプリケーション間でデータを送受信する手順	HTTP　FTP　POP　IMAP SMTP　DHCP　DNS
第6層 プレゼンテーション層	文字コードや画像データの送受信に関する手順	HTTP
第5層 セッション層	通信開始から終了までの手順	HTTP
第4層 トランスポート層	データ転送や通信状態の管理の手順	TCP
第3層 ネットワーク層	ネットワーク間でパケット転送する経路の選択やパケットの中継の手順	IP　IPアドレス ルータ
第2層 データリンク層	同じネットワーク内での通信の手順	MACアドレス ブリッジ　ハブ
第1層 物理層	通信ケーブルの種類 信号の形態	LANケーブル　ハブ 接続機器の形状

(2)ネットワークの接続機器

　コンピュータをネットワークに接続するためには，コンピュータ本体に装着したNIC（Network Interface Card：ネットワークインタフェースカード）と通信ケーブルを介して，ハブやルータ，ゲートウェイなどのLAN間接続装置に接続する必要がある。

▲NIC

▲ハブ

- **ハブ（hub）**……… LANケーブルの中継や分岐に用いられる集線装置のことを**ハブ**という。宛先を判断せずにすべての相手にデータを転送するリピータハブや，宛先を判断して効率よく必要な相手だけにデータを転送するスイッチングハブがある。ハブの接続口が不足したときは，ハブどうしを接続することもできる。
（OSI参照モデルの第1層「物理層」に該当）

- **ルータ（router）**……… 異なるネットワークどうしを接続するときに用いられる装置を**ルータ**という。複数のネットワークの境界に設置され，IPアドレスを用いて，パケットが正しい相手に送られるよう最適な経路を選択する**ルーティング**機能や，不正なパケットの中継を許可せずにパケットを破棄する，**パケットフィルタリング**機能を持っている。
（OSI参照モデルの第3層「ネットワーク層」に該当）

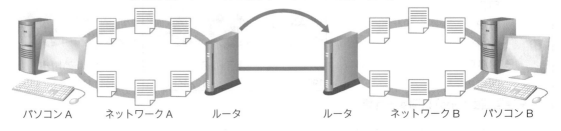

| パソコンA | ネットワークA | ルータ | | ルータ | ネットワークB | パソコンB |

・ゲートウェイ (gateway) ………　異なるプロトコルを使用するネットワークどうしを中継する装置またはソフトウェアのことを**ゲートウェイ**という。スマートフォンなどの携帯メールとインターネットの電子メールのやり取りは，ゲートウェイがプロトコルを変換して送受信している。

　　　　　（OSI参照モデルの第4層「トランスポート層」から上の階層に該当）

ゲートウェイ

⑶ネットワーク接続機器の識別

　ネットワークに接続されているコンピュータや各種の機器には，識別のための番号（アドレス）が割り当てられている。アドレスには次のような種類がある。

①MACアドレス (Media Access Control address)

　NICのそれぞれに，48ビットの製造番号が付けられている。これを**MACアドレス**といい，NIC間でデータをやり取りするときに利用される。IEEEが管理していて世界中で同じ番号が重なることはない。

②IPアドレス (Internet Protocol Address)

　TCP/IPのネットワークに接続しているコンピュータやプリンタなどの機器は，**IPアドレス**という番号で管理されている。IPアドレスは32ビット (IPv4)，または128ビット (IPv6) の数値で次のように表される。

【IPv4 (32ビット) の例】

1 1 0 0 0 0 0 0	1 0 1 0 1 0 0 0	0 0 0 0 0 0 0 1	0 0 0 0 0 0 0 1
1 9 2	1 6 8	1	1

　　このコンピュータのIPアドレスは，192. 168. 1. 1と表記する。

　IPアドレスは，コンピュータが属するネットワークの**ネットワークアドレス**と，コンピュータに割り当てられた**ホストアドレス**の2つの部分で構成されている。IPアドレスは，ネットワークアドレスとホストアドレスの長さの比率によって，図のようなクラスに分けられている。それぞれのクラスでは，アドレスの長さに応じて，割り当てられるネットワーク数やコンピュータ数が異なる。

		ネットワークアドレス	ホストアドレス
クラスA	IPアドレス	0 X X X X X X X X X X X X X X X	X X X X X X X X X X X X X X X X
		126 ネットワーク	16,777,214 台のパソコン
クラスB	IPアドレス	1 0 X X X X X X X X X X X X X X	X X X X X X X X X X X X X X X X
		16,382 ネットワーク	65,534 台のパソコン
クラスC	IPアドレス	1 1 0 X X X X X X X X X X X X X X X X X X X X X	X X X X X X X X
		2,097,150 ネットワーク	254 台のパソコン

- **ネットワークアドレス**……… 社内の部署別などの同一ネットワークごとに付けられた番号のこと。
- **ホストアドレス**……… 各ネットワーク内のコンピュータやプリンタなどの機器に割り振られた番号のこと。全ビットが0か1のパターンは，特殊な機能に予約されており使用できない。

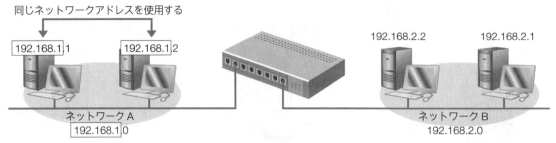

- **ブロードキャストアドレス**……… ホストアドレスの全ビットがすべて「1」のアドレス。あるネットワークに接続されているすべてのコンピュータにパケットを送信するためのアドレスとして使用される。また，ホストアドレスの全ビットがすべて「0」のアドレスは，ネットワークアドレスで使用されている。
- **サブネットマスク**……… IPアドレスを，サブネットを識別するネットワークアドレスと，コンピュータを識別するホストアドレスに分割するための数値のこと。IPアドレスとサブネットマスクの組み合わせにより，ネットワークをグループ化することができる。

ネットワーク			ホスト
255	255	255	0

（クラスC）

参考 サブネットマスクの例

　ある企業における3台のコンピュータを，「255. 255. 255. 0」のサブネットマスクを使って，ネットワークごとに分割する場合を考えてみよう。各コンピュータのIPアドレスは次のとおりである。

> コンピュータA（営業部）……192. 168. 1. 5
> コンピュータB（営業部）……192. 168. 1. 10
> コンピュータC（人事部）……192. 168. 3. 15

①それぞれのIPアドレスを8ビットごとの2進数に基数変換する。

コンピュータA　：192. 168. 1. 5 → 11000000. 10101000. 00000001. 00000101
コンピュータB　：192. 168. 1. 10 → 11000000. 10101000. 00000001. 00001010
コンピュータC　：192. 168. 3. 15 → 11000000. 10101000. 00000011. 00001111

②サブネットマスクを2進数に変換する。

　サブネットマスク　　：255. 255. 255. 0 → 11111111. 11111111. 11111111. 00000000

③各IPアドレスとサブネットマスクをAND演算する。AND演算とは，2つの数値がともに1のときのみ1で，それ以外はすべて0となる論理演算で，論理積ともいう。

<pre>
        コンピュータA   11000000. 10101000, 00000001. 00000101
        サブネットマスク   AND   11111111. 11111111. 11111111. 00000000
                                   11000000. 10101000. 00000001. 00000000

        コンピュータB   11000000. 10101000. 00000001. 00001010
        サブネットマスク   AND   11111111. 11111111. 11111111. 00000000
                                   11000000. 10101000. 00000001. 00000000

        コンピュータC   11000000. 10101000. 00000011. 00001111
        サブネットマスク   AND   11111111. 11111111. 11111111. 00000000
                                   11000000. 10101000. 00000011. 00000000
</pre>

④演算の結果，コンピュータAとBは同じビット列を示していることから，同じネットワークアドレスであることがわかる。したがって，コンピュータAとBが同じグループに所属し，コンピュータCが異なるグループに所属している。

このように，サブネットマスクによってビットのパターンを取り出すことをマスキングといい，マスキングによって，本来のネットワークアドレスはそのままに，ホストを表すビットパターンをネットワークに置き換えることができる。

住所「○○県△△市◇◇町 1 － 1」を 3 つのネットワークに分けてみると…

255 . 255 . 255 . 0（クラスC）

┃○○県△△市◇◇町┃1 － 1　→　◇◇町が 1 つのネットワークに

255 . 255 . 0 . 0（クラスB）

┃○○県△△市┃◇◇町 1 － 1　→　△△市が 1 つのネットワークに

255 . 0 . 0 . 0（クラスA）

┃○○県┃△△市◇◇町 1 － 1　→　○○県が 1 つのネットワークに

・CIDR（サイダー）………　IPアドレスの無駄をなくし効率的に利用するため，クラスを使わないIPアドレスの割り当て（クラスレスアドレッシング）と，経路選択（ルーティング）を柔軟に運用するしくみをCIDRという。IPアドレスのネットワーク部とホスト部の桁数を 1 ビット単位で自由に決めることができる。従来，IPアドレスとサブネットマスクの 2 つに分けて表記していた情報を，「/」の後にネットワーク部とホスト部の区切りの桁数を書くことで， 1 つに合わせて表記する。

IPアドレス	192.168.0.1
サブネットマスク	255.255.255.0

↓

CIDR	192.168.0.1/24

③プライベートIPアドレス（private IP address）

LANなどの限られたネットワーク内でのみ利用できる，独自に割り当てることができるアドレスをプライベートIPアドレスという。

④グローバルIPアドレス（global IP address）

インターネットで使用される，世界中で重複しない固有のアドレスをグローバルIPアドレスという。重複しないよう，世界規模で管理されている。

⑤NAT（Network Address Translation）

グローバルIPアドレスとプライベートIPアドレスとを 1 対 1 で結び付けて，相互にアドレスを交換するしくみのことをNATという。なお，NATの機能はルータに搭載されている。厳密には，インターネットに接続できるのはグローバルIPアドレスの個数分だけになる。

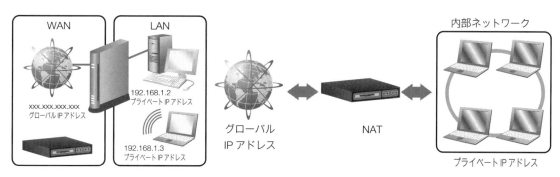

⑥ポート番号（port number）

　コンピュータは，IPアドレスにより識別されるが，同一のコンピュータ上では，HTTPを使ったブラウザや，SMTP，POPなどのメールクライアントなどのプロトコルがサービスとして複数稼働している。これらのサービスを識別するための番号を**ポート番号**という。0~65535までの番号がある。

⑦ VPN（Virtual Private Network）

　インターネットを利用して，専用回線に近いセキュリティを確保する通信環境を仮想的に実現する技術を**VPN**という。認証システムや暗号技術でデータを保護するので，安心して利用することができる。テレワークで社内LANなどを利用するときにはVPN接続が必要となる。

⑧ DNS（Domain Name System）

　IPアドレスはネットワークの住所を数値で表しているため人間にはわかりにくい。そのため，国名や会社名などを用いてわかりやすい名前で表現したドメイン名が利用される。

　クライアントから問い合わせのあったドメイン名をIPアドレスに変換するしくみを**DNS**といい，その役割を持つサーバを**DNSサーバ**という。

⑨ DMZ（DeMilitarized Zone）

　「非武装地帯」とも呼ばれ，ファイアウォールによって，外部のインターネットや内部のネットワークから隔離された中間に位置する区画を**DMZ**という。DMZの特徴は，内部のネットワークと外部ネットワークからDMZに接続することはできるが，DMZから内部ネットワークに接続することができないことである。これにより，外部の不正なアクセスから内部のネットワークを保護することを可能にしている。

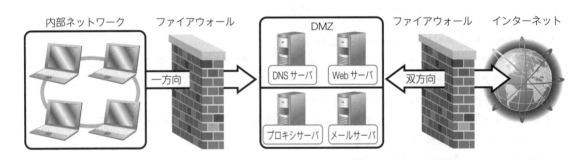

⑷ **プロトコル（protocol）**

　ネットワーク上でコンピュータが通信する場合，やり取りするデータの形式や手順が決められている。このような通信手順の規則を**プロトコル**（通信規約）という。プロトコルには次のような種類がある。

　　・TCP／IP（Transmission Control Protocol／Internet Protocol）……　インターネットを利用するときの標準的なプロトコルを**TCP／IP**という。コンピュータの所在地を特定する手順のIP（OSI参照モデルの第3層「ネットワーク層」）と，相手にデータを転送する手順のTCP（OSI参照モデルの第4層「トランスポート層」）を組み合わせたプロトコルで，広く採用されている。

・HTTP（HyperText Transfer Protocol）………　Webページの送受信に利用するプロトコルをHTTPといい，HTMLで記述された文書を受信するときなどに用いられる。WebページのURLに，「http://」と表示されていると，HTTPを利用してWebページを見ていることを示している。また，盗聴を防止するために，HTTPにデータの暗号化機能を付けたプロトコルをHTTPS（HypertText Transfer Protocol Secure）という。HTTPの送受信では第三者にデータを見られてしまい，パスワードなどが盗まれる危険がある。WebページのURLに，「https://」と表示されていると，HTTPSを利用してWebページを見ていることを示している。

　　　【HTTPの例】http://www.△△△.co.jp
　　　【HTTPSの例】https://www.○△□.co.jp

・FTP（File Transfer Protocol）………　TCP/IPで接続されたコンピュータどうしが，ネットワーク上でファイルを転送するためのプロトコルをFTPという。データのダウンロードやアップロードの手順を示している。

・POP（Post Office Protocol）………　メールボックスに届いた自分宛てのメールをダウンロードする際に用いられるプロトコルをPOPという。電子メールの受信を担当する。

・IMAP（Internet Message Access Protocol）………　メールをサーバ上で管理し，メールソフトに表示させる受信方式のプロトコルをIMAPという。メールをパソコンなどにダウンロードして利用するPOPに対して，外出先でも別の端末を利用してメールを確認できる利点がある。

・SMTP（Simple Mail Transfer Protocol）………　電子メールをメールサーバへ送信する場合や，メールサーバどうしがメールを転送する場合に用いられるプロトコルをSMTPという。電子メールの配送を担当する。

・DHCP（Dynamic Host Configuration Protocol）………　ネットワークに接続したコンピュータに，自動的にIPアドレスを割り振るプロトコルをDHCPという。ネットワークを利用するためにはIPアドレスが必要になる。通常はコンピュータ1台ごとにIPアドレスを設定するが，DHCPを利用すると接続の時点で自動的に割り振られる。

⑸**通信速度（bps）に関する計算**

　ここでは，ネットワークを利用してデータを通信するときにかかる時間の計算方法についてみてみよう。

①**通信速度（bps）**

　一定時間内に転送できるデータ量を**通信速度**という。ディジタルデータのやり取りを行うときに，1秒間に何ビットのデータを送れるかを表し，単位には**bps**（bits per second）が用いられる。通信速度が速い場合には，Kbps，Mbps，Gbpsなどの単位も用いられる。例えば，1,000bpsは1Kbps である。

②**伝送効率**

　ネットワーク上では，多くのコンピュータが常に通信しているため，混雑すると通信速度が遅くなることがある。実際の通信速度が本来の通信速度に比べて，どのくらいの割合かを示したものを**伝送効率**という。伝送効率を考慮した実際の通信速度は次の計算式で表される。

実際の通信速度 ＝ 通信速度 × 伝送効率

【例題】通信速度が200Kbpsの通信回線がある。伝送効率が80％のとき，実際の通信速度は何Kbpsとなるか。

〈解答例〉

　　実際の通信速度 ＝ 通信速度 × 伝送効率
　　　　　　　　　 ＝ 200（Kbps）× 0.8 ＝ 160（Kbps）

③通信時間の計算

通信時間（データ転送時間）は，データ量と通信速度によって，次の式で求めることができる。

通信時間 ＝ データ量 ÷ 通信速度

通常，伝送するデータの量は，バイト（B）で表されるが，通信速度はビット（b）で計算される。計算するときは，バイトとビットの単位を，計算しやすいように変換する必要がある。

【例題】通信速度4Mbpsの回線を用いて，12MBのデータを伝送するのに必要な時間を求めなさい。ただし，伝送効率は60％とし，その他の外部要因は考えないものとする。

〈解答例〉

　　伝送するデータ量は，12MB × 8b ＝ 12,000,000B × 8b ＝ 96,000,000b

　　実際の通信速度は，4Mbps × 0.6 ＝ 2.4Mbps ＝ 2,400,000bps

　　通信時間 ＝ データ量 ÷ 通信速度

　　　　　　 ＝ 96,000,000b ÷ 2,400,000bps ＝ 40秒

筆記練習 28

(1)　次のA群の語句に最も関係の深い説明文をB群から選び，記号で答えなさい。

〈A群〉

　1．ハブ　　2．ルータ　　3．ゲートウェイ　　4．パケットフィルタリング　　5．OSI参照モデル

〈B群〉

　ア．プロトコルの異なるネットワークを接続する機器。

　イ．異なるネットワークのコンピュータ間で，特定のデータについて，通信許可・不許可などの設定を行うことで，セキュリティ制御を行う機能。

　ウ．国際標準化機構（ISO）によって策定された，コンピュータの持つべき通信機能を階層構造に分割したモデル。

　エ．コンピュータを接続してネットワークを構築するための集線装置。

　オ．IPアドレスによってパケットの伝送経路を選択し，相手に送り届ける機能を持つ機器。

1		2		3		4		5	

(2) 次の説明文に最も適した答えを解答群から選び，記号で答えなさい。

1. インターネットを利用するときに割り当てられる世界中で重複しない固有のアドレス。
2. IPアドレスを，サブネットを識別するネットワークアドレスと，コンピュータを識別するホストアドレスに分割するための数値のこと。
3. 32ビット（IPv4），または128ビット（IPv6）の数値で，コンピュータなどを識別する番号。
4. LANなどの限られたネットワーク内でのみ自由に割り当てることができるアドレス。
5. ネットワークに接続されている機器に製造時に割り当てられた識別番号で，世界で唯一の番号。
6. 各ネットワーク内の機器に割り振られた，ホスト自身を表すアドレス。
7. グローバルIPアドレスとプライベートIPアドレスとを1対1で結びつけて，相互にアドレスの変換をするしくみ。
8. 同一ネットワークごとに付けられた，ネットワークそのものを表すアドレス。
9. TCP/IPプロトコルを用いたネットワーク上で，IPアドレスに設けられている補助アドレスであり，アプリケーションの識別をするための番号。
10. ドメイン名とIPアドレスを相互に変換するしくみ。

```
┌─ 解答群 ────────────────────────────────────────────┐
│ ア．NAT          イ．MACアドレス        ウ．ホストアドレス      │
│ エ．IPアドレス    オ．グローバルIPアドレス  カ．ネットワークアドレス  │
│ キ．サブネットマスク ク．プライベートIPアドレス ケ．ポート番号        │
│ コ．DNS                                              │
└────────────────────────────────────────────────┘
```

1		2		3		4		5	
6		7		8		9		10	

(3) 次の説明文に最も適した答えを解答群から選び，記号で答えなさい。

1. ネットワークを介してファイルを転送するためのプロトコル。
2. インターネットを利用するときの標準的なプロトコル。相手先の確認とデータ転送手順についての規約。
3. インターネットにおいて，電子メールを宛先のメールボックスに転送するためのプロトコル。
4. コンピュータをネットワークに接続する際にIPアドレスなどを自動的に割り当てるプロトコル。
5. WebサーバとWebブラウザとの間で，HTML文書などのデータを送受信するためのプロトコル。
6. メールサーバのメールボックスから電子メールを受信するために用いるプロトコル。
7. メールサーバ上で電子メールを管理するプロトコル。

```
┌─ 解答群 ────────────────────────────────────────────────┐
│ ア．POP  イ．IMAP  ウ．HTTP  エ．TCP/IP  オ．SMTP  カ．FTP  キ．DHCP │
└──────────────────────────────────────────────────────┘
```

1		2		3		4		5		6		7	

(4) 次の計算をしなさい。

1. 通信速度12Mbpsの回線を用いて，24MBのデータを伝送するのに必要な時間は何秒か。ただし，伝送効率は50％とし，その他の外部要因は考えないものとする。

2. 通信速度16Mbpsの回線を用いて，1画素16ビットで表された1,000×800画素の画像10枚を伝送するのに必要な時間は何秒か。ただし，伝送効率は50％とし，画像は圧縮しないものとする。

3. 通信速度100Mbpsの回線を用いて，8MBのデータを伝送したところ，転送時間に1秒を要した。この場合の伝送効率は何％か。

4. 通信速度100Mbpsの回線で，伝送効率を80％とするとき，1秒間に伝送されるデータ量は何MBか。

1		2		3	
4					

(5) 次の説明文に最も適した答えをア，イ，ウの中から選び，記号で答えなさい。

1. LANケーブルの中継や分岐に用いられる集線装置。

    ア．ハブ   イ．ルータ   ウ．ゲートウェイ

2. NICなどのネットワークに接続される機器に，製造段階でつけられている固有の番号。

    ア．グローバルIPアドレス   イ．プライベートIPアドレス ウ．MACアドレス

3. サブネットマスク「255.255.255.0」を指定した場合に，IPアドレスが「192.168.10.1」のコンピュータと異なるネットワークとなるIPアドレス。

    ア．「192.168.1.1」   イ．「192.168.10.10」   ウ．「192.168.10.240」

4. クライアントから起動情報を受け取ったサーバが，空いているIPアドレスの割り当てを行うしくみ。

    ア．POP   イ．DHCP   ウ．TCP/IP

5. ホストアドレスの全ビットがすべて「1」のアドレス。あるネットワークに接続されているすべてのコンピュータにパケットを送信するためのアドレスとして使用される。

    ア．ネットワークアドレス   イ．CIDR   ウ．ブロードキャストアドレス

1		2		3		4		5	

(6) 次の説明文に最も適した答えを解答群から選び，記号で答えなさい。

1. 大規模ネットワークをより小さいネットワークに分割して管理するための数値。

2. ホスト名，ドメイン名をIPアドレスに対応させるしくみ。

3. インターネットを利用して，専用回線に近いセキュリティを持つ通信環境を仮想的に実現する技術。

4. 複数のネットワークの境界に設置され，IPアドレスを用いてパケットの最適な経路を選択したり，適切なパケットのみを中継し，許可のないパケットを破棄したりする機能。

5. インターネットにおいて，ファイル転送に用いられるプロトコル。

---解答群---

ア．パケットフィルタリング	イ．ゲートウェイ	ウ．VPN
エ．CIDR	オ．ルータ	カ．DNS
キ．FTP	ク．サブネットマスク	ケ．HTTP
コ．NAT		

1		2		3		4		5	

(7) 次の説明に該当する語を記述しなさい。

1. グローバルIPアドレスとプライベートIPアドレスとを1対1で結びつけて，相互にアドレスの変換をするしくみ。
2. ISOによって策定された，コンピュータの持つべき通信機能を階層構造に分割したモデル。
3. 32ビットの数値で表されるIPアドレスの規格。現在では64ビットの規格へ移行している。
4. 各ネットワーク内のコンピュータやプリンタ機器に割り振られた識別番号。
5. 送られてきたデータを検査してルータを通過させるかどうかを判断する機能。

1		2		3	
4		5			

2 ネットワークの活用

インターネットの代表的な機能には，電子メールやWWW，FTPなどがあった。ネットワーク技術の進歩により，こうした機能以外にもさまざまな活用方法が開発されている。ここでは，インターネットの活用技術について学習してみよう。

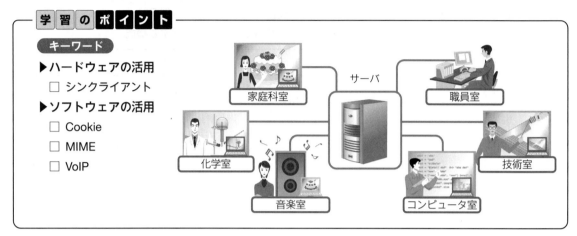

学習 の ポイント

キーワード
▶ ハードウェアの活用
 □ シンクライアント
▶ ソフトウェアの活用
 □ Cookie
 □ MIME
 □ VoIP

(1)ハードウェアの活用

・シンクライアント(thin client) ………　クライアントサーバシステムの中で，サーバへの依存度を高めたシステムをシンクライアントという。クライアントには最低限の機能だけ持たせ，サーバでアプリケーションソフトの利用やファイルの管理をすべて行う。クライアントは，従来の操作と同じように業務を行うことができるが，実際にはサーバ上で処理を行っていることになる。集中処理に似ているが，基本的には分散処理の形態になる。集中処理ではセキュリティ確保がしやすく，分散処理では障害に対する機能性が高い。こうした両者のよい特徴を兼ね備えたシステム構成となっている。

シンクライアント端末は
画面表示のみ　　　　　　　　　　　　ネットワーク

(2)ソフトウェアの活用

・Cookie……………　Webページから送信され，ユーザのパソコンに蓄積される，来歴情報を保存したファイルをCookieという。Webサイトが利用者を識別するために割り当てたIDなどの情報をCookieとして利用者側のコンピュータに登録しておくことで，Webページに再度アクセスしたときの表示を，その利用者に合った設定にすることができる。ただし，サーバ側から設定した情報が読み取れるため，個人情報が流出する恐れがあるので，有効期限を過ぎたCookieを自動的に破棄するなど，ユーザ側で各種の設定を行う必要がある。

・MIME（Multipurpose Internet Mail Extensions）………　ワープロの文書や写真などの文字以外のデータを電子メールで送信する場合は，添付ファイルが利用される。電子メールでは文字データしか送受信することができないため，添付ファイルのデータは半角英数字の文字データに変換して送信される。この変換に利用されるプロトコルをMIMEという。

・VoIP（Voice over IP）………　音声を圧縮し，インターネット上で送受信する技術をVoIPという。IP電話は，VoIPを用いてインターネット上で構築された電話網である。

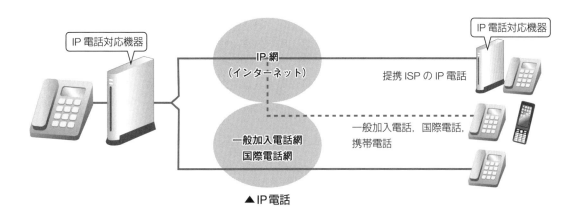

▲IP電話

(1)　次のA群の語句に最も関係の深い説明文をB群から選び，記号で答えなさい。

〈A群〉

　1.　シンクライアント　　2.　MIME　　3.　VoIP　　4.　Cookie

〈B群〉

　ア．クライアント側には必要最低限の機能しか持たせず，サーバ側でソフトウェアやデータを管理するシステム。

　イ．Webサイトにアクセスした際は保存された情報を使い，閲覧の利便性を高める目的で利用されるしくみ。

　ウ．音声データをパケット化し，リアルタイムに送受信する技術。

　エ．画像ファイルなどの添付ファイルを電子メールで送るための規格。

1		2		3		4	

(2)　次の説明に該当する語を記述しなさい。

　1.　音声や画像などのマルチメディアデータを電子メールで送受信するために，バイナリデータをASCIIコードに変換する方法や，データの種類を表現する方法などを規定したもの。

　2.　音声データをパケットに変換することで，インターネット回線などを音声通話に利用する技術。

　3.　クライアントに必要最小限の処理をさせ，ほとんどの処理をサーバ上に集中させたシステム。

　4.　Webページから送信され，ユーザのパソコンに蓄積される，来歴情報を保存したファイルのこと。

1		2		3		4	

Lesson 3 情報モラルとセキュリティ

　外部とつながれたネットワークには，さまざまな脅威が存在する。インターネットを利用するとき，盗聴・改ざん・なりすましなどによって，個人情報が流出する危険がある。こうしたリスクから大切な情報を守るための方法として，中身を見られてもわからない形に変換する暗号化の技術がある。暗号化の技術を応用して，電子商取引の安全性を高めたり，なりすましを防止したりすることが可能になった。ここでは，おもなセキュリティ管理技術について学習してみよう。

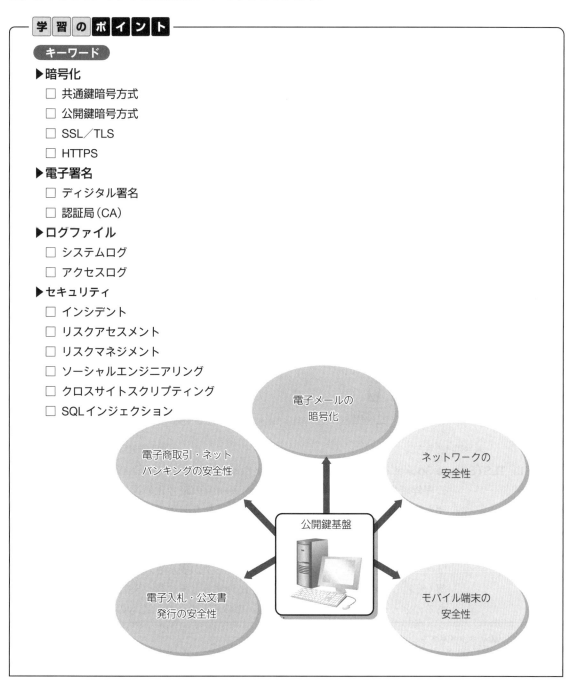

学習のポイント

キーワード

▶**暗号化**
- □ 共通鍵暗号方式
- □ 公開鍵暗号方式
- □ SSL／TLS
- □ HTTPS

▶**電子署名**
- □ ディジタル署名
- □ 認証局（CA）

▶**ログファイル**
- □ システムログ
- □ アクセスログ

▶**セキュリティ**
- □ インシデント
- □ リスクアセスメント
- □ リスクマネジメント
- □ ソーシャルエンジニアリング
- □ クロスサイトスクリプティング
- □ SQLインジェクション

電子メールの
暗号化

電子商取引・ネット
バンキングの安全性

ネットワークの
安全性

公開鍵基盤

電子入札・公文書
発行の安全性

モバイル端末の
安全性

⑴暗号化

　インターネットなどのネットワークを通じて文書や画像などをやり取りする際に，通信途中で第三者に盗み見られたりしないようにデータを変換することを暗号化という。暗号化の方式には，共通鍵暗号方式と公開鍵暗号方式があり，各方式で異なる長所をもつため，利用形態に応じて使い分けがなされている。

- **・共通鍵暗号方式**‥‥‥‥　送り手（暗号化する側）と受け手（復号する側）が同じ鍵を使用する暗号方式を共通鍵暗号方式という。「共通鍵」は第三者に見られると意味がないため，「秘密鍵」とも呼ばれる。送受信する相手の数だけ異なる鍵が必要になる。

- **・公開鍵暗号方式**‥‥‥‥　暗号化と復号に異なる鍵を使用する暗号方式を公開鍵暗号方式という。この二つの鍵はそれぞれ「公開鍵」，「秘密鍵」と呼ばれ，対になっており，一方の鍵を使って暗号化されたデータは，対となるもう一方の鍵でしか復号できないという特徴を持っている。受け手は，広く一般に公開鍵を配布し，送り手が公開鍵で暗号化したデータを秘密鍵で復号する。この方式によって，受け手は公開鍵と秘密鍵のセットを一つ持つことで，複数の相手とデータのやり取りができることになる。ただし，公開鍵暗号方式は，暗号化や復号に時間がかかる。

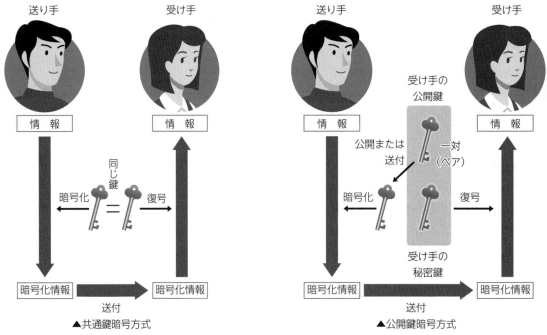

▲共通鍵暗号方式　　　　　　　　　　　　　▲公開鍵暗号方式

- **・SSL／TLS（Secure Socket Layer／Transport Layer Security）**‥‥‥‥　SSLは，共通鍵暗号方式や公開鍵暗号方式などを組み合わせた，Web上の暗号化の通信方式のこと。ブラウザとWebサーバが自動的に通信し，使用可能な暗号方式を選択する。インターネット上で送信するデータが暗号化されるので，プライバシーに関わる情報を第三者に見られずにやり取りすることができる。SSL対応のサーバでは，アドレスが「https://」と表示され，ブラウザに鍵のマークが表示される。Web上から，個人情報（氏名・住所・性別・生年月日）を入力するときには，SSLに対応したサーバであるかどうかを確認する必要がある。このSSLを改良したものがTLSである。

https://www.＊＊＊＊＊.co.jp/　　　　　　　　　　　　　　　🔍▾ 🔒 🖾 ↻ ✕

▲SSL対応サーバURLの例

- **HTTPS（Hyper Text Transfer Protocol Secure）**……… HTTPSは，SSLもしくはTLSのデータ暗号機能を，HTMLファイルなどを転送するときに用いるプロトコルのHTTPに付加したもの。サーバ・ブラウザ間の通信を暗号化することで，この経路におけるデータの盗聴や改ざんの危険性をほぼ回避できる。

⑵電子署名

　電子署名とは，日常生活で使われる署名と同じように，コンピュータ上で本人であることを識別し，確認するためのものである。紙文書での印やサインに相当する。また，データの内容が送信後に改ざんされていないことも証明できる。

- **ディジタル署名**……… 電子署名を実現する，公開鍵暗号方式を利用した具体的なしくみを**ディジタル署名**という。送信者は，送信するメッセージをハッシュ関数（データ中の特徴的な数値を抽出する関数）でダイジェスト（ハッシュ関数によって抽出された数値）に変換し，さらに自分の秘密鍵で暗号化して相手に送付する。受信者は，送信者の公開鍵を用いてダイジェストを復号するとともに，受信したメッセージを同じハッシュ関数でダイジェストに変換し，復号したダイジェストと比較する。一致すれば送られてきたメッセージの正当性が証明できる。これによって，なりすましを防止するとともに，改ざんされていないかどうかを確認することができる。

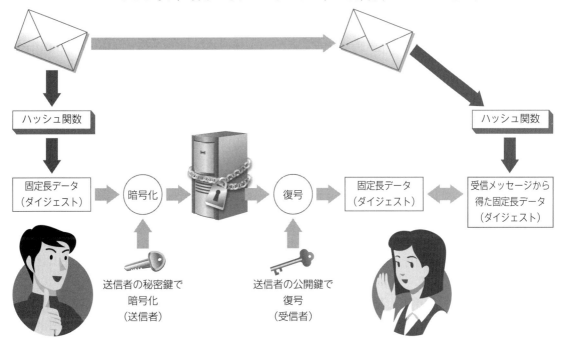

- **認証局（CA：Certificate Authority）**……… 電子商取引で利用される暗号化通信などで，必要となる電子証明書（ディジタル証明書）を発行する機関を**認証局（CA）**という。盗聴防止のために重要なデータは暗号化して送信される。その際に正しい送信元であるかを示す証明書も暗号化の技術を利用している。
　　相手の提示した証明書が信用できるかどうかは，発行元の認証局を調べ，自分の手元にある証明書に一致する認証局を見つけることで確認できる。

⑶ログファイル

　サーバの利用状況やデータ通信の記録，エラーの記録などを残したファイルを**ログファイル**という。送受信した人物や時間，ファイル名などが記録できる。

- **アクセスログ**………　Webサーバにアクセスした人物が，いつ，どのコンピュータから，どのページを閲覧したのかなどを記録したログファイルを**アクセスログ**という。
- **システムログ**………　OSやアプリケーションが正常に動作しているか，問題があるならば何が原因か，といった情報を記録したログファイルを**システムログ（イベントログ）**という。

アクセス日時，IPアドレス 利用者の情報を記録した ファイル

イベントビューアー（ローカル
　▷🗀カスタムビュー
　◢🖳Windows ログ
　　📄アプリケーション
　　📄セキュリティ
　　📄Setup
　　📄システム
　　📄Forworded Events

システム	イベント数 56,536	
レベル	日付と時刻	ソース
ⓘ情報	2013/01/26 23:29:45	Servic…
ⓘ情報	2013/01/26 23:24:45	Servic…
ⓘ情報	2013/01/26 23:16:34	Servic…
ⓘ情報	2013/01/26 23:16:00	Servic…
ⓘ情報	2013/01/26 23:16:00	Servic…

▲アクセスログ　　　　　　　　　　▲システムログ

⑷セキュリティ

- **インシデント**………　コンピュータやネットワークのセキュリティへの脅威（リスク）となる事柄を**インシデント**という。代表的なものに，情報の流出やフィッシング，不正侵入，マルウェア感染，Webサイト改ざん，サービス不能攻撃（DoS攻撃）などがある。
- **リスクアセスメント**………　将来のリスクに備えるために，リスクを特定して，分析し，評価する活動を**リスクアセスメント**という。PDCAサイクルでは，P（Plan）の部分に該当する。
- **リスクマネジメント**………　リスクアセスメントを含み，発生する可能性のあるリスクに対して，その発生をできるだけ少なくし，発生した場合の損害を最小限に抑えるために行う一連の行動を**リスクマネジメント**という。PDCAサイクルの一連のプロセスに該当する。
- **ソーシャルエンジニアリング**………　人間の心理的な隙やミスにつけ込んで，ネットワークに侵入するために必要となるパスワードなどの情報を盗み出す方法を**ソーシャルエンジニアリング**という。電話で上司になりすまし，パスワードを聞き出すなどがある。

- **クロスサイトスクリプティング**……… 攻撃者が罠（不正なスクリプトを埋め込んだリンクなど）を仕掛けたWebサイトを訪問したユーザを，脆弱性のあるWebサイトに誘導（サイトをクロス）し，スクリプトを実行して個人情報を盗み出したり，マルウェアに感染させるなどの攻撃方法を**クロスサイトスクリプティング**という。
- **SQLインジェクション**……… Webサービスなどに利用されているデータベースと連携したWebアプリケーションの脆弱性をつき，アプリケーションが想定していない不正なSQL文を注入（injection）することで，データベースに不正な操作を加える攻撃方法を**SQLインジェクション**という。

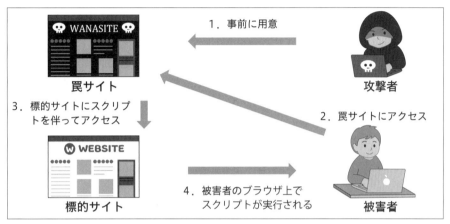

▲クロスサイトスクリプティングの例

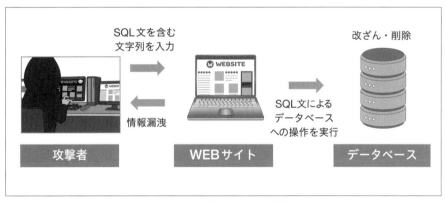

▲SQLインジェクションの例

(1) 次の説明に該当する語を記述しなさい。

1. 利用者側のブラウザと企業側のWebサーバとの間でやり取りされるプロトコルに，情報を暗号化するための技術を付加したもの。

2. 電子メールや電子商取引において，送信されるデータが正しい送信者からのものであり，途中で改ざんされていないことを証明する情報。紙文書における印やサインに相当する。

3. コンピュータやネットワークシステムへのアクセスに関する情報を記録したもの。

4. データの暗号化と復号に，異なる鍵を使用する暗号方式。

5. コンピュータやネットワークのセキュリティへの脅威（リスク）となる事柄。

6. Webサーバとの間でやり取りされる情報を暗号化する通信方式。

7. コンピュータの利用状況やプログラムの実行状況，データの送受信状況などを記録したファイル。

8. 電子商取引で利用される暗号化通信などで必要となる，ディジタル証明書を発行する機関。

9. システムの動作状況やメッセージなどを記録したファイル。

10. データの暗号化と復号に，同一の鍵を使用する暗号方式。

11. 将来のリスクに備えるために，リスクを特定して，分析し，評価する活動。

12. 人間の心理的な隙やミスにつけ込んで，ネットワークに侵入するために必要となるパスワードなどの情報を盗み出す方法。

1		2		3	
4		5		6	
7		8		9	
10		11		12	

Lesson ④ 経営マネジメント

1 問題解決の手法

　企業活動では，社会の変化や経済の動向に対応して，常に最適な意思決定をしなければならない。また，現在行われている業務内容に問題点が生じたとき，変化に対応して業務を見直す必要がある。ここでは，問題解決の思考整理法や図表による分析，統計的分析法や経営分析について学習してみよう。

学習の ポイント

キーワード

▶**思考整理法**
- □ ブレーンストーミング
- □ KJ法
- □ 特性要因図

▶**図表による分析**
- □ 決定表（デシジョンテーブル）
- □ DFD　　データフロー
　　　　　　データの源泉と吸収
　　　　　　プロセス
　　　　　　データストア
- □ パート図（PERT）
- □ アローダイアグラム
- □ クリティカルパス

▶**統計的分析**
- □ ABC分析
- □ パレート図
- □ Zグラフ
- □ 回帰分析
- □ 散布図　　正の相関
　　　　　　　負の相関
- □ 回帰直線（近似曲線）
- □ 線形計画法
- □ ヒストグラム
- □ ファンチャート

▶**経営分析**
- □ SWOT分析　内的要因（強み・弱み）
　　　　　　　　外的要因（機会・脅威）
- □ PPM分析　問題児　花形　金のなる木　負け犬

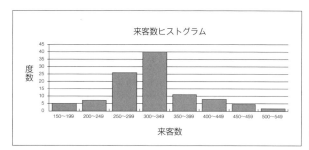

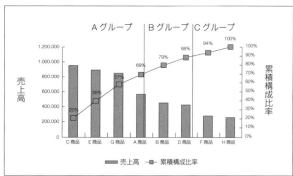

▲分析グラフ

▲ブレーンストーミングの進行例

⑴思考整理法

経営における意思決定では，現在の業務を理解し，さまざまな資料を集めて整理し，分析・検討することが重要になる。今後の方針を決定するために行われる思考整理法には次のようなものがある。

- **ブレーンストーミング**………　グループ内で自由なアイディアを出し合い，多くの意見を収集する目的で実施される集団発想法を**ブレーンストーミング**という。この方法は次のルールによって行われる。

批判の禁止	他人の意見を批判したり判断したりしない。
自由な発言	目的からはずれていても自由な発言を許す。
質より量を重視	多くの意見を出すことを目的とする。これにより，さまざまなアイディアが発見できる。
便乗許可	他人のアイディアに，新たなアイディアを加えて発展させてもよい。

- **KJ法**………………　川喜田二郎氏が考案したデータ整理技法の一つ。**KJ法**という呼び名は，考案者名の頭文字にちなむ。KJ法は次の手順で行う。

①情報収集	考えなければならないテーマについて，ブレーンストーミングなどで出された意見をカードに書き出す。このとき，1つの事だけを1枚のカードに書き込む。
②グループ化	多くのカードを似通った内容ごとに整理し，いくつかのグループに分類する。それぞれのグループに見出しとなる名前を付ける。
③A型図解化	全体像を明確にするために，グループ化したカードを1枚の大きな紙に配置して，グループどうしの関係を図解する。このとき，近いと感じたカードどうしを近くに置く。となりどうしにあるカードやグループの間で，より関係性が深い場合にのみ線を引く。
④B型文章化	図解された意見の全体を文章化してまとめる。

営業成績を伸ばすためには	経営戦略の意思決定
企業目標を見直すべき　　人材の育成が急務	リーダーシップのあるトップの不在　　組織作りが必要

▲グループ化

- **特性要因図**………　石川馨氏が考案した，結果（特性）に対する原因（要因）を明確化するための図を**特性要因図**という。結果と原因の関係を系統的に線で結び，魚の骨のような形状に体系的にまとめたもので，フィッシュボーンチャートなどとも呼ばれる。結果に対して，どのような原因が関係しているのかを視覚的に見ることができる。

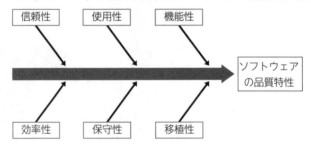

例）・特性ごとに品質基準を明らかにする。
　　・問題点を特性ごとに割り出す。

⑵図表による分析

業務の一部または全体の流れをわかりやすく表現する技法として，さまざまな図や表が活用されている。

①決定表（デシジョンテーブル）

条件と行動を表形式で表したものを**決定表（デシジョンテーブル）**という。条件と行動との対応関係を表に整理するのでわかりやすく，複雑な論理を一目でわかるように表現できる。

条件標題欄	条件記入欄			
200km 以上	N	Y	Y	N
200km 未満	Y	N	N	Y
日帰り	Y	Y	N	N
宿泊	N	N	Y	Y
手当を支給しない	X	–	–	–
出張手当3,000円を支給する	–	X	–	X
出張手当5,000円を支給する	–	–	X	–
宿泊費10,000円を支給する	–	–	X	X
行動標題欄	行動記入欄			

Y：条件が真，N：条件が否，X：処理する，－：処理しない

〈判定〉

・200km以上の出張で日帰りの場合，出張手当3,000円を支給する。

・200km以上の出張で宿泊の場合，出張手当5,000円と宿泊費10,000円を支給する。

・200km未満の出張で日帰りの場合，手当を支給しない。

・200km未満の出張で宿泊の場合，出張手当3,000円と宿泊費10,000円を支給する。

②DFD（Data Flow Diagram）

業務をデータの流れに着目し，記号化して表した図を**DFD**という。「データの源泉と吸収」，「プロセス（処理）」，「データストア（データの蓄積）」および，これらを結ぶ「データフロー（データの流れ）」で構成される。

・**データフロー**……… 注文データや商品データなどの流れ。矢印線で表される。
・**データの源泉と吸収**……… 注文などのデータの発生元，および受け取り先。四角形で表される。
・**プロセス**………… 受注伝票や請求書発行などの業務処理を表す。円で表される。
・**データストア**……… 商品や顧客などのデータでファイルを意味している。2本の平行線で表される。

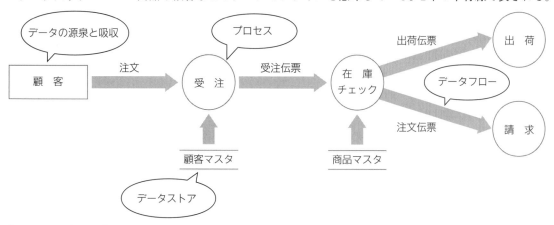

③パート図（PERT）

パート図とは，業務の完了までに必要な作業を分析する手法であり，パート図による工程管理の方法を**PERT**（Program Evaluation and Review Technique）という。各作業の完了に必要な時間を分析し，業務全体を完了させるのに必要な最小時間を特定するために用いられる。

PERTにおいて，作業のスケジュールや日程計画の手順を示すパート図のことを**アローダイアグラム**ともいう。アローダイアグラムでは，各作業の流れを矢印（アロー）で表し，作業の所要日数を記述する。

また，結合点の□に各作業の最早開始日と最遅開始日を記入する。最早開始日とは，最も早く作業に着手できる日のことであり，最遅開始日とは，遅くともこの日までに作業を開始しなければならない日のことである。

アローダイアグラムにおいて，最早開始日と最遅開始日が同じ結合点を結んだ経路を**クリティカルパス**という。下の図のクリティカルパスは，①→②→④→⑥→⑦のようになる。クリティカルパス上の作業に遅れが生じた場合，業務全体に影響が及ぶため，この工程を重点的に管理する必要がある。

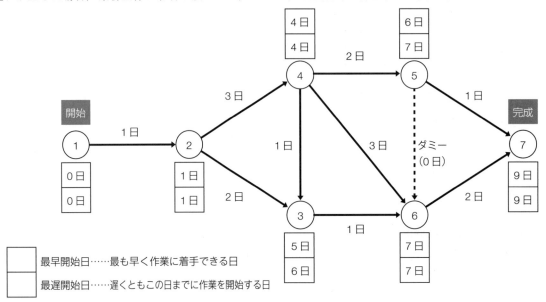

【パート図（アローダイアグラム）の見方】

[最早開始日の求め方]

　作業の開始から順に作業の日数を加えて求め，日数の多い方を選ぶ。上の図の最早開始日の求め方は以下のとおりである。

1) 作業の流れは①からはじまり，矢印の方向へ流れ②の行程まで1日かかる。
2) 作業が②の後に③と④に分かれる。
3) ②→④の作業は3日かかるので，④の最早開始日は4日になる。
4) ②→③の作業は2日で終わるが，④の作業（②→④が3日，④→③が1日）を待ってから次に進むので，③の最早開始日は②の1日に4日を加えて5日になる。
5) ④→⑤の作業は2日かかるので，⑤の最早開始日は6日になる。
6) ③→⑥の作業は1日で終わるが，④の作業（④→⑥が3日）を待ってから次に進むので，⑥の最早開始日は7日になる。
7) ⑥→⑦の作業は2日かかるので，⑦の完成日は9日になる。

[最遅開始日の求め方]

　完成から作業の日数を引いて求め，日数の少ない方を選ぶ。上の図の最遅開始日の求め方は以下のとおりである。

1) ⑥の最遅開始日は，完成日⑦から作業の2日を引いて7日になる。
2) ⑤の最遅開始日は，⑥の7日から作業の0日を引いて7日になる。
3) ④の最遅開始日は，⑥の7日から作業の3日を引いて4日になる。
4) ③の最遅開始日は，⑥の7日から作業の1日を引いて6日になる。
5) ②の最遅開始日は，④の4日から作業の3日を引いて1日になる。

⑶統計的分析

統計データを視覚的に見やすく表現する技法として，各種のグラフが活用されている。

①ABC分析

ABC分析とは，経営のあらゆる面で活用できる管理手法の一つで，重点分析とも呼ばれる。在庫品目を売上高の多い順に並べ，累積構成比率を求めた後，A，B，Cの3種類に分類する。3種類に分類するための決まった数値はないが，一般的には，次のような分類がなされる。

Aグループ	累積構成比の0〜70%	主力商品	重点管理の対象
Bグループ	累積構成比の70〜90%	準主力商品	通常の管理
Cグループ	累積構成比の90〜100%	非主力商品	販売促進や販売中止等の対応策が必要

品目数で見ると，通常，Aグループは，全体の10%前後，Bグループは20%前後になることが多い。

ABC分析では，累積構成比率を求める表から**パレート図**を作成する。パレート図とは，データを大きい順に並べた棒グラフと，累積構成比率を示す折れ線グラフを重ねた複合グラフである。

ABC分析は販売情報の分析のほかに，在庫管理やシステム開発の性能評価分析などにも利用される。

【累積構成比率を求める表の作成】

1) 売上高の降順に並べる。
2) 商品ごとの構成比率を求める。
3) 累積比率を求める。
4) 累積比率からグループ化する。
   ・0〜70%をAグループ
   ・70〜90%をBグループ
   ・90〜100%をCグループ

商品名	売上高	構成比率	累積比率	分析
商品C	950,000	27%	27%	A
商品G	850,000	24%	51%	A
商品A	560,000	16%	66%	A
商品B	450,000	13%	79%	B
商品D	400,000	11%	90%	B
商品F	250,000	7%	97%	C
商品E	90,000	3%	100%	C
合計	3,550,000			

【パレート図の作成】

1) 売上高を棒グラフで表す。
2) 累積比率を折れ線グラフで表す。
   （2軸の複合グラフ）
   ・Aグループの商品は主力商品
   ・Bグループの商品は準主力商品
   ・Cグループの商品は非主力商品

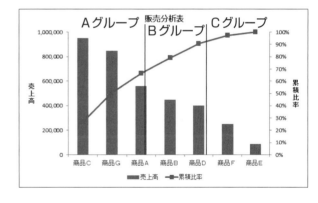

②Zグラフ

ある商品について，「毎月の売上高」，「売上高累計」，「12カ月の移動合計」のデータを集計したものを移動合計表といい，これら三つの数値を折れ線グラフで表したものを**Zグラフ**（Zチャート）という。

・**毎月の売上高**……… 売上高の月ごとの数値。
・**売上高累計**……… 1月からの売上高の累計。
・**12カ月の移動合計**……… 過去1年間の売上高の合計。1月の場合，昨年2月から今年の1月までの売上高を合計した数値。

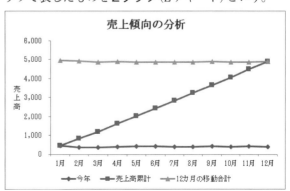

Ｚグラフの「12カ月の移動合計」の傾きを見ることによって，商品や企業の傾向を見ることができる。

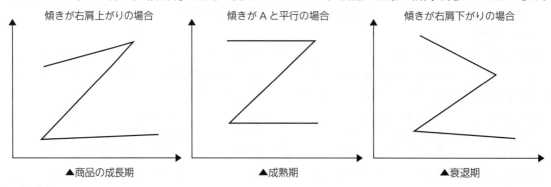

傾きが右肩上がりの場合	傾きがＡと平行の場合	傾きが右肩下がりの場合
▲商品の成長期	▲成熟期	▲衰退期

③回帰分析

データの関係を方程式で表し，過去のデータをもとに将来の予測値をグラフによって求める方法を**回帰分析**という。回帰分析には**散布図**と**回帰直線（近似曲線）**を用いる。

・**散布図**…………　散布図とは，データを二つの項目に分けグラフにプロットして，その点のばらつき状態によって，両者の相関関係を洗い出すグラフである。相関関係とは，一方の値が変化したときに，他方の値も一定の関係で変化することをいい，一方が増加すると他方も増加する場合を**正の相関**，一方が増加すると他方は減少する場合を**負の相関**という。散布図により二つのデータ間の大まかな関係を数量的につかみ，関係の強さを分析することができる。

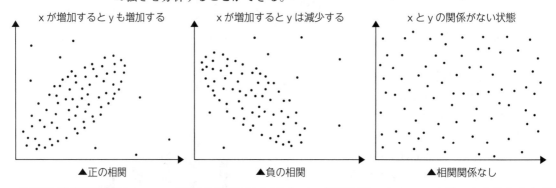

ｘが増加するとｙも増加する	ｘが増加するとｙは減少する	ｘとｙの関係がない状態
▲正の相関	▲負の相関	▲相関関係なし

・**回帰直線（近似曲線）**………　回帰直線（近似曲線）とは，相関関係にあるデータ間の中心的な分布傾向を表す直線のことで，最小二乗法と呼ばれる算術を用いて求められる。データの傾向を視覚的に示しており，売上予測などのシミュレーションに利用される。

【回帰直線とシミュレーション】

既存店舗の売り場面積と売上高の関係をグラフ化し，新店舗の売上高を予測する。
1) 縦軸に売上高，横軸に売り場面積をとり，散布図を作成する（両データは「正の相関」を示す）。
2) 散布図から回帰直線とその方程式を表示する。新店舗の売り場面積に応じた売上高が予測される。

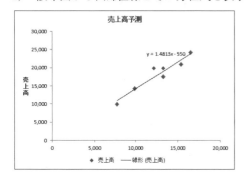

〈表示された回帰直線の方程式〉

$$y = 1.4813x - 550$$

y：売上高予測

x：売り場面積

1.4813：売り場面積の係数

550：y軸上の交点（切片）

④線形計画法

1次式で表現される制約条件の下にある資源を，どのように配分したら「最大または最小の効果が得られるか」という問題を解く最適化の手法を**線形計画法**という。

【例題】ある商店では毎日ＡとＢという菓子を作り，これを組み合わせて箱詰めした商品ＭとＮを販売している。箱詰めの組合せと1商品当たりの販売利益は表に示すとおりである。Ａの1日の最大製造能力は360個であり，Ｂの1日の最大製造能力は240個である。1日の販売利益が最大となる商品ＭとＮの個数，および，その金額を求めよ。

	菓子Ａ	菓子Ｂ	販売利益
商品Ｍ	6個	2個	600円
商品Ｎ	3個	4個	400円

〈解答例〉

商品Ｍの個数をx個，商品Ｎの個数をy個作るとすると，

Ａの1日の最大製造能力は360個であり，Ｂの1日の最大製造能力は240個なので，

$6x + 3y \leq 360$

$2x + 4y \leq 240$

が成り立つ。これを解くと，$x \leq 40$，$y \leq 40$ となる。

したがって，1日の販売利益が最大となるのは，商品Ｍを40個，商品Ｎを40個作ったときで，金額は，$(600 \times 40) + (400 \times 40) = 40,000$（円）となる。

⑤ヒストグラム

データの範囲をいくつかの区間（階級）に分けて，各区間のデータ数（度数）を集計し，棒グラフで表したものを**ヒストグラム**という。右の図は，ある来客者数について，区間ごとに棒グラフ化したものである。右の図のように，データの分布が平均値付近に集積し，左右対称のつりがねのような形をしたものを**正規分布**という。商品の製造における品質や数量などのばらつき（誤差）は正規分布にしたがって分布するとされている。

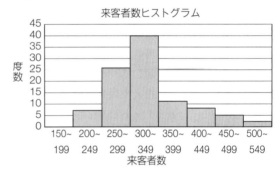

⑥ファンチャート

ある時点のデータとその後のデータの比率の変動を，折れ線グラフで表したものを**ファンチャート**という。数期にわたる商品の売上高の推移をファンチャートで表すことで，売れ筋商品や衰退商品を視覚的に分析することができる。

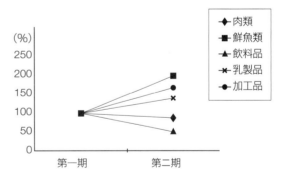

【参考：管理図】

品質や製造工程が安定な状況であるかを管理するために，時系列に発生するデータを折れ線グラフで表したものを**管理図**という。一定の間隔で生じるデータのばらつき（誤差）については大きな異常ではないが，上方および下方の**管理限界線**を超えたり，上方または下方の領域で連続して推移したり，穏やかな上昇・下降を繰り返したりするなどの異常な変化には対応が必要となる。

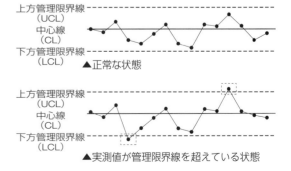

⑷経営分析

経営分析に用いられる手法にはSWOT分析やPPM分析などがある。

- **SWOT分析**……… 自社の現状を，**強み**(Strengths)，**弱み**(Weaknesses)，**機会**(Opportunities)，**脅威**(Threats) の四つの要素に整理して，市場環境を分析することである。企業が経営計画を作成するときに，自社がもつ経営資源(**内的要因**)と経営を取りまく環境(**外的要因**)の分析が不可欠であり，SWOT分析では，強みと弱みを内的要因，機会と脅威を外的要因として分析を行う。

内的要因	強み	他社と比較して優れた点。
	弱み	課題として検討する点。
外的要因	機会	市場における新たなビジネス機会。
	脅威	自社が受ける悪影響の要素。

	外部環境 機会 ← → 脅威	
内部環境 強み ↕ 弱み	**積極的攻撃** 自社の強みを生かした事業を検討する。	**差別化戦略** 自社の強みを生かして，脅威の回避を検討する。
	段階的施策 事業機会を逃さない方策を検討する。	**リスク回避または撤退** 撤退も含め，最悪の事態を想定した対応を検討する。

- **PPM分析 (Product Portfolio Management)**……… 自社の製品または事業を，市場の成長率と市場の占有率(シェア)から，**問題児**，**花形**，**金のなる木**，**負け犬**の四つの区分に分類して，それぞれの状況に対応した事業展開を検討する事業管理手法の一つ。資金投入や販売戦略の参考とする。一般的に，新規の事業や新商品は「問題児」からスタートし，「花形」から「金のなる木」を経て，やがて「負け犬」になる傾向にある。

問題児 (成長率：高，占有率：低)	将来性のある事業。今後新たな資金投下が必要。
花形 (成長率：高，占有率：高)	収入の多い事業。よりいっそうの資金投下により，さらに高い業績をあげることができる。
金のなる木 (成長率：低，占有率：高)	安定期に入り，新たな資金投下は控え，現状を維持する。
負け犬 (成長率：低，占有率：低)	将来的な成長は見込めず，資金投下を控え，撤退も検討する必要がある。

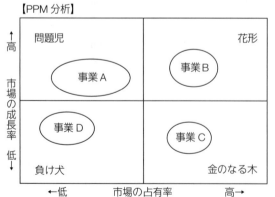

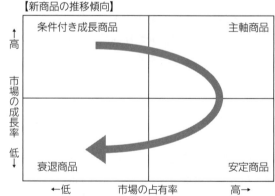

　　品質管理を行うために利用される，おもに数値データを統計的に分析する技法をまとめて，QC七つ道具という。QCとは「Quality Control」の略で，品質管理を意味する。一般に，QC七つ道具には，特性要因図，パレート図，散布図，ヒストグラム，管理図，チェックシート，層別などが含まれる。

　　層別とは，データを同じような種類に分けて分析することである。グラフなどを使わずに特徴をつかむ技法で，層別の考え方がすべての技法のもととなっている。

〈層別の例〉

・データを年齢別に分類してどのような傾向があるか調べる。

・サンプリング調査（標本調査）では無作為抽出法を用いる。

・業種によって男女別比率の割合を調整する。

・データの母集団を標準偏差によって切り分け，分散の大きい層からサンプルを多く取り出す。

筆記練習 31

(1)　次の説明文に最も適した答えをア，イ，ウの中から選び，記号で答えなさい。

1.　カードを利用して問題点をグループ化し，全体像を明確にする分析方法。

　　　ア．ブレーンストーミング　　　イ．KJ法　　　　　　　　　ウ．PERT

2.　原因と結果の関連を魚の骨のような形態に整理して体系的にまとめ，結果に対してどのような原因が関連しているかを明確にする図。

　　　ア．特性要因図　　　　　　　　イ．パート図　　　　　　　ウ．データフロー

3.　複雑な条件をYes，Noで表し，対応する行動をXや－を用いて表現した表のこと。

　　　ア．データストア　　　　　　　イ．アローダイアグラム　　ウ．デシジョンテーブル

4.　DFDの中で，四角形で表される項目。

　　　ア．データの源泉と吸収　　　　イ．データフロー　　　　　ウ．プロセス

5.　作業の遅れが生じたとき，プロジェクトに影響を与える工程を表したもの。

　　　ア．決定表　　　　　　　　　　イ．クリティカルパス　　　ウ．アローダイアグラム

1		2		3		4		5	

(2)　次の説明文に最も適した答えを解答群から選び，記号で答えなさい。

1.　データを二つの項目に分けてプロットし，その相関関係を表すグラフ。

2.　分類項目ごとの降順データとその累積比率を棒グラフと折れ線グラフで表現したもの。

3.　ある時点のデータとその後のデータの比率の変動を表したもの。

4.　一定範囲のデータを区間ごとに集計し分布を見るグラフ。

5.　一定期間における売上の傾向を移動合計などを用いて長期的に分析するグラフ。

```
─解答群────────────────────────────────
ア．ファンチャート      イ．DFD              ウ．デシジョンテーブル
エ．パート図            オ．ヒストグラム      カ．Zグラフ
キ．散布図              ク．アローダイアグラム  ケ．特性要因図
コ．パレート図
```

1		2		3		4		5	

(3) 次の説明文に最も適した答えをア，イ，ウの中から選び，記号で答えなさい。

1. 話し合いのルールに従い，グループ内でアイディアを出し合いながら業務の改善案を検討する発想法。

  ア．KJ法   イ．ブレーンストーミング ウ．DFD

2. データの大きい順と累積比率から重点管理の対象商品を分析すること。

  ア．回帰分析   イ．ABC分析   ウ．データの源泉と吸収

3. 作業のスケジュール管理に用いる日程計画技法。

  ア．線形計画法   イ．クリティカルパス ウ．パート図

4. 強み，弱み，機会，脅威の四つの要素で自社を評価する分析手法。

  ア．PPM分析   イ．SWOT分析   ウ．KJ法

5. PPM分析における四つの分類のうち，市場占有率を高めるための資金投入をするか，縮小・撤退するかの対応を必要とするもの。

  ア．金のなる木   イ．花形   ウ．問題児

1		2		3		4		5	

(4) 次の説明に該当する語を記述しなさい。

1. 「批判禁止」，「自由奔放」，「質より量」，「結合便乗（他人の意見に便乗）」という四つのルールにより行われる集団発想法。
2. 関係する条件とその行動を表にまとめ，条件の組み合わせとその結果を明確に表現する手法。
3. システム開発に用いられる，データの流れに着目し処理の関係を表す図。
4. ある事象に影響を及ぼす要因の関係を矢印で体系的に表したもの。要因を探る対象，問題や結果などに注目して分析する。フィッシュボーンチャートなどとも呼ばれる。
5. PERTにおいて，作業のスケジュールや日程計画の手順を示す図のこと。
6. PERTの管理において，日程的に最も余裕のない工程路を結んだ経路。
7. 縦軸に割合，横軸に項目を取り，左から数値が大きい順に項目別の棒グラフを並べ，累積度数分布線（各要素のパーセンテージの累積を表す線）を描いて分析すること。
8. 一定期間における売上高の傾向を分析する際に用いられるグラフ。グラフの要素として，各月の売上高，売上高の累計，移動合計値の三つを用いる。
9. 相関関係にある二種類のデータ間の関係や傾向を分析することで，結果を予測すること。
10. 1次式を用いて最大化または最小化する値を求める分析方法。
11. データ範囲をいくつかの区間に分け，各区間に入るデータの数を柱状で表したグラフ。
12. 基準となる売上高を100%として，その後の数期分のデータの比率の変動を折れ線グラフで表したもの。
13. 自社の現状を強み，弱み，機会，脅威の四つの要素に整理して，市場環境を分析する手法。
14. 自社の製品を，市場の成長率と市場の占有率から四つの区分に分類し分析する事業管理手法。

1		2		3	
4		5		6	
7		8		9	
10		11		12	
13		14			

(5) 次の各問いに答えなさい。

1. ある企業では,勤務形態によってアルバイトの時給を決めている。ある週に次の条件で働いたとき,その週の給与はいくらになるか。

勤務記録:平日の17:00から20:00までの三日間と,日曜日の9:00から12:00まで勤務した。

条件	平日勤務	Y	Y	N	N
	休日勤務(土日祭日)	N	N	Y	Y
	09:00～17:00勤務	Y	N	Y	N
	17:00～22:00勤務	N	Y	N	Y
結果	時給1,000円	X	X	–	–
	時給1,500円	–	–	X	X
	手当1,000円(1日)	–	X	–	X

ア. 13,500円　　　　　イ. 16,500円　　　　　ウ. 21,000円

2. 次の図は,ある仕事の作業工程と各作業に必要な日数を表したアローダイアグラムである。この作業工程のクリティカルパスを選び,記号で答えなさい。

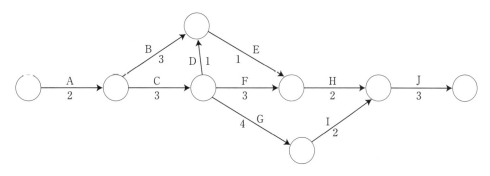

ア. A→C→F→H→J　　　　イ. A→B→E→H→J　　　　ウ. A→C→G→I→J

3. 企業の経営戦略のSWOT分析において,(a)の環境で検討する内容として適切なものを選び,記号で答えなさい。

	(機会)　　外部環境　　(脅威)	
(強み)　内部環境　(弱み)	(a)	(b)
	(c)	(d)

ア. 自社の強みを生かして脅威を回避する方策を検討する。
イ. 自社の強みを生かした事業を検討する。
ウ. 事業機会を逃さないような方策を検討する。

1		2		3	

2 経営計画と管理

　企業活動では，人材・製品・資金・情報・顧客をいかに有効に管理（マネジメント）するかが重要である。さらに，それらを統合し目標を達成するまでの戦略が必要になってくる。そこで生み出されたのが経営戦略であり経営マネジメントである。経営戦略では，企業の長期的な発展を視野に入れ，明確な目標を持って計画を立てることが大切である。ここでは，経営計画と管理，クラウドを活用した新しいサービスについて学習してみよう。

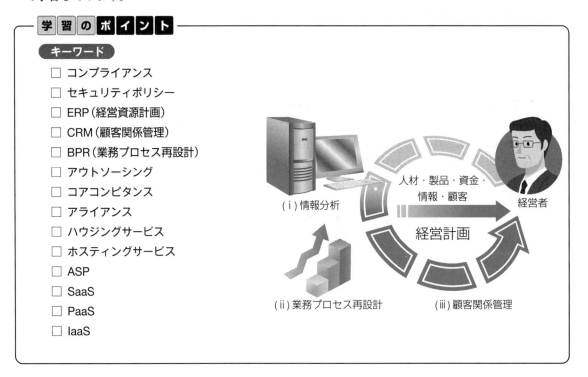

学習のポイント

キーワード

- □ コンプライアンス
- □ セキュリティポリシー
- □ ERP（経営資源計画）
- □ CRM（顧客関係管理）
- □ BPR（業務プロセス再設計）
- □ アウトソーシング
- □ コアコンピタンス
- □ アライアンス
- □ ハウジングサービス
- □ ホスティングサービス
- □ ASP
- □ SaaS
- □ PaaS
- □ IaaS

（ⅰ）情報分析

人材・製品・資金・情報・顧客

経営者

経営計画

（ⅱ）業務プロセス再設計　　　（ⅲ）顧客関係管理

・**コンプライアンス（compliance）**………　コーポレートガバナンス（企業統治）の一つで，企業倫理に基づき，ルール，マニュアル，チェックシステムなどを整備し，法令や社会規範を遵守した企業活動を行うことを**コンプライアンス（法令遵守）**という。著作権法，不正競争防止法，労働基準法などの法律を遵守する法規範の他に，社内規範や倫理規範などに対する遵守義務が求められている。

・**セキュリティポリシー（security policy）**………　情報セキュリティの確保のために，組織として意思統一され，文書として明文化されたものを**セキュリティポリシー**という。情報セキュリティ対策として企業がとるべき行動の基本方針を定め，基本方針を実現化するために行うべき対策や基準を定めている。従業員の教育やシステムの監視基準なども定められている。

・**ERP（経営資源計画：Enterprise Resource Planning）**………　生産や販売，在庫，購買，物流，会計，人事，情報など，企業内のあらゆる経営資源を有効活用するために，これらを企業全体で統合的に管理し，最適に配置，配分することで効率的な経営活動を行っていこうという経営手法を**ERP**という。こうした管理を支援し，実現するための統合的なソフトウェアを**ERPパッケージ**という。

・**CRM（顧客関係管理：Customer Relationship Management）**……… 商品やサービスを提供する企業が顧客との間に，長期的・継続的な信頼関係を築き，その価値と効果を最大限にすることで，顧客の利益と企業の利益を向上させることを目指す経営手法をCRMという。ダイレクトメールやポイントカードの管理，コールセンターでの顧客対応などがあげられる。

システムでデータ入力 ➡ システムで情報を参照・分析 ➡ 売上アップ！

・**BPR（業務プロセス再設計：Business Process Re-engineering）**……… 企業活動に関する売上などの目標を設定し，その達成のために，業務の内容，流れ，組織を最適化または，再設計することをBPRという。

・**コアコンピタンス**……… 企業が事業を行うために保有している能力や経営資源のうち，競合他社より圧倒的に優れている，または他社には真似ができない独自の技術やノウハウなどをコアコンピタンスという。自社の核となる能力（competence），得意分野のこと。

・**アウトソーシング**……… 経営業務の一部を専門的な能力やノウハウを持った業者に外注することをアウトソーシングという。目的は，コストの削減や外部の資源の利用などである。例えば，情報処理部門を持たない企業が，外部に情報処理の業務を委託する場合などがあてはまる。

・**アライアンス**……… 企業どうしの提携をアライアンスという。提携の関係や資本関係を問わずに対応する場合が多い。資本関係のあるものには，資本参加から統合，合併・買収までがあり，資本関係のないものには，生産提携，販売提携，開発提携などがある。

・**ハウジングサービス**………　顧客のサーバ自体を，ネットワーク環境の整った場所に設置するサービスを**ハウジングサービス**という。災害や地震などの天災からの保護，防犯上のメリット，電源・回線面の安定などのメリットがある。

メリット	デメリット
・耐震，電源，セキュリティに優れた環境。 ・高速かつ快適なインターネット環境。 ・自社機器の持ち込みが可能。	・初期費用が高い。 ・ハードウェア故障時に駆け付けが必要。

・**ホスティングサービス**………　情報通信ネットワークを活用して，サーバ1台またはサーバの一部を貸し出すサービスを**ホスティングサービス**という。

メリット	デメリット
・耐震，電源，セキュリティに優れた環境。 ・高速かつ快適なインターネット環境。 ・ハードウェア保守不要。 ・初期費用が安い。	・自社機器の持ち込みが不可。

▼利用者から見たハウジングサービスとホスティングサービスの比較

	施設や設置場所	サーバや通信機器
ハウジングサービス	×	○
ホスティングサービス	×	×

○…利用者が準備する，×…利用者は準備の必要なし

・**ASP（Application Service Provider）**………　アプリケーションソフトの機能をネットワーク経由で顧客にサービスとして提供する事業者を**ASP**という。これに対して，ISPは通信回線を経由して契約者にインターネットへの接続サービスを提供する事業者である。

・**SaaS（Software as a Service）**………　顧客が必要とするソフトウェアの機能を，必要なときに必要な分だけをインターネット経由で提供するサービスを**SaaS**という。

・**PaaS（Platform as a Service）**………　OSやプログラム言語など，ソフトウェアを構築および稼働させるための土台となるプラットフォーム（開発環境）をインターネット経由で提供するサービスを**PaaS**という。

・**IaaS（Infrastructure as a Service）**………　コンピュータシステムを構築および稼働させるためのハードウェア基盤（仮想マシンやネットワークなどのインフラ機能）をインターネット経由で提供するサービスを**IaaS**という。

(1)　次のA群の語句に最も関係の深い説明文をB群から選び，記号で答えなさい。

〈A群〉

1.　アライアンス　　　　　2.　ハウジングサービス　　　3.　経営資源計画
4.　BPR　　　　　　　　　5.　アウトソーシング　　　　6.　コンプライアンス

〈B群〉

ア．企業の目標達成のために業務の内容，流れ，組織を再設計すること。
イ．顧客のサーバ自体を，ネットワーク環境の整った場所に設置するサービス。
ウ．顧客の利益と企業の利益を向上させることを目指す経営手法。
エ．企業どうしの提携を意味し，合併・買収，生産提携や開発提携などの総称。
オ．企業が経営・活動を行う上で，法令や各種規則のルール，さらには社会的規範などを守ること。
カ．企業の経営資源を総合的に管理し，最適な配置・配分によって経営を効率的に行うこと。
キ．情報通信ネットワークを活用して，顧客にアプリケーションやサーバを貸し出すサービス。
ク．コスト削減のために一部の業務を専門的な能力やノウハウを持った業者に外注すること。

1		2		3		4		5		6	

(2)　次の説明文に最も適した答えをア，イ，ウの中から選び，記号で答えなさい。

1.　顧客へのきめ細かな対応で，顧客の満足度・利便性を高め，継続的な信頼関係を構築し，企業の収益性を向上させることを目指す総合的な経営手法。

　　　　ア．BPR　　　　　　　　イ．CRM　　　　　　　　ウ．ERP

2.　企業の目標を達成するために，業務内容と関係部署，業務全体の流れなどを最適化すること。

　　　　ア．経営資源計画　　　　イ．顧客関係管理　　　　ウ．業務プロセス再設計

3.　技術提携，生産や販売の委託などによって，複数の企業が互いの独自性を維持しながら連携を強化すること。

　　　　ア．アウトソーシング　　イ．アライアンス　　　　ウ．ERP

4.　サービス事業者が，利用者の通信機器やサーバを自社の建物内に設置するサービス。

　　　　ア．ハウジングサービス　イ．ホスティングサービス　ウ．コアコンピタンス

5.　顧客が必要とするソフトウェアの機能を，必要なときに必要な分だけをインターネット経由で提供するサービス。

　　　　ア．IaaS　　　　　　　　イ．PaaS　　　　　　　　ウ．SaaS

1		2		3		4		5	

(3) 次の説明に該当する語を記述しなさい。

1. 経営資源の総合的な管理および最適な配置・配分による効率的な経営手法。
2. 企業と顧客で強固な信頼関係を構築し，相互に利益を共有しようとする経営手法。
3. 物流システムを持たない企業が，在庫管理や配送などの業務を外部委託すること。
4. 顧客のサーバ自体を，ネットワーク環境の整った場所に設置するサービス。
5. 企業が保有している能力や経営資源のうち，競合他社より圧倒的に優れている，または他社には真似ができない独自の技術やノウハウのこと。
6. 目標とするセキュリティレベルを達成するために，遵守すべき行為及び判断についての考え方を明確にした対策基準。

1		2		3	
4		5		6	

編末トレーニング

1 次の説明文に最も適した答えを解答群から選び，記号で答えなさい。

1. グローバルIPアドレスとプライベートIPアドレスを1対1で結びつけて，相互にアドレスを変換する仕組みのこと。

2. 企業などの組織が「情報セキュリティ対策」に取り組む姿勢を社内や顧客などに示すため，情報セキュリティの目標や，その目標を達成するために企業がとるべき行動を文書化したもの。

3. 利用者側のブラウザと企業側のWebサーバとの間でやり取りされるプロトコルに，情報を暗号化するための技術を付加したもの。

4. LANケーブルの中継や分岐に用いられる集線装置。

5. RASISの示す指標の1つで，故障しながらも全体として正常に稼働しているかの評価。稼働率の値が高いと良い。

解答群

ア．DMZ	イ．SSL		ウ．ゲートウェイ
エ．可用性	オ．HTTPS		カ．ハブ
キ．NAT	ク．CIDR		ケ．信頼性
コ．ルータ	サ．安全性		シ．セキュリティポリシー

1		2		3		4		5	

2 次のA群の語句に最も関係の深い説明文をB群から選び，記号で答えなさい。

〈A群〉　1．フォールトトレラント　　2．SMTP　　3．フールプルーフ
　　　　　4．公開鍵暗号方式　　　　5．コンプライアンス

〈B群〉

ア．システムの一部に障害が発生した際に，故障した個所を破棄，切り離すなどして障害の影響が他所に及ぶのを防ぎ，最低限システムの稼働を続けるための技術。

イ．電子メールをメールサーバへ送信する場合や，メールサーバ間でメールを転送する場合に用いられるプロトコル。

ウ．音声を圧縮し，インターネット上に送受信する技術。インターネット上で構築した電話網のIP電話で利用されている。

エ．暗号化する側と復号する側が異なる鍵を使用する暗号化の方式。

オ．データベースの更新中に障害が発生した場合，ジャーナルファイルを用いて更新前の状態に戻し，データの整合性を確保する処理。

カ．企業が経営・活動を行う上で，法令や社会的規範などを守るために，企業倫理に基づく行動規範や行動マニュアルを作成し，社員への倫理教育や，内部通報のしくみを作るなどの活動。

キ．人は必ずミスをするという視点にたち，誤った操作をしても誤動作しないように，安全対策を準備しておく設計のこと。

ク．メールサーバに届いた自分宛てのメールをダウンロードする際に用いられるプロトコル。

ケ．コンピュータシステムを構成する装置や部品に障害が発生した場合においても，システム全体が機能を停止することなく，正常に動作し続けることができるしくみ。

コ．暗号化する側と復号する側が同じ鍵を使用する暗号化の方式。

1		2		3		4		5	

3 次の説明文に最も適した答えをア，イ，ウの中から選び，記号で答えなさい。

1. 利用者が直接コンピュータに指示を与えてから結果が出はじめるまでの時間。

　　ア．ターンアラウンドタイム　　イ．レスポンスタイム　　　　ウ．スループット

2. 限られたネットワーク内でのみ利用できる，独自に割り当てることができるアドレス。

　　ア．グローバルIPアドレス　　イ．ブロードキャストアドレス　ウ．プライベートIPアドレス

3. ネットワーク環境の整った場所を提供し，顧客のサーバを設置するサービス。

　　ア．ホスティングサービス　　イ．ハウジングサービス　　　ウ．アウトソーシング

4. 校内のファイルサーバから300MBのデータをダウンロードするのに3秒かかった。通信速度が1Gbpsの回線を用いている場合，この回線の伝送効率を求めなさい。なお，外部要因は考えないものとする。

　　ア．0.6　　　　　　　　　イ．0.7　　　　　　　　　ウ．0.8

5. あるコンピュータシステムを運用したところ，稼働率は0.995であった。故障時間の合計が18時間であったとき，このシステムの総運用日数を求めなさい。なお，毎日24時間連続運用しているものとする。

　　ア．150日　　　　　　　　イ．180日　　　　　　　　ウ．200日

1		2		3		4		5	

4 次の各問いに答えなさい。

問1 PPM分析における"花形"の説明として適切なものを選び，記号で答えなさい。

ア．安定期に入り，新たな資金の投下は控えたほうがよい。

イ．将来性が高いが，資金の投下による効果については未定である。

ウ．収入の多い事業で，今後よりいっそう資金を投下して業績をのばすことができる。

問2 次の図は，ある仕事の作業工程と各作業に必要な日数を表したアローダイアグラムである。作業Bに障害が発生して3日遅れて完了した。全体の遅れを1日におさめるためには，どの作業を何日短縮すればよいか。適切なものを選び，記号で答えなさい。

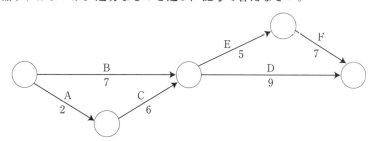

ア．作業Cを1日短縮する。　　イ．作業Fを1日短縮する。　　ウ．作業Dを1日短縮する。

問3 アライアンスを説明している次の文章のうち適切なものを選び，記号で答えなさい。

ア．経理・生産・販売・人事管理などの業務を，コンピュータシステムを利用して，最適な管理を実現すること。

イ．コストの削減や自社の主力分野に集中するため，専門的な能力やノウハウを持った業者に，業務の一部を外注すること。

ウ．経済的なメリットを期待するため，複数の企業が他社と連携して協力体制を作り上げること。

問4　次の図のうちファンチャートとして適切なものを選び，記号で答えなさい。

ア.
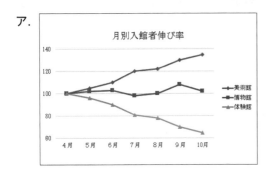

イ.
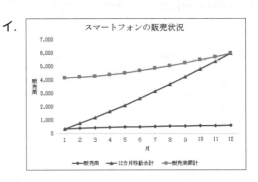

ウ.
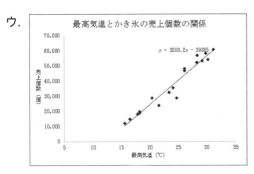

問5　BPRを説明している次の文章のうち適切なものを選び，記号で答えなさい。

ア．企業活動に関する売上などの目標を設定し，その目標達成のための業務の内容，流れ，組織を最適化または，再設計すること。

イ．企業の経営資源である財務や人事，生産，在庫，販売などを有効活用し，経営を効率化するための統合的なソフトウェアのこと。

ウ．商品やサービスを提供する企業が，顧客との間に長期的・継続的な信頼関係を築き，その価値と効果を最大限にすることで，顧客の利益と企業の利益を向上させることを目指す経営手法のこと。

問1		問2		問3		問4		問5	

全商情報処理検定の1級レベルでもITパスポートの問題を解くことができる。復習のつもりで挑戦してみよう。

1. ソフトウェアの設計品質には設計者のスキルや設計方法，設計ツールなどが関係する。品質に影響を与える事項の関係を整理する場合に用いる，魚の骨の形に似た図形の名称として，適切なものはどれか。　（H26春ストラテジ系4）

　　ア．アローダイアグラム　　イ．特性要因図　　ウ．パレート図　　エ．マトリックス図

2. ABC分析で使用する図として，適切なものはどれか。（H26春ストラテジ系14）

　　ア．管理図　　　　　　イ．散布図　　　ウ．特性要因図　　　　エ．パレート図

3. A社はB社に対してハウジングサービスを提供している。A社とB社の役割分担として適切なものはどれか。（H24秋ストラテジ系23）

	サーバなどの機器の所有	機器の設置施設の所有	アプリケーションソフトウェアの開発	システムの運用
ア	A社	A社	A社	A社
イ	A社	A社	B社	B社
ウ	B社	A社	B社	B社
エ	B社	B社	A社	A社

4. 開発者Aさんは，入力データが意図されたとおりに処理されるかを，プログラムの内部構造を分析し確認している。現在Aさんが行っているテストはどれか。（H26春マネジメント系34）

　　ア．システムテスト　　　　　　　イ．トップダウンテスト
　　ウ．ブラックボックステスト　　　エ．ホワイトボックステスト

5. ソフトウェア開発プロジェクトにおいて，上流工程から順に工程を進めることにする。要件定義，システム設計，詳細設計の工程ごとに完了判定を行い，最後にプログラミングに着手する。このプロジェクトで適用するソフトウェア開発モデルはどれか。（H25秋マネジメント系34）

　　ア．ウォータフォールモデル　　　イ．スパイラルモデル
　　ウ．段階的モデル　　　　　　　　エ．プロトタイピングモデル

答え：1. イ　　2. エ　　3. ウ　　4. エ　　5. ア

計算問題の復習

⑴開発期間に関する計算

1. あるアプリケーションの開発を終了させるのに，Aさん1人だと15日，Bさん1人だと30日かかる場合，これを2人で一緒に作業をすると何日で完成するか。

2. ある大規模システムの保守作業に，Aさん1人だと20日，BさんとCさんだとそれぞれ1人で10日かかる場合，これを3人で一緒に作業をすると何日で終了するか。

1	日	2	日

〈計算スペース〉

⑵稼働率に関する計算

1. あるコンピュータを100日間連続して稼働したが，2日間故障で運用できない日があった。このコンピュータの稼働率を計算しなさい。ただし，毎日24時間運用しているものとする。

2. あるコンピュータシステムを300日間連続で運用した際の稼働率が0.995であった。故障のために運用できなかった日数を求めなさい。ただし，毎日24時間連続運用しているものとする。

3. あるコンピュータシステムを運用したところ，稼働率が0.995であった。故障時間の合計が12時間であったとき，このシステムの総運用日数を求めなさい。なお，毎日24時間運用しているものとする。

4. 稼働率が0.7と0.8の2台のコンピュータを直列に設置した場合の稼働率はいくらか。

5. 装置Aと装置Bが，次の図のように配置されているシステムにおいて，システム全体の稼働率が0.98のとき，装置Bの稼働率はいくらか。ただし，装置Aの稼働率は0.9とする。

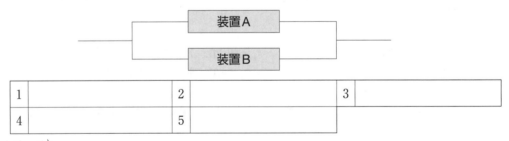

1		2		3	
4		5			

〈計算スペース〉

⑶記憶容量に関する計算

1. 横1,000ドット，縦800ドット，1画素24bitで表現する色情報を持つ画像を撮影できるディジタルカメラがある。このカメラで撮影される1画像の記憶容量は何MBか。ただし，データは圧縮しないものとする。

2. 1,200×1,000ドット，1画素24bitの画像を圧縮して保存したところ，元のデータサイズの25%に圧縮できた。圧縮後の容量は何MBか。

1	MB	2	MB

〈計算スペース〉

⑷通信速度に関する計算

1. 通信速度が100Mbpsの回線を用いて，4MBのデータをダウンロードするのに必要な時間は何秒か。なお，この回線の伝送効率や外部要因は考えないものとする。

2. 通信速度が100Mbpsの回線を用いて，1GBのデータを転送するためにかかる時間は何秒か。なお，伝送効率は80%とし，その他の外部要因は考えないものとする。

3. 通信速度が12Mbpsの回線を用いて，12MBのデータを転送するのに必要な時間は何秒か。ただし，伝送効率は50%とし，その他の外部要因は考えないものとする。

4. 通信速度が16Mbpsの回線を用いて，1画素24bitで表された1,000×800画素の画像10枚を転送するのに必要な時間は何秒か。ただし，伝送効率は50%とし，画像は圧縮しないものとする。

5. 通信速度が100Mbpsの回線を用いて，8MBのデータを転送したところ，転送時間に1秒を要した。この回線の伝送効率は何%か。

6. 通信速度が100Mbpsの回線を用いて，2MBのデータをダウンロードするのに0.2秒かかった。この回線の伝送効率は何%か。

1	秒	2	秒	3	秒
4	秒	5	%	6	%

〈計算スペース〉

さくいん

英数字

ABC分析 ···································70, 193
ABS ··8
Accessの起動 ·····························135
AND ··122
AND関数 ·······································37
ASC ··126
ASP ··202
AVERAGE関数 ·································16
BETWEEN ·······························123, 138
BPR ··201
bps ··177
CA ···186
CEILING ··4
CIDR ···173
COLUMN ··18
Cookie ·······································182
CRM ··201
DAVERAGE ······································27
DBMS ···114
DBMSの機能 ···································114
DCOUNT ··27
DCOUNTA ·······································27
DELETE FROM ～ WHERE ～ ··········133, 145
DESC ···126
DFD ··191
DHCP ···175
DISTINCT ·······························125, 140
DMAX ··27
DMIN ··27
DMZ ··174
DNS ··174
DSUM ··27
E－R図 ··119
ERP ··200
EXISTS ·································131, 143
FLOOR ··6
FORECAST ······································12
FTP ··175
GROUP BY ·······························127, 141
HAVING ··································128, 142
HLOOKUP関数 ···································45
HTTP ···175
HTTPS ···································176, 185
IaaS ···202
IFERROR ·······································34
IFERROR関数のネスト ···························54
IF関数 ····································36, 40
IF関数のネスト ·····························36, 40

IMAP ···175
IN ································124, 130, 139, 142
INDEX関数 ·····································50
INDEX関数のネスト ·····························50
INSERT INTO ～ VALUES ～ ··········132, 144
IPv4 ···171
IPv6 ···171
IPアドレス ····································171
ISO ··170
KJ法 ···190
LEFT関数 ······································45
LIKE ····································121, 137
MACアドレス ···································171
MATCH関数 ·····································45
MEDIAN ··15
MIME ···181
MODE ··15
MOD関数 ·······································41
MTBF ···159
MTTR ···159
NAS ··164
NAT ··173
NIC ··170
NOT ··123
NOT EXISTS ···································131
NOT IN ·······································124
OFFSET ··23
OR ···123
ORDER BY ·······························126, 140
OSI参照モデル ·································170
PaaS ···202
PERT ···191
POP ··175
PPM分析 ·································95, 196
QC ···197
QC七つ道具 ····································197
RAID ···164
RASIS ··159
RANDBETWEEN ···································10
RIGHT関数 ·····································45
ROW ···18
SaaS ···202
SMTP ···175
SQL ··121
SQLインジェクション ···························187
SSL ··184
SUBSTITUTE ····································32
SWOT分析 ·····································196
TCP／IP ······································174
TLS ··184
UPDATE SET ～ WHERE ～ ··········134, 146
VLOOKUP関数 ···································44
VLOOKUP関数のネスト ···························44

VoIP...181
VPN...174
WEEKDAY 関数.....................................41
Zグラフ.......................................78, 193
Zグラフの作成.....................................79

あ 行

アウトソーシング...............................201
アクセスログ.....................................186
アトリビュート...................................119
アプリケーション層............................170
アライアンス.....................................201
アローダイアグラム............................191
暗号化...184
安全性...159
インシデント.....................................186
インポート..147
ウォータフォールモデル......................153
運用・保守..156
エンティティ.....................................119

か 行

回帰直線...194
回帰分析.....................................82, 194
外的要因...196
概念設計...117
開発期間に関する計算........................156
開発工程...154
開発手法...153
外部設計...154
稼働率...159
稼働率に関する計算............................159
金のなる木...................................95, 196
可用性...159
関係..119
完全性...159
管理限界線..195
管理図...195
記憶容量に関する計算........................166
機会..196
脅威..196
共通鍵暗号方式..................................184
業務プロセス再設計............................201
共有ロック..114
近似曲線...194
クリティカルパス...............................192
グローバルIPアドレス........................173
クロスサイトスクリプティング............187
経営資源計画.....................................200
ゲートウェイ.....................................171
結合テスト..155
決定表...191
検索／行列..18
コアコンピタンス...............................201
公開鍵...184

公開鍵暗号方式..................................184
降順..126
構造テスト..155
顧客関係管理.....................................201
国際標準化機構..................................170
コミット...116
コンプライアンス...............................200

さ 行

最頻値...15
サブネットマスク...............................172
参照整合性..119
散布図.......................................82, 194
散布図の作成.......................................83
システム開発.....................................152
システム設計.....................................153
システムテスト..................................155
システムログ.....................................186
実体..119
ジャーナルファイル............................116
重相関R...87
障害回復機能.....................................115
障害対策...163
昇順..126
シンクライアント...............................180
信頼性...159
数学／三角..4
ストライピング..................................164
スパイラルモデル...............................154
スループット.....................................158
正規化...117
正規分布...195
整合性制約..119
正の相関...194
セキュリティポリシー........................200
セッション層.....................................170
線形計画法..................................66, 195
専有ロック..114
属性..119
ソーシャルエンジニアリング...............186
ソルバー...66

た 行

ターンアラウンドタイム......................158
第1正規化..117
第1正規形..117
第2正規化..118
第2正規形..118
第3正規化..118
第3正規形..118
ダイジェスト.....................................185
単体テスト..155
チェックポイント...............................116
中央値...15
通信速度...175

通信速度 (bps) に関する計算··············175
強み·····························196
ディジタル署名·····················185
データ型··························136
データ構造の設計···················117
データストア······················191
データ操作言語·····················121
データ定義言語·····················121
データのグループ化·············127, 141
データの源泉と吸収··················191
データの更新·················134, 146
データの並べ替え··············126, 140
データフロー······················191
データベース························27
データベース管理システム··············114
データベース言語···················121
データベース設計の手順···············117
データリンク層·····················170
テーブルの作成·····················136
デシジョンテーブル··················191
テスト···························155
デッドロック······················115
電子署名··························185
伝送効率··························175
統計····························12
特性要因図························190
度数分布表························89
度数分布表の作成····················89
トランザクション····················114
トランスポート層···················170

な 行

内的要因··························196
内部設計··························155
人月····························156
認証局···························185
人日····························156
ネットワークアドレス·················171
ネットワーク層·····················170

は 行

パート図··························191
排他制御··························114
排他ロック························114
ハウジングサービス··················202
パケットフィルタリング···············170
バックアップファイル·················116
ハッシュ関数·······················185
花形·························95, 196
ハブ····························170
バブルチャート·····················95
バブルチャートの作成··················96
パレート図····················70, 193
パレート図の作成·················72, 193
ヒストグラム···················89, 195

ヒストグラムの作成···················90
非正規形··························117
秘密鍵···························184
表名の別名指定·····················129
ファンチャート·····················195
フールプルーフ·····················164
フェールセーフ·····················163
フェールソフト·····················164
フォールトアボイダンス···············163
フォールトトレラント·················163
復号····························183
複合グラフ························70
副問合せ·····················130, 142
物理設計··························117
物理層···························170
負の相関··························194
プライベートIPアドレス···············173
ブラックボックステスト···············155
ブレーンストーミング·················190
プレゼンテーション層·················170
ブロードキャストアドレス··············172
プログラミング·····················155
プログラム設計·····················155
プロセス··························191
プロトコル····················170, 174
プロトタイプ······················153
プロトタイピングモデル···············153
分析ツール (回帰分析)·················86
分析ツール (相関)···················86
平均故障間隔·······················159
平均修復時間·······················159
ポート番号························174
保守····························156
保守性···························159
ホスティングサービス·················202
ホストアドレス·····················171
ホワイトボックステスト···············155

ま 行

マクロ···························62
負け犬······················95, 196
ミラーリング······················164
モジュール························155
文字列操作························32
問題児······················95, 196

や 行

ユーザインタフェーステスト············155
要件定義··························154
弱み····························196

ら 行

乱数····························10
リスクアセスメント··················186
リスクマネジメント··················186
リレーションシップ··················119

ルータ·····································170
レコード（行）の削除·················133，145
レコード（行）の追加·················132，144
レスポンスタイム······················158
ロールバック··························116
ロールフォワード······················116
ログファイル··························186
ロック································114
論理···································34
論理演算子····························123
論理設計·····························117

わ　行

ワイルドカード·······················47，121

学習と検定

全商情報処理検定テキスト
1級ビジネス情報部門

表紙デザイン
エッジ・デザインオフィス

○編　者──実教出版編修部

○発行者──小田　良次

○印刷所──株式会社広済堂ネクスト

〒102-8377
東京都千代田区五番町5
○発行所─実教出版株式会社　　　電話〈営業〉(03) 3238-7777
　　　　　　　　　　　　　　　　　　〈編修〉(03) 3238-7332
　　　　　　　　　　　　　　　　　　〈総務〉(03) 3238-7700
　　　　　　　　　　　　　　　　https://www.jikkyo.co.jp/

002502022　　　　　　　　　　　　　ISBN978-4-407-35501-7

ビジネス情報1級 間違えやすい用語 Q&A

ミラーリングとストライピングの違いは?	**ミラーリング** (Mirroring) RAID1のことで，2台のHDDに同じデータを書き込む。	**ストライピング** (Striping) RAID0のことで，複数のHDDにデータを分散して描き込む。
DMZとDNSはどう区別するの?	**DMZ** (DeMilitarized Zone) 非武装地帯の意味。大切なサーバを置くために，外からも中からも入れない隔離された安全地帯のこと。	**DNS** (Domain Name System) コンピュータやネットワーク(Domain)の名前(Name)を識別する仕組み。
NATとNASは同じ装置?	**NAT** (Network Address Translation) 世界(グローバル)で使うアドレスと仲間内(プライベート)で使うアドレスを変換する機能のこと。	**NAS** (Network Attached Storage) ネットワーク(Network)に直接接続された(Attached)外部記憶装置(Storage)のこと。

メールサーバのPOPとSMTPの違いは?

POP
(Post Office Protocol)

メールを保存している郵便局(Post Office)からメールを受け取る手順(Protocol)のこと。

SMTP
(Simple Mail Transfer Protocol)

インターネットなどの簡易電子メール(Simple Mail)を送信する(Transfer)手順(Protocol)のこと。

フェールセーフとフェールソフトの機能の違いは?

フェールセーフ
(fail safe)

失敗(fail)したときに被害を最小限に止める安全(safe)設計のこと。safetynetなどの言葉がよく使われる。

フェールソフト
(fail soft)

失敗(fail)したときに最小限の機能を維持できる設計のこと。たとえば，コンピュータの使用中に停電した場合でも，データを保護する(soft landing)ことができる機能などがある。

ちなみに，障害対策のフールプルーフとは，「愚か者にも耐えられる」の意味。「よくわからない人が使っても安全」な設計のこと。フォールトトレラントは，障害(fault)に対して寛容に(tolerant)対応するために準備すること。故障してもなんとか動くように設計する。

ハウジングサービスと ホスティングサービス の違いは?	ハウジングサービス (housing service) コンピュータなどを収容する(housing)場所を 提供するサービス。	ホスティングサービス (hosting service) サーバの機能を貸し出す (hosting)サービス。

SaaS・PaaS・IaaSの サービスの違いは?	SaaS (Software as a Service) 顧客が必要とするソフトウェア の機能を，必要なときに必要な 分だけをインターネット経由で 提供するサービス。	PaaS (Platform as a Service) OSやプログラム言語など，ソ フトウェアを構築および稼働さ せるための土台となるプラット フォーム（開発環境）をインター ネット経由で提供するサービス。	IaaS (Infrastructure as a Service) コンピュータシステムを構築お よび稼働させるためのハード ウェア基盤（仮想マシンやネッ トワークなどのインフラ機能） をインターネット経由で提供す るサービス。

ERP・CRM・BPRは どう区別するの?	ERP (Enterprise Resource Plannig) 企業 (Enterprise) の資源 (Resource) を効率よく活用するための計画 (Planning)のこと。経営資源計画。	CRM (Customer Relationship Management) 顧客(Customer)との良い関係 (Relationship)をもとに信頼関 係を築き，業績を上げるために 統合的に管理(Management) すること。顧客関係管理。	BPR (Business Process Re-engineering) 企業の目標を達成するために， 業務の流れ (Business Process) をより良いものに再設計 (Re- engineering) すること。業務プ ロセス再設計。

SWOT分析と PPM分析の 見分け方は?	SWOT分析 (Strengths Weaknesses Opportunities Threats) 強み (Strengths)，弱み (Weaknesses)，機 会 (Opportunities)，脅威 (Threats) の４つの 分野の頭文字で覚えよう。	PPM分析 (Product Portfolio Management) 自社の持つ様々な種類の製品(Product)を見や すくひとまとめ(Portfolio)にして見ることで，効 率的な管理(Management)ができる分析方法。

リスクアセスメントと リスクマネジメントの 違いは?	リスクアセスメント (risk assessment) 将来のリスクに備えるために，リスクを特定して，分 析し，評価する活動。	リスクマネジメント (risk management) リスクアセスメントを含み，発生する可能性のある リスクに対して，その発生をできるだけ少なくし， 発生した場合の損害を最小限に抑えるために行う一 連の行動。

学習と検定
全商情報処理検定テキスト
1級ビジネス情報部門

解答編

年	組	番

実教出版

Part I Excel関数編

Lesson 1 おもな関数

実技練習1 (p.5)

[計算式]

E5 =CEILING(B5/C5,D5)

	A	B	C	D	E
1					
2		販売金額計算表			
3					
4	お菓子名	仕入金額	仕入個数	基準	販売単価
5	ふがし	900	100	10	10
6	あめ	1,500	200	10	10
7	チョコレート	700	20	50	50
8	わたあめ	4,000	300	10	20
9	ラムネ	900	15	50	100

筆記練習1 (p.5)

(1)	ア	(2)	イ

実技練習2 (p.7)

[計算式]

D5 =FLOOR(B5,C5)/C5

	A	B	C	D
1				
2		販売セット数確認表		
3				
4	商品名	在庫数	袋詰め個数	セット個数
5	チョコ	685	10	68
6	あめ	523	10	52
7	ガム	734	5	146
8	スナック菓子	898	5	179

筆記練習2 (p.7)

ア

実技練習3 (p.9)

	A	B	C	D	E	F	G
1							
2			当座預金出納帳				
3							
4	日付		摘要	預入	引出	貸借	残高
5	10	1	前月繰越	100,000		借	100,000
6		5	鹿児島商店より仕入		200,000	貸	100,000
7		7	熊本商店の売掛金回収	400,000		借	300,000
8		8	宮崎商店へ買掛金支払い		200,000	借	100,000
9		9	長崎商店の売掛金回収	100,000		借	200,000

[計算式]　**F5** =IF(SUM($D$5:D5)-SUM($E$5:E5)>=0,"借","貸")

　　　　　G5 =ABS(SUM($D$5:D5)-SUM($E$5:E5))

筆記練習3 (p.9)

ウ

実技練習4 （p.11）

[計算式]

B5 =RANDBETWEEN(1,25)

F5 =SUM(B5:E5)

G5 =RANK(F5,$F$5:$F$9,0)

	A	B	C	D	E	F	G
1							
2		料理コンテスト審査集計システム					
3							
4	団体	創造性	アレンジ性	栄養	盛り付け	合計	順位
5	A	23	25	14	15	77	2
6	B	20	19	22	19	80	1
7	C	2	6	2	8	18	5
8	D	4	1	18	17	40	4
9	E	9	5	9	20	43	3

※B5〜B9の「創造性」，C5〜C9の「アレンジ性」，D5〜D9の「栄養」，E5〜E9の「盛り付け」はファイルを更新する度に再計算されるため，その都度F5〜F9の「合計」とG5〜G9の「順位」も変動する。

筆記練習4 （p.11）

イ

実技練習5 （p.14）

[計算式]

B14 =FORECAST(B13,B5:B11,A5:A11)

	A	B	C	D
1				
2	収入と食費の割合			
3				
4	実収入	食費支出		
5	40,942	15,453		
6	44,643	15,840		
7	49,288	16,003		
8	51,703	17,131		
9	60,998	18,037		
10	68,151	19,044		
11	71,735	19,221		
12				
13	実収入が	70,000	円の場合，	
14	食費は	19,150	円と予想されます。	

筆記練習5 （p.14）

ウ

実技練習6 （p.16）

[計算式]

E10 =MEDIAN(A4:E8)

E11 =MODE(A4:E8)

	A	B	C	D	E
1					
2	迷路クリアタイム				
3					単位：分
4	23	24	28	29	21
5	25	25	21	29	22
6	20	27	22	22	22
7	22	20	25	20	21
8	21	27	26	29	23
9					
10				中央値	23
11				最頻値	22

筆記練習6 （p.16〜17）

(1)	ア	(2)	イ	(3)	ア

実技練習7 （p.21）

[計算式]

A5 =ROW(B5)-4

B18 =COLUMN(B19)-1

D5 =HLOOKUP(C5,$B$18:$E$19,2,FALSE)

〈別解〉

=HLOOKUP(C5,$B$18:$E$19,ROW($B$19)-17,FALSE)

※引数の行番号をROW関数で求めることも可能である。

	A	B	C	D	E
1					
2		懸賞応募者一覧表			
3					
4	番号	氏名	商品コード	商品名	
5	1	太田 綾	3	文具セット	
6	2	山崎 遥	4	シールセット	
7	3	田中 ひとみ	3	文具セット	
8	4	松本 千夏	1	ぬいぐるみ	
9	5	菊地 正義	1	ぬいぐるみ	
10	6	林 啓介	3	文具セット	
11	7	西川 由樹	2	時計	
12	8	飯田 慶二	2	時計	
13	9	浜村 陽子	4	シールセット	
14	10	小島 広之	3	文具セット	
15					
16					
17	商品コード表				
18	商品コード	1	2	3	4
19	商品名	ぬいぐるみ	時計	文具セット	シールセット

筆記練習7 （p.21～22）

(1)	ウ	(2)	イ	(3)	ア	(4)	ウ

実技練習8 （p.25～26）

(1)

	A	B	C	D	E	F	G
1							
2		おにぎり売上高計算表					
3							
4	商品名	単価	売上数	売上高		売上高合計	26,730
5	しゃけ	120	47	5,640			
6	梅	110	37	4,070			
7	おかか	110	42	4,620			
8	こんぶ	110	30	3,300			
9	ツナマヨ	130	39	5,070			
10	たらこ	130	31	4,030			
11	新商品追加行			0			

[計算式] **D5** =B5*C5

G4 =SUM(OFFSET(D4,1,0,COUNT(D:D),1))

(2)

	A	B	C	D	E	F
1						
2		日替わりメニュー表				
3						
4			火 曜日			
5		和食	天ぷら			
6		洋食	ハンバーグ			
7		中華	チャーハン			
8						
9	日替わりメニュー献立表					
10		月	火	水	木	金
11	和食	西京焼き	天ぷら	刺身	生姜焼き	焼き魚
12	洋食	オムライス	ハンバーグ	若鳥の香草焼き	エビフライ	カツカレー
13	中華	レバニラ	チャーハン	油淋鶏	酢豚	麻婆豆腐

[計算式] **C5** =OFFSET(B11,0,MATCH($B$4,$B$10:$F$10,0)-1,1,1)

筆記練習8 （p.26）

ウ

実技練習9　（p.30）

	A	B	C	D	E	F	G	H	I	J
1										
2		得点表				集計表				
3										
4	氏名	性別	実技	筆記		性別	実技	筆記	人数	70点以上者平均
5	会田　真奈美	女	62	70		男	>=70	>=70	5	79.8
6	青木　仁	男	66	86						
7	石川　夏希	女	78	78		性別	実技	筆記	人数	70点以上者平均
8	岩下　華子	女	65	87		女	>=70	>=70	4	79.3
9	大木　竜也	男	74	90						
10	尾崎　憲一	男	79	77						
11	川島　真吾	男	75	83						
12	木下　美智子	女	68	61						
13	黒川　豊	男	81	71						
14	佐藤　沙知絵	女	86	80						
15	鈴木　菜摘	女	63	65						
16	高田　慎之介	男	86	78						
17	西川　昌代	女	78	82						
18	森田　はるみ	女	85	77						
19	山根　洋介	男	74	69						

[計算式]　**I5**　=DCOUNTA(A4:D19,1,F4:H5)

J5　=DAVERAGE(A4:D19,4,F4:H5)

筆記練習9　（p.30〜31）

(1)	ア	(2)	ア	(3)	(a)	ウ	(b)	イ	(4)	イ

実技練習10　（p.33）

[計算式]

B5 =SUBSTITUTE(A5,"（株）","株式会社")

	A	B
1		
2	会社略称変更確認表	
3		
4	略称	会社名
5	（株）新潟物産	株式会社新潟物産
6	長野商事（株）	長野商事株式会社
7	（株）富山薬品	株式会社富山薬品
8	福井水産（株）	福井水産株式会社
9	石川商事（株）	石川商事株式会社

筆記練習10　（p.33）

ア

実技練習11　（p.35）

[計算式]

D5 =IFERROR(RANK(C5,$C$5:$C$14,0),"欠")

	A	B	C	D
1				
2		成績一覧表		
3				
4	番号	氏名	点数	順位
5	1	石田　一代	61	6
6	2	今井　草太	76	2
7	3	梅村　啓介	51	9
8	4	亀山　直人	欠	欠
9	5	豊島　正義	59	7
10	6	中原　陽子	55	8
11	7	村木　陽介	76	2
12	8	村田　勇太	68	5
13	9	毛利　希	74	4
14	10	吉永　えみ	79	1

筆記練習11　（p.35）

イ

Lesson ❷ 関数のネスト

実技練習12 （p.38）

▲	A	B	C	D
1				
2		映画館料金計算表		
3			日付	11月24日
4			時刻	21:21
5				
6	区分コード	S	区分	65歳以上
7				
8	性別コード	1	性別	女
9		1：女，2：男		
10			料金	1,000
11	区分別料金表			
12	区分コード	区分	料金	
13	C	中学生以下	1,200	
14	K	高校生	1,400	
15	D	大学生	1,500	
16	A	一般	1,800	
17	S	65歳以上	1,400	

［計算式］

D3 =NOW()

D4 =NOW()

D6 =VLOOKUP(B6,$A$13:$B$17,2,FALSE)

D8 =IF(B8=1,"女",IF(B8=2,"男","エラー"))

D10 =IF(AND(B8=1,WEEKDAY(D3,1)=4),800,

　　　IF(D3-TODAY()>=0.875,1000,

　　　　IF(AND(B6="S",DAY(D3)=25),1200,VLOOKUP(B6,A13:C17,3,FALSE))))

筆記練習12 （p.38〜39）

(1)	シルバー	(2)	<=	(3)	ア

実技練習13 （p.42）

	A	B	C	D	E	F
1						
2		公開模擬試験得点一覧表				
3						
4	受験番号	国語	数学	英語	合計	判定
5	1001	98	96	99	293	奨学生候補
6	1002	95	77	92	264	
7	1003	89	80	97	266	
8	1004	94	95	86	275	奨学生候補
9	1005	98	70	80	248	
10	1006	89	87	90	266	
11	1007	93	91	81	265	
12	1008	93	75	94	262	
13	1009	91	89	95	275	奨学生候補
14	1010	90	87	91	268	

[計算式]

E5 =SUM(B5:D5)

F5 =IF(AND(ROUND(AVERAGE(B5:D5),0)>=90,RANK(E5,$E$5:$E$14,0)<=3),"奨学生候補","")

筆記練習13 （p.42〜43）

(1)	イ	(2)	500	(3)	SEARCH（FINDでも可）

実技練習14 （p.48）

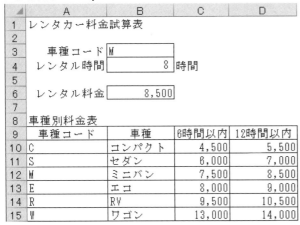

	A	B	C	D
1	レンタカー料金試算表			
2				
3	車種コード	M		
4	レンタル時間	8	時間	
5				
6	レンタル料金	8,500		
7				
8	車種別料金表			
9	車種コード	車種	6時間以内	12時間以内
10	C	コンパクト	4,500	5,500
11	S	セダン	6,000	7,000
12	M	ミニバン	7,500	8,500
13	E	エコ	8,000	9,000
14	R	RV	9,500	10,500
15	W	ワゴン	13,000	14,000

[計算式]

B6 =VLOOKUP(B3,A10:D15,ROUNDUP(B4/6,0)+2,FALSE)

筆記練習14 （p.48〜49）

(1)	イ	(2)	ウ	(3)	ア

実技練習15 （p.52）

	A	B	C	D	E
1					
2	高速バス利用料金表				
3					
4			行き先 コード	座席 コード	料金
5			KS1	A	9,600
6					
7	TH：東北		座席コード		
8	到着コード		S	A	B
9	1	福島	6,000	5,400	4,800
10	2	盛岡	9,100	8,500	7,800
11					
12	TK：東海		座席コード		
13	到着コード		S	A	B
14	1	静岡	5,900	5,300	4,600
15	2	愛知	7,800	7,200	6,400
16					
17	KS：関西		座席コード		
18	到着コード		S	A	B
19	1	大阪	10,500	9,600	8,800
20	2	京都	10,600	9,700	9,000

[計算式]

E5 =INDEX((C9:E10,C14:E15,C19:E20),VALUE(RIGHT(C5,1)),MATCH(D5,C8:E8,0),
　　　MATCH(LEFT(C5,2),{"TH","TK","KS"},0))

〈別解〉=INDEX((C9:E10,C14:E15,C19:E20),VALUE(RIGHT(C5,1)),MATCH(D5,C8:E8,0),
　　　　IF(LEFT(C5,2)="TH",1,IF(LEFT(C5,2)="TK",2,IF(LEFT(C5,2)="KS",3,0))))

筆記練習15 （p.52～53）

(1)	ア	(2)	ウ	(3)	MOD

実技練習16 （p.56）

[計算式] B4 =IF(A4="","",IFERROR(VLOOKUP(A4,$F$4:$G$9,2,FALSE),"製品コードエラー"))

　　　　D4 =IFERROR(VLOOKUP(A4,$F$4:$H$9,3,FALSE)*C4,"")

　　　　D7 =SUM(D4:D6)

筆記練習16 （p.56～57）

(1)	ウ	(2)	ア

1 (p.58〜59)

問1	ア	問2	1	問3	ウ	問4	イ	問5	ウ

2 (p.60〜61)

問1	ア	問2	イ	問3	ウ	問4	6	問5	イ

Part Ⅱ Excel応用編

Lesson **1** 応用操作

実技練習17 (p.69)

[計算式]

E11 =SUM(B11:D11)

B12 =B$11*B4

筆記練習 17　（p.69）

ア

[計算式]

D10 =SUM(B10:C10)

B11 =B\$10*B4

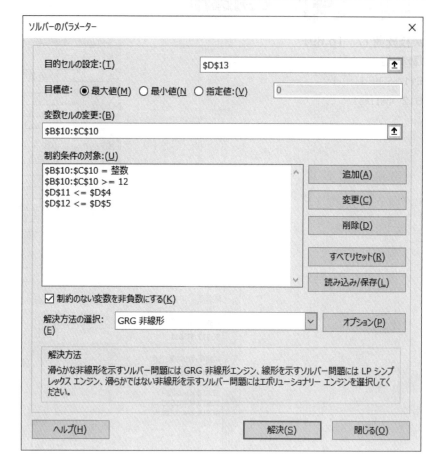

▲	A	B	C	D
1				
2	生産データ表			
3		製品F	製品G	使用上限
4	素材1	4	6	1,000
5	素材2	6	3	1,200
6	利益	500	600	
7				
8	生産シミュレーション表			
9		製品F	製品G	合計
10	生産数	175	50	225
11	素材1	700	300	1,000
12	素材2	1,050	150	1,200
13	総利益	87,500	30,000	117,500

ソルバーのパラメーター　　　　　　　　　　　　　　　　　　×

目的セルの設定:(T)　　　　　　　　　$D$13　　　　　⬆

目標値:　◉ 最大値(M)　○ 最小値(N)　○ 指定値:(V)　　0

変数セルの変更:(B)

$B$10:$C$10　　　　　　　　　　　　　　　　⬆

制約条件の対象:(U)

$B$10:$C$10 = 整数　　　　　　　　　　　　　　　追加(A)
$B$10:$C$10 >= 12
$D$11 <= $D$4　　　　　　　　　　　　　　　　変更(C)
$D$12 <= $D$5
　　　　　　　　　　　　　　　　　　　　　　削除(D)

　　　　　　　　　　　　　　　　　　　　すべてリセット(R)

　　　　　　　　　　　　　　　　　　　読み込み/保存(L)

☑ 制約のない変数を非負数にする(K)

解決方法の選択:　　GRG 非線形　　　　　∨　　オプション(P)
(E)

解決方法
滑らかな非線形を示すソルバー問題には GRG 非線形エンジン、線形を示すソルバー問題には LP シンプレックス エンジン、滑らかではない非線形を示すソルバー問題にはエボリューショナリー エンジンを選択してください。

ヘルプ(H)　　　　　　　　　　　　　解決(S)　　　閉じる(O)

Lesson 2 グラフの作成

実技練習18 （p.77）

	A	B	C	D	E
1					
2	おにぎり売上分析表				
3					
4	商品名	売上個数	構成比率	累計比率	ランク
5	ツナマヨネーズ	786	25.5%	25.5%	A
6	さけ焼漬け	708	22.9%	48.4%	A
7	おかか	552	17.9%	66.3%	A
8	たらこマヨ	403	13.1%	79.3%	B
9	梅しらす	175	5.7%	85.0%	B
10	辛子明太子	162	5.2%	90.2%	C
11	豚しょうが焼	117	3.8%	94.0%	C
12	焼鮭	78	2.5%	96.6%	C
13	ねぎとろ	58	1.9%	98.4%	C
14	いくら	48	1.6%	100.0%	C
15	売上個数合計	3,087			

[計算式]

B15 =SUM(B5:B14)

C5 =B5/$B$15

D5 =SUM($C$5:C5)

E5 =IF(D5<=70%,"A",IF(D5<=90%,"B","C"))

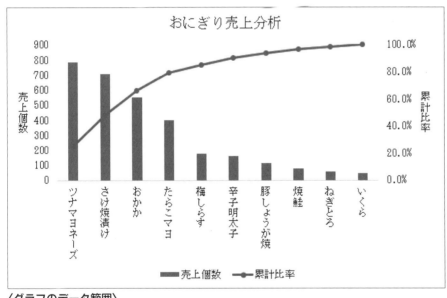

〈グラフのデータ範囲〉

「売上個数」：B4〜B14

「累計比率」：D4〜D14

筆記練習18 （p.77）

ウ

実技練習19 （p.81）

[計算式]

D5 =SUM($C$5:C5)

E5 =SUM($B$5:$B$16)−SUM($B$5:B5)+SUM($C$5:C5)

〈別解〉 **E5** =SUM(B6:$B$16)+SUM($C$5:C5)

E16 =SUM(C5:C16)

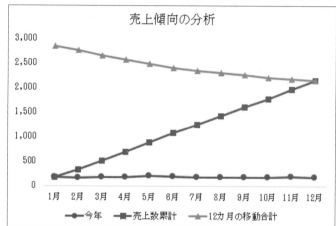

	A	B	C	D	E
1					
2	月別売上数集計表				
3					
4	月	昨年	今年	売上数累計	12カ月の移動合計
5	1月	240	170	170	2,842
6	2月	241	162	332	2,763
7	3月	294	182	514	2,651
8	4月	262	173	687	2,562
9	5月	278	201	888	2,485
10	6月	277	186	1,074	2,394
11	7月	225	172	1,246	2,341
12	8月	225	180	1,426	2,296
13	9月	222	182	1,608	2,256
14	10月	222	170	1,778	2,204
15	11月	224	190	1,968	2,170
16	12月	202	177	2,145	2,145

〈グラフのデータ範囲〉

「今年」：C4〜C16

「売上数累計」：D4〜D16

「12カ月の移動合計」：E4〜E16

筆記練習19 （p.81）

(1)	ア	(2)	ウ

実技練習20 （p.88）

[計算式]

D5 =ROUNDUP((0.1792*B5−4.2916)*2,0)/2

〈グラフのデータ範囲〉

「身長」：B4〜B29

「靴のサイズ」：C4〜C29

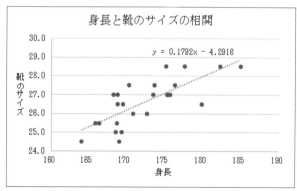

身長と靴のサイズの相関

y = 0.1792x − 4.2916

	A	B	C	D
1				
2	身長と靴のサイズの相関			
3				
4	番号	身長	靴のサイズ	標準サイズ
5	1	177.7	28.5	28.0
6	2	176.4	27.5	27.5
7	3	173.6	27.0	27.0
8	4	164.2	24.5	25.5
9	5	175.4	27.0	27.5
10	6	169.6	26.5	26.5
11	7	166.0	25.5	25.5
12	8	169.4	25.0	26.5
13	9	175.5	27.0	27.5
14	10	182.3	28.5	28.5
15	11	179.9	26.5	28.0
16	12	168.8	25.5	26.0
17	13	173.7	27.5	27.0
18	14	172.8	28.0	27.0
19	15	166.5	25.5	26.0
20	16	168.9	27.0	26.0
21	17	175.8	27.0	27.5
22	18	185.0	28.5	29.0
23	19	170.4	27.5	26.5
24	20	168.3	27.0	26.0
25	21	170.9	26.0	26.5
26	22	168.6	25.0	26.0
27	23	168.9	26.5	26.0
28	24	169.1	24.5	26.5
29	25	175.2	28.5	27.5

筆記練習20 （p.88）

ア

実技練習21 （p.93）

(1)

	A	B	C	D	E
1					
2	身長の分布			度数分布表	
3					
4	番号	身長		区分値	度数
5	1	168.3		150	0
6	2	170.9		160	1
7	3	168.6		170	6
8	4	175.1		180	8
9	5	186.8		190	4
10	6	180.2		200	1
11	7	176.4			
12	8	173.6			
13	9	164.2			
14	10	175.4			
15	11	169.6			
16	12	166.0			
17	13	169.4			
18	14	175.5			
19	15	182.3			
20	16	159.6			
21	17	186.4			
22	18	193.0			
23	19	173.7			
24	20	172.8			

[計算式] E5 =COUNTIFS($B$5:$B$24,">"&D5-10,$B$5:$B$24,"<="&D5) (セルE10までコピー)

〈別解〉 **E5** =COUNTIFS(B5:B24,">0",B5:B24,"<=150")

〈別解〉 **E6** =COUNTIFS(B5:B24,">150",B5:B24,"<=160")

〈別解〉 **E7** =COUNTIFS(B5:B24,">160",B5:B24,"<=170")

〈別解〉 **E8** =COUNTIFS(B5:B24,">170",B5:B24,"<=180")

〈別解〉 **E9** =COUNTIFS(B5:B24,">180",B5:B24,"<=190")

〈別解〉 **E10** =COUNTIFS(B5:B24,">190",B5:B24,"<=200")

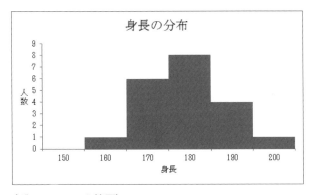

〈グラフのデータ範囲〉

「人数」：E5～E10

「身長」：D5～D10

(2)

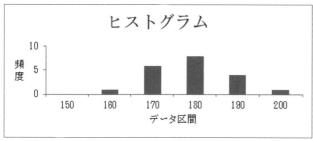

筆記練習21 （p.94）

イ

実技練習22 （p.99）

[計算式]

B5 =D5/E5

	A	B	C	D	E
1					
2	ポートフォリオ作成表				
3					
4	商品名	シェア	成長率	売上高	市場規模
5	A品	29.2%	23.3%	1,271,428	4,357,771
6	B品	10.0%	16.4%	178,628	1,786,342
7	C品	42.3%	28.3%	514,357	1,214,914
8	D品	39.0%	15.2%	3,383,934	8,686,342

〈グラフのデータ範囲〉

　　[系列Xの値]：B5～B8

　　[系列Yの値]：C5～C8

　　[系列Zの値]：D5～D8

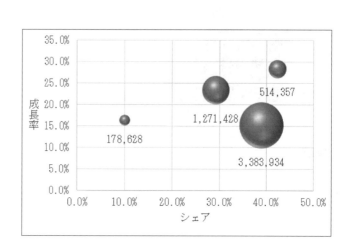

14

筆記練習22 （p.99）

エ

〈参考〉

成長率

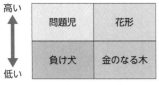

低い ←――――→ 高い　シェア

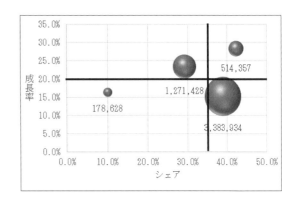

編末トレーニング

1 （p.108〜110）

問1	(a)	IF	(b)	HLOOKUP			
問2	イ		問3	ウ	問4	ア	問5	106,535

2 （p.111〜113）

問1	(a)	IFERROR	(b)	INDEX	(c)	MATCH	
問2	ウ		問3	イ	問4	イ	問5	25,275

PartⅢ データベース編

筆記練習 23　（p.120）

(1)

1	イ	2	ウ	3	ア	4	ア	5	ウ

(2)

1	カ	2	ク	3	ウ	4	イ	5	コ

練習問題 1　（p.122）

イ

練習問題 2　（p.122）

氏名 LIKE '％藤％'

練習問題 3　（p.123）

ア

練習問題 4　（p.123）

通学時間 BETWEEN 0 AND 60

練習問題 5　（p.124）

ウ

練習問題 6　（p.124）

ウ

練習問題 7　（p.125）

組 IN（'A'）

練習問題 8　（p.125）

区名 NOT IN（'中央区'）

練習問題9　（p.125）

> ウ

練習問題10　（p.126）

> DISTINCT

練習問題11　（p.126）

> ウ

練習問題12　（p.126）

> ORDER BY 組 ASC

練習問題13　（p.127）

> イ

練習問題14　（p.127）

> GROUP BY 住所コード

練習問題15　（p.128）

> イ

練習問題16　（p.128）

> HAVING 組 = 'C'

練習問題17　（p.130）

> イ

練習問題18　（p.130）

> 部活コード IN

練習問題19 （p.131）

ウ

練習問題20 （p.132）

ア

練習問題21 （p.133）

ア

練習問題22 （p.133）

(a)	INTO	(b)	VALUES

練習問題23 （p.133）

イ

練習問題24 （p.133）

(a)	DELETE	(b)	FROM	(c)	WHERE

練習問題25 （p.134）

(a)	ケ	(b)	ア	(c)	ク

練習問題26 （p.134）

(a)	UPDATE	(b)	SET

◆◆◆ 編末トレーニング

■1 （p.148〜149）

問1	(a)	イ	(b)	オ	(c)	ク
問2	ウ					
問3	GROUP　BY　顧客名					
問4	(a)	イ				
	(b)	LIKE　'G%'				

■2 （p.150〜151）

問1	(a)	UPDATE		(b)	SET						
問2	(1)	(a)	ア	(2)	(b)	カ	(3)	(c)	イ	(d)	エ	問3	ア

18

Part Ⅳ 知識編

Lesson ① ハードウェア・ソフトウェア

筆記練習 24 （p.157）

(1)

1	シ	2	イ	3	ウ	4	エ	5	ク
6	カ	7	オ	8	ケ	9	サ	10	コ

(2)

1	ウォータフォールモデル	2	ブラックボックステスト	3	プロトタイピングモデル
4	スパイラルモデル	5	プログラム設計	6	2日

筆記練習 25 （p.161〜162）

(1)

1	ア	2	イ	3	ウ	4	エ
5	オ	6	カ				

(2)

1	イ	2	ア	3	イ	4	ア

(3)

1	スループット	2	レスポンスタイム	3	完全性
4	可用性	5	ターンアラウンドタイム		

(4)

1	0.64	2	0.96	3	0.9

筆記練習 26 （p.165）

(1)

1	ア	2	カ	3	ウ	4	エ	5	オ	6	イ

(2)

1	ア	2	イ	3	ウ	4	イ	5	ア

(3)

1	フールプルーフ	2	フォールトトレラント	3	フェールソフト
4	RAID	5	ミラーリング	6	フォールトアボイダンス

筆記練習 27 （p.168）

(1)

1	ウ	2	ア	3	イ	4	イ	5	ウ
6	ア	7	イ						

Lesson ❷ 通信ネットワーク

筆記練習28 （p.176〜179）

(1)

1	エ	2	オ	3	ア	4	イ	5	ウ

(2)

1	オ	2	キ	3	エ	4	ク	5	イ
6	ウ	7	ア	8	カ	9	ケ	10	コ

(3)

1	カ	2	エ	3	オ	4	キ	5	ウ	6	ア	7	イ

(4)

1	32秒	2	16秒	3	64％	4	10MB

(5)

1	ア	2	ウ	3	ア	4	イ	5	ウ

(6)

1	ク	2	カ	3	ウ	4	ア	5	キ

(7)

1	NAT	2	OSI参照モデル	3	IPv4
4	ホストアドレス	5	パケットフィルタリング		

筆記練習29 （p.182）

(1)

1	ア	2	エ	3	ウ	4	イ

(2)

1	MIME	2	VoIP	3	シンクライアント	4	Cookie

Lesson ❸ 情報モラルとセキュリティ

筆記練習30 （p.188）

(1)

1	HTTPS	2	電子署名	3	アクセスログ
4	公開鍵暗号方式	5	インシデント	6	SSL（TLS）
7	ログファイル	8	認証局（CA）	9	システムログ
10	共通鍵暗号方式	11	リスクアセスメント	12	ソーシャルエンジニアリング

Lesson 4 経営マネジメント

筆記練習31 （p.197〜199）

(1)

1	イ	2	ア	3	ウ	4	ア	5	イ

(2)

1	キ	2	コ	3	ア	4	オ	5	カ

(3)

1	イ	2	イ	3	ウ	4	イ	5	ウ

(4)

1	ブレーンストーミング	2	決定表（デシジョンテーブル）	3	DFD
4	特性要因図	5	アローダイアグラム（パート図）	6	クリティカルパス
7	ABC分析	8	Zグラフ	9	回帰分析
10	線形計画法	11	ヒストグラム	12	ファンチャート
13	SWOT分析	14	PPM分析		

(5)

1	イ	2	ウ	3	イ

筆記練習32 （p.203〜204）

(1)

1	エ	2	イ	3	カ	4	ア	5	ク	6	オ

(2)

1	イ	2	ウ	3	イ	4	ア	5	ウ

(3)

1	ERP（経営資源計画）	2	CRM（顧客関係管理）	3	アウトソーシング
4	ハウジングサービス	5	コアコンピタンス	6	セキュリティポリシー

編末トレーニング

1 （p.205）

1	キ	2	シ	3	オ	4	カ	5	エ

2 （p.205）

1	ケ	2	イ	3	キ	4	エ	5	カ

3 （p.206）

1	イ	2	ウ	3	イ	4	ウ	5	ア

4 （p.207〜208）

問1	ウ	問2	イ	問3	ウ	問4	ア	問5	ア

計算問題の復習

（p.210〜211）

(1)

1	10日	2	4日

(2)

1	0.98	2	1.5日	3	100日
4	0.56	5	0.8		

(3)

1	2.4MB	2	0.9MB

(4)

1	0.32秒	2	100秒	3	16秒
4	24秒	5	64％	6	80％

【解説】

(1) 開発期間に関する計算

1．Aさんの1日の作業量：1/15

　　Bさんの1日の作業量：1/30

　　2人合計の1日の作業量：1/15 + 1/30 = 3/30 = 1/10

　　1/10（1日の作業量）× 10（日数）= 1（完成）　　　　　　　　　　　　　　　（答）10日

2．Aさんの1日の作業量：1/20

　　Bさんの1日の作業量：1/10

　　Cさんの1日の作業量：1/10

　　3人合計の1日の作業量：1/20 + 1/10 + 1/10 = 5/20 = 1/4

　　1/4（1日の作業量）× 4（日数）= 1（完成）　　　　　　　　　　　　　　　　（答）4日

(2) 稼働率の計算

1．稼働率 =（予定稼働日 − 故障日）÷ 予定稼働日

　　　　　 =（100 − 2）÷ 100 = 98 ÷ 100 = 0.98　　　　　　　　　　　　　　　（答）0.98

2．故障日 = 予定稼働日 ×（1 − 稼働率）

　　　　　 = 300 ×（1 − 0.995）= 300 × 0.005 = 1.5　　　　　　　　　　　　　（答）1.5日

3．故障時間 = 総運用日数 × 24 ×（1 − 稼働率）

　　　　12 = 総運用時間 ×（1 − 0.995）

　　総運用時間 = 12 ÷ 0.005 = 2,400（時間）　2,400 ÷ 24 = 100（日）　　　　（答）100日

4．直列システムの稼働率 = コンピュータAの稼働率 × コンピュータBの稼働率

　　　　　　　　　　　　= 0.7 × 0.8 = 0.56　　　　　　　　　　　　　　　　　（答）0.56

5．並列システムの稼働率 = 1 −｛（1 − 装置Aの稼働率）×（1 − 装置Bの稼働率）｝

　　0.98 = 1 −｛（1 − 0.9）×（1 − 装置Bの稼働率）｝

　　0.98 = 1 −｛（0.1 ×（1 − 装置Bの稼働率）｝

　　0.98 = 1 − 0.1 + 0.1 × 装置Bの稼働率

　　装置Bの稼働率 =（0.98 − 0.9）÷ 0.1 = 0.8　　　　　　　　　　　　　　　　（答）0.8

(3) 記憶容量に関する計算

1．画像容量＝横方向画素数×縦方向画素数×1画素あたりのビット数÷8

$\qquad$ ＝ 1,000 × 800 × 24 ÷ 8（ビット）

$\qquad$ ＝ 19,200,000 ÷ 8（ビット）

$\qquad$ ＝ 2,400,000（B）

$\qquad$ ＝ 2,400,000 ÷ 1,000,000 ＝ 2.4（MB）　　　　　　　　　　　　　　（答）2.4MB

2．画像容量＝横方向画素数×縦方向画素数×1画素あたりのビット数÷8

$\qquad$ ＝ 1,200 × 1,000 × 24 ÷ 8（ビット）

$\qquad$ ＝ 28,800,000 ÷ 8（ビット）

$\qquad$ ＝ 3,600,000（B）

$\quad$ 圧縮後の容量＝元の画像×圧縮率

$\qquad$ ＝ 3,600,000 × 0.25 ＝ 900,000（B）＝ 0.9（MB）　　　　　　　　（答）0.9MB

(4) 通信速度に関する計算

1．通信時間（秒）＝データ量÷通信速度

$\qquad$ ＝ 4（MB）× 8（ビット）÷ 100（Mbps）

$\qquad$ ＝ 32,000,000（ビット）÷ 100,000,000（bps）＝ 0.32（秒）　　（答）0.32秒

2．実際の通信速度＝通信速度×伝送効率

$\quad$ 通信時間（秒）＝データ量÷（通信速度×伝送効率）

$\qquad$ ＝ 1（GB）× 8（ビット）÷ {100（Mbps）× 0.8}

$\qquad$ ＝ 8,000,000,000（ビット）÷ 80,000,000（bps）＝ 100（秒）　　（答）100秒

3．通信時間（秒）＝データ量÷（通信速度×伝送効率）

$\qquad$ ＝ 12（MB）× 8（ビット）÷ {12（Mbps）× 0.5}

$\qquad$ ＝ 96,000,000（ビット）÷ 6,000,000（bps）＝ 16（秒）　　　　（答）16秒

4．1枚あたりのデータ量（ビット）＝横方向画素数×縦方向画素数×1画素あたりのビット数

$\qquad$ ＝ 1,000 × 800 × 24 ＝ 19,200,000（ビット）

$\quad$ 通信時間（秒）＝データ量÷（通信速度×伝送効率）

$\qquad$ ＝ 19,200,000（ビット）× 10（枚）÷ {16（Mbps）× 0.5}

$\qquad$ ＝ 192,000,000（ビット）÷ 8,000,000（bps）

$\qquad$ ＝ 24（秒）　　　　　　　　　　　　　　　　　　　　　　　　（答）24秒

5．通信時間（秒）＝データ量÷（通信速度×伝送効率）

$\qquad$ 1（秒）＝ 8（MB）× 8（ビット）÷ {100（Mbps）×伝送効率}

$\qquad$ 1（秒）＝ 64（メガビット）÷ {100（Mbps）×伝送効率}

$\qquad$ 1（秒）＝ 0.64 ÷ 伝送効率

$\quad$ 伝送効率 ＝ 0.64 ÷ 1 ＝ 0.64　　　　　　　　　　　　　　　　　　（答）64 ％

6．通信時間（秒）＝データ量÷（通信速度×伝送効率）

$\qquad$ 0.2（秒）＝ 2（MB）× 8（ビット）÷ {100（Mbps）×伝送効率}

$\qquad$ 0.2（秒）＝ 16（メガビット）÷ {100（Mbps）×伝送効率}

$\qquad$ 0.2（秒）＝ 0.16 ÷ 伝送効率

$\quad$ 伝送効率 ＝ 0.16 ÷ 0.2 ＝ 0.8　　　　　　　　　　　　　　　　　　（答）80 ％